服刑人员团体辅导操作实务

邵晓顺 等著

群众出版社
中国人民公安大学出版社
·北 京·

图书在版编目（CIP）数据

服刑人员团体辅导操作实务/邵晓顺等著．—北京：群众出版社，2017.7
ISBN 978-7-5014-5710-6

Ⅰ.①服… Ⅱ.①邵… Ⅲ.①犯罪分子—心理辅导—研究 Ⅳ.①D916.7

中国版本图书馆 CIP 数据核字（2017）第 170827 号

服刑人员团体辅导操作实务
邵晓顺　等著

出版发行：群众出版社
地　　址：北京市西城区木樨地南里
邮政编码：100038
经　　销：新华书店
印　　刷：中国铁道出版社印刷厂
版　　次：2017 年 7 月第 1 版
印　　次：2017 年 7 月第 1 次
印　　张：13.75
开　　本：787 毫米×1092 毫米　1/16
字　　数：254 千字
书　　号：ISBN 978-7-5014-5710-6
定　　价：48.00 元

网　　址：www.qzcbs.com
电子邮箱：qzcbs@sohu.com

营销中心电话：010-83903254
读者服务部电话（门市）：010-83903257
警官读者俱乐部电话（网购、邮购）：010-83903253
法律图书分社电话：010-83905745

本社图书出现印装质量问题，由本社负责退换
版权所有　侵权必究

前　言

　　团体辅导作为心理咨询的主要形式之一，是缓解或消解个体心理问题的主要途径。团体辅导技术应用于我国监狱服刑人员的心理矫治工作，其成效亦得到了诸多实证研究的证实。《服刑人员团体辅导操作实务》作为笔者第二本运用团体辅导技术矫治监狱服刑人员的著作，也再次表明这一技术手段对服刑人员心理问题所产生的积极效应。

　　本书展示了三个团体的咨询过程。第一部分是对监狱老病残罪犯的非结构式（亚隆）团体辅导，第二部分是对限制减刑罪犯的非结构式（亚隆）团体辅导，第三部分是对早年失亲未成年犯的结构式与非结构式相结合的团体辅导。与笔者第一本团体辅导著作《亚隆团体咨询技术矫治顽危服刑人员实务》（邵晓顺、蒋小霞著，群众出版社2016年版）一样，我们仍然坚持客观真实地记录团体辅导过程，在展示我们成功运用团体辅导手段矫治服刑人员的同时，也不掩饰其中的不足，并记录下我们的困惑与感受。因此，在有的团体辅导活动记录稿后，我们记录下了对该次团体活动的感受与反思，特别是对早年失亲未成年犯的团体辅导，几乎每次团体活动记录后都写了我们的感受。这些感受与反思，有的是提出问题，有的是总结经验，有的是作者带领团体时或者回顾团体活动时的困惑。这些对读者也许是更有价值的，同时对促进我国监狱心理矫治工作的开展也将是有更大帮助的。

　　本书增加的团体辅导感受与反思部分，是在结构上与第一本著作的最大差异之处。而两本著作在内容上的最大差别，是团体辅导对象不同所带来的团体活动内容与过程的差异。前一本书的团体辅导对象是未成年与刚成年的顽危罪犯，而本书中的团体辅导对象共有三类，即老病残罪犯与限制减刑罪犯以及早年失亲未成年罪犯。另外，前一本著作只运用了非结构式（亚隆）团体辅导技术，而本书中则是结构式与非结构式团体辅导技术都有应用。

对成年罪犯的团体辅导，都采用了非结构式团体辅导技术；而对未成年犯的团体辅导，则是结构式与非结构式团体辅导技术的融合。在对未成年犯的团体辅导中，每次团体活动前常常会确定一个主题，并为这个主题设计若干个问题。这些主题的确定主要是基于对组员入组访谈后所作的犯因性分析，即为了矫正罪犯的犯因性问题来设计针对性的团体辅导主题。然而，这些主题并不容易确定，因为不管是团体辅导之前还是团体辅导过程中，带领者（邵晓顺）都意识到，一方面，可资参考的文献很少，"个体犯因性问题以及与之相对应的针对性矫正内容（方案）"国内几乎没有可资借鉴的资料；另一方面，对这样一类团体究竟应当如何来开展咨询活动，我们的思考也还是不够深入的，因此，团体辅导主题的设置，其针对性就可能不那么强。然而，尽管如此，我们在犯因性问题分析与针对性矫治上还是迈出了有益的一步。

在选择早年失亲未成年犯时，我们的定义是，在他们人生的早年（14岁或16岁前）整个成长过程中或者成长过程中的某个阶段，父母双方或其中一方因各种原因（离婚、外出打工、因病或意外事故死亡、坐牢、离家出走、分居等）未能与他们共同生活，给孩子的成长带来负面影响，并最终促发他们犯罪的那样一些未成年犯。早年失亲未成年犯家庭缺失现象的存在，使家庭功能受到影响，特别是对家庭的教育功能影响严重。父母双方或者其中的一方缺失于家庭，加上有的家庭养育方式不良（虐待、粗暴、溺爱、放任不管等），对儿童的心理和思想发展带来严重的负面影响，促发儿童产生犯罪性，最终在外界诱因的作用下走上违法犯罪之路。从我们对失亲未成年犯的团体辅导情况来看，确实表明了这样一种极为负面的影响作用。

在早年失亲未成年犯的团体辅导，以及对成年犯的团体辅导中，我们都采用了前后测的实验设计。但是，如何来检测团体辅导的效果，常常困扰着我们。没有高信效度的效果检验量表是个短板。

老病残罪犯和限制减刑罪犯的团体辅导，主要是邵晓顺担任团体带领者，团体辅导资料也由邵晓顺整理完成。郑川警官参与了若干次限制减刑罪犯的团体辅导活动。早年失亲未成年犯团体辅导，主要由邵晓顺、蒋小霞担任团体带领者，姚俊翔参与了其中的若干次；而团体辅导记录主要由蒋小霞承担，团体辅导资料整理由邵晓顺完成。

最后需要说明的是，团体辅导活动时服刑人员所说的有关监狱管理方式与过程以及某些现状，只是从服刑人员视角所做出的观察与思考，并不一定是监狱的现实状况，也不表明作者同意服刑人员的观点。

所有的团体辅导活动，都得到了所在监狱领导、相关科室监狱警察以及工作人员的关心与帮助，在此表示衷心感谢。本书的出版得到了浙江警官职业学院的专项资助，在此也表示衷心感谢。

作者
2017 年 1 月

目　录

第一部分　老病残罪犯团体辅导操作实务 ……………………………（ 1 ）
　一、入组访谈 ………………………………………………………（ 1 ）
　二、团体辅导过程：12 名服刑人员，19 次团体辅导 …………（ 4 ）
　三、组员团体辅导感受 ……………………………………………（ 63 ）

第二部分　限制减刑罪犯团体辅导操作实务 …………………………（ 65 ）
　一、团体辅导过程：12 名服刑人员，5 次团体辅导 ……………（ 65 ）
　二、研究报告 ………………………………………………………（ 85 ）

第三部分　早年失亲未成年犯团体辅导操作实务 ……………………（ 99 ）
　一、入组访谈 ………………………………………………………（ 99 ）
　二、团体辅导过程：13 名服刑人员，20 次团体辅导 …………（118）
　三、组员团体辅导感受 ……………………………………………（206）

参考文献 …………………………………………………………………（211）

第一部分 老病残罪犯团体辅导操作实务

一、入组访谈

带领者明确参加团体辅导的服刑人员人数为12人，而对参加团体辅导的成员条件则提了一些原则性要求，由监区领导与相关民警根据入组条件选择服刑人员前来参加。

2015年5月29日、6月1日与6月3日，带领者对入组成员进行了一对一面谈，了解组员的基本情况、入组动机以及团体辅导运作情况告知。入组访谈的基本情况及主要信息汇总如下：

1. 蒋某某，谈话时间：2015年5月29日，9：35—10：00

1983年7月9日出生，浙江宁波人，2008年被捕，2009年7月入监狱。抢劫罪、盗窃罪，被判20年有期徒刑。2012年7月减刑1年零2个月。父亲56岁，小孩10岁。与父亲关系不好，与母亲关系是好的。妻子2011年8月被捕，判刑13年零6个月。蒋某某文化程度是初三，在初三第二学期被学校开除。目前患有高血压、甲亢、心脏病，以及癔症，在服药中。

2. 刘某，谈话时间：2015年5月29日，10：00—10：25

1987年9月出生，陕西人。2009年犯故意杀人罪，被判死缓。2010年5月入监狱。2012年5月被减为无期徒刑，2014年12月减为有期徒刑18年零11个月。小学5年级没读完。父亲52岁，母亲51岁，弟弟1989年出生，尚未结婚。与父母关系是好的。在社会上时有过女朋友。从小和一女孩一起玩，关系很好，十一二岁时分开，怀念她。一直以来希望自己能干出成绩，出人头地，心中有大侠情结。患有急性短暂性精神病，3年多了，目前服药。

3. 周某某，谈话时间：2015年6月1日，14：28—14：50

1944年10月出生，杭州人。2001年4月入监狱。故意杀人罪，被判死缓。犯罪是在1999年，但认为自己是被冤枉的，所以整个谈话时间主要是在诉说自己是如何被冤枉的，案情的疑点有哪些等。老婆在世；儿子56岁，孙子11岁；有两个女儿，已出嫁。最后谈到不愿参加团体辅导，但监狱安排了，所以自己也只好同意参加。

4. 叶某某，谈话时间：2015年6月1日，14：50—15：15

1973年5月出生，浙江金华人。抢劫罪、盗窃罪，被判无期徒刑。2001年6月入监狱。2003年减为有期徒刑19年。到目前减刑4次。母亲现年60岁，父亲2013年去世，去世时70岁不到。两个弟弟，一个妹妹。患有情感性精神障碍，目前在服药。自诉在社会上时没有患过精神疾病。

5. 朱某某，谈话时间：2015年6月1日，15：16—15：40

1944年11月出生（罪犯花名册登记的出生时间为1946年12月，就这样两个出生时间，朱某某在团体辅导中也谈到了原因），浙江绍兴人。合同诈骗罪，被判无期徒刑。目前剩余刑期14年。老婆68岁，有两个儿子。大儿子管母亲；（在本次面谈之前几天）写了封信给大儿子，但没收到回信。小儿子负责管自己，但不给钱，其实不管自己的。目前是大儿子和自己的兄弟给钱。患有严重的糖尿病，打胰岛素；身体状况很差。在与带领者交流这些情况时哭泣。

6. 徐某某，谈话时间：2015年6月1日，15：40—16：00

1976年2月出生，浙江金华人。1999年9月入监狱。抢劫罪，被判死缓。文化程度初中毕业。父母在自己6岁时离婚，跟爷爷奶奶生活。爷爷在自己20岁时去世，奶奶现在84岁。父亲现在大概六十七八岁，（在社会上时）不常见到。母亲六十二三岁，（在社会上时）能常见到，但对父母都没什么印象。（在社会上时）做水电工；跟几个朋友一起做，相互间关系还可以。经诊断为拘禁性精神障碍，目前在服药。自诉在社会上时无精神疾病。

7. 尤某某，谈话时间：2015年6月1日，16：02—16：20

1981年11月出生，浙江宁波人。非法持有枪支罪、贩毒罪，被判有期徒刑18年。

2010年7月入监狱。文化程度读到初二。父母关系好，父亲58岁，母亲53岁。一个妹妹30岁，已结婚，儿子两岁。自己没结婚，在社会上时有女朋友。患有乙肝。父母也患有乙肝。

8. 方某某，谈话时间：2015年6月1日，16：22—16：42

1982年12月出生，安徽人。2011年12月入监狱。故意杀人罪，被判有期徒刑15年。文化程度初中。有养父母，都是60岁。妹妹已出嫁，1984年出生，有个七八岁的女儿。自己没结婚，在社会上时也没有女朋友。在自己五六岁时亲生父母把自己送给了养父母，现在不记得父母的样子了。17岁时出来打工，在家具厂做油漆工。在网吧时精神病发作，杀人。经诊断为精神分裂症，在社会上时就有，是遗传的。目前在服药。

9. 王某某，谈话时间：2015年6月3日，8：47—9：08

1972年1月出生，江苏人。抢劫罪（但"罪犯登记表"上还列有强奸罪、盗窃罪），被判无期徒刑。2004年8月入监狱。2006年11月减为有期徒刑19年。到目前一共已减刑5次（含无期徒刑减为有期徒刑）。文化程度高中。父母80多岁，前妻小自己3岁，2008年离婚，儿子现在15岁，判给女方。一共有4个姐姐，一个已去世（2006年去世），一个哥哥在七八岁时去世。目前在当犯人组长。（罪犯登记表记载：左手畸形，手功能完全丧失，符合伤残五级）。

10. 柯某某，谈话时间：2015年6月3日，9：09—9：23

1989年9月出生，湖北人。绑架罪、抢劫罪，非法拘禁罪，被判有期徒刑15年零6个月（团伙犯罪，判决书上排名第四）。2010年12月入监狱。父亲64岁，母亲54岁，对自己很宠爱。两个哥哥，大哥32岁，在上海交大读书。二哥30岁，打工，已经结婚，儿子7岁。一个姐姐，1982年出生，已经结婚，有两个女儿。哥哥姐姐都很关心自己。自己读书情况：初中后中专没毕业。然后在北京当过保安、服务生一年多，后到广东，再到温州。来监狱后因精神病到某医院住院三四个月，目前在服药。

11. 鲁某，谈话时间：2015年6月3日，9：29—9：52

1970年6月出生，浙江宁波人。贩毒罪，被判无期徒刑。2011年6月入监狱。文化程度读到初一。1985年不读书了，在码头上打工，装集装箱。父母70多岁，都在。老婆40岁。儿子2002年出生，目前读初中。与家人关系一般。自己在出生20天后寄养到太婆家，一直由太婆养大，小学三年级时父母才回来；可以说没人管，因父亲当兵，母亲跟着去了。太婆在自己十七八岁时去世。

12. 汪某某，谈话时间：2015年6月3日，9：52—10：10

1978年5月出生，江西人。故意杀人罪，被判无期徒刑。2009年1月入监狱。父母一个在自己8岁时去世，一个在2012年去世。父母生前疼爱自己，对自己要求严格。小时候是父母管的。有4个哥哥，两个姐姐。最小的哥哥大自己4岁。自己没有结婚，也没有过女朋友。在社会上时做油漆工，做了10年，做工认真，天天有活干，很忙的。目前诊断为精神分裂症，在服药。

二、团体辅导过程：12名服刑人员，19次团体辅导

• 第一次：2015年6月4日，星期四，9：08—10：38

以带领者邵晓顺为起点，逆时针方向依次是：周某某、鲁某、徐某某、刘某、叶某某、蒋某某、柯某某、方某某、汪某某、尤某某、王某某、朱某某。

带领者宣布开始，说明这是第一次团体辅导以及开始与结束时间，然后慢慢扫视组员，大家看带领者或相互看或低头。一分半钟时，刘某突然感到难受的样子，用手指捂耳朵。徐某某、方某某关切问询，徐某某甚至起身了，旁边观看警官（管理警官）也起身快步走向刘某，关切询问。多名组员说，打开窗户、打开门，通风就好，组员纷纷起身或打开窗或打开门。一会儿后，刘某感到好些了，情绪慢慢稳定下来。管理警官问，是否继续。带领者说，没事，正常现象，过一会儿就会好的。

然后，大家继续沉默。

带领者问刘某情况，他回答没事。

带领者肯定徐某某与方某某起身相助行为。徐某某主动说，怕发作，就关注了。带领者问方某某，看到刘某的这个情况，当时起身了，是怎么想的？方某某说，平时也有这样的互动。

大家沉默一会儿后，朱某某开始诉说。他先念了昨天写的一首消气歌，并说虽然写了这样一首消气歌，但针对的是他人，自己消不了气，对自己没用。然后开始诉说

自己的现状与困难等，将入组访谈的许多内容说了一遍。然后谈到了今天早上的事，晒衣服要从东头到西头（住在东头，晒东西要到西头），很不方便，（统一放的）东西也是这样。前后诉说近15分钟。带领者一直倾听。最后，朱某某把消气歌送给了带领者。带领者仔细阅读了消气歌。

图　消气歌

带领者想问朱某某的感受，但把名字说成了周某某。周某某发言，他认为坐牢是受难，是人生的失败。刘某不同意，他认为坐牢是对人的一个磨难（是个成长）。周某某回应是，那也许是年龄不同造成的。

刘某问带领者，他自己想打人的冲动是怎么回事。谈到一次警官跟包括自己在内的多人谈话，他就想冲上去打警官。为了防止自己打警官，就后退，离得远一点。还有一次在医院里，他也想打人，就叫医生把他捆起来。带领者问，是否捆起来了？刘某回答说，真捆起来了。周某某反馈说，他看到了那次刘某的反应，看到后感到很感动，说明刘某很有控制力。带领者也回应说，周某某说的，也正是带领者想说的，听到刘某这样控制自己，感到感动，也为他高兴。刘某听到周某某与带领者都这样肯定他，脸上都光亮起来。

朱某某谈起，他们这样来坐在这儿，作用是什么。其他人也问带领者这个问题。带领者作了一些解释。朱某某说，自己是在劳动挣工分的，好减刑。如果这样坐着谈，没有工分，是不想来的，希望记工分，1分也是好的。并说像周某某、王某某等人，有岗位，就有工分。自己是要靠劳动做出来的。带领者说，国外服刑人员参加这样的活动，是有奖励的，但国内还没有，也许可以反映一下。但结果会怎样，是带领者无法左右的。朱某某再次说起早上的情形，洗衣服、晾衣服，要从东头拿到西头，不方便等。带领者抽空插话，有没有去跟警官反映？朱某某说，反映没用，队长就说知道了，也就没了下文。朱某某前面以及这次说时，都不时转身向旁边的警官看。带领者想说，可以向监狱反映，这是你的权利，但是否能实现，这个要看监狱。但想了想，没有说出来。带领者又想问组员们有什么需要带领者向监狱反映的，但马上控制住了自己的这个想法。这是否就是"见诸行动"？这个也许不是带领者应当做的。带领者马上联想到上次（2014年）在二监带团体时曾经这样做过，效果并不好，甚至带来了被动。

王某某对朱某某说，说得差不多了，让大家也说说。

带领者说，这个"消气歌"写得挺好的，建议大家看看，把"消气歌"递给了王某某。在朱某某及他人说话过程中，大家传阅了，有的认真仔细看的，有的简单看了看，只有周某某没看直接递给了带领者。

叶某某向带领者提出想上厕所，带领者点头同意。管理民警马上过来，要求三人一起去，警官也一起去了，刘某、徐某某起身跟上。这时，多人提出要上厕所，房间里只剩下5名组员。

朱某某继续说话。

回来后，带领者说，今后来团辅，希望大家事先做好准备。原则上团辅开始后是不能离开椅子的，但也不绝对，特殊情况下也可以离开。离开时，要向组里征求意见，而不是问带领者，如果大家同意去才可以离开，大家不同意就不能离开。这个要求，带领者前面没说，这是带领者的责任。今后希望大家遵从这个规则。

徐某某问带领者，自己两年后就要出去了（刑满释放），那作为一个精神病患者，回到社会上会不会受到歧视？带领者问大家怎么看。刘某说，他觉得不会。因为面对的是自己的亲人，周围人也不会知道。朱某某说，我记得你是东阳的，那就到金华买房子，生活在金华，那就行了。有组员说，或者就在临平买房子生活，在这儿改造了这么长时间也熟悉。带领者说，就是房子挺贵的，出去后能不能买。大家就是否会被歧视等谈了许多。带领者问还有谁也是快回归社会的。叶某某说，自己比徐某某还要早回去。王某某说，算起来他也比徐某某要早，并觉得这个问题不用担心。刘某说，自己才开始坐了几个月牢，还要很多年。叶某某说，他都已经坐了十五六年了。周某某说，你才刚开始坐，我们都已经坐很长时间了。

方某某说，其实也就我们6个是精神病人，他们没有的。带领者说，我再次听到你们说自己有精神病，这是否是一个标签？方某某说，我们是在吃药的。带领者说，你们在吃一种或一些药，朱某某在打糖尿病的针，是否也是在吃药？组员们似乎有点理解，又似乎没有理解。带领者没有去深入分析他们身上的标签效应。

说到精神病，汪某某等都参与了讨论。

带领者问鲁某，昨天是否值班？休息怎样？鲁某回答说，昨天有值班，但是值的是上半夜的班，所以现在还好。如果是后半夜，那到现在只休息两三个小时，肯定是不行的。带领者说，昨天想到这个，因为访谈的时候听鲁某说值班后在睡觉，没休息好的感觉。因此，想跟监区领导说做团辅的前一天，值班时间是否换一换。鲁某回应说，6月还是前半夜值班，7月要到后半夜了。带领者说，那到时再跟监区说一说，如何换个班。

朱某某说，光这样来坐着聊天，他是不想再来的，要劳动拿分。所幸今天没劳动。同时建议缩短团辅时间，就一小时。组员们对团辅时间也都有这个意见，并讨论后一致建议星期一下午做。带领者说，6月可能还是要在星期四上午，要辅导20次以上，大概6个月，后面定星期几做，可以再商量。多人说要辅导那么长时间，刘某认为来做心理辅导挺好的。

朱某某认为自己是老了，没什么好变了。其他小年轻，倒是要好好参加的。

最后，朱某某说，现在自己觉得好些了，刚开始（团辅时）因为早上吵架了，心情不好。周某某说，离结束还有3分钟。带领者说，一次团体辅导一个半小时，这是一种设置，可能改变不了。

团辅结束时，大家脸上表情愉快。这些表情是轻快的，没有伪装与做作。也许就是因为活动结束而愉快。

周某某主动去关窗户，带领者给予了积极关注。

图　团体辅导现场

• 第二次：2015年6月11日，星期四，9：30—11：00

以带领者为起点，逆时针方向依次为：蒋某某、柯某某、方某某、汪某某、尤某某、王某某、朱某某、叶某某、周某某、鲁某、徐某某、刘某。

带领者宣布本次团体辅导开始与结束时间，并说明这是第二次团辅。对上次团辅作了简要回顾，指出好的地方。

团体沉默一会儿后，方某某首先说，来参加团辅，是否有什么奖励，如加分，来时监区民警、领导说，可以跟邵老师提出来，请他向监狱教改科反映，给我们加分或给个监狱表扬（监狱表扬可加5分）。其他多名组员附和，朱某某、叶某某等附和较为突出。朱某某再次阐述这个要求，并说大家刚才正在劳动，是放下手中活过来的，如果没有加分，下次他不来了。他这次也不想来，但监区徐副（教导员）叫来的，看在他的面子上来了，如果是教导员叫他来，他会不理的。同时，朱某某提出，来参加（团体）就比如以前去当兵，要腹中有粮，所以希望能来点面包。比如带领者，是有工分、有报酬才会来做事。朱某某再次说，他自己是靠劳动做出来的，加分要劳动，不像有的人，是有"工分"的。当朱某某第二次再次说这个事时，他举例说，像旁边两位（王某某、尤某某），（因为与他们）关系好，所以指出来，他们是有"工分"的。

带领者记下各位组员的位置，有的组员名字仍然记不清，问刘某，刘某及叶某某等人积极告诉带领者谁是谁。

刘某问，我们究竟是要做什么；方某某也问，多人同时问。方某某还问团辅有什么用，希望邵老师告诉一下。周某某说，希望给个主题，这样大家好讨论，如改造、自省、监狱生活等（记不准确）。刘某附和。带领者说，周某某说得很好，这些个主题都很好。大家愿意说点什么呢？刘某说，要说自己的秘密，还是觉得不安全，不太敢在这儿说。带领者随即强调保密原则。

带领者看到周某某听人说话要挡耳朵，就问他是什么情况。因团辅过程中刘某叫周某某"周老"，因此带领者也叫周某某周老。周某某赶忙解释，说不能叫周老，叫周老头，他们都这么叫我。因为自己是劳改犯，要有身份意识，是不能叫周老的。带领者说，俗话说"家有一老是家一宝"，可以叫周某某周老。在后面的时间里，只要与周某某对话，带领者一直叫周老。周某某解释了为什么耳朵听不清，是因为坐牢。10年前，自己因坐牢哭了两小时45分钟，五六个干警陪着他，怕意外。耳朵就这样哭坏了。带领者说，听到这个情况，心中感到有点儿沉重。

大家又沉默，朱某某说，老师讲个故事、说个笑话也行。过了一会，他开始说故事。说了20多分钟，带领者觉得话多，但没有打断，也有些不知如何打断。带领者后来趁隙问朱某某，这个故事中是说要做好人，那你自己从中得到什么启发？朱某某继续说故事，越说越起劲，甚至离开椅子手舞足蹈起来。其他组员开始骚动、不耐烦的动作。带领者再次趁隙打断朱某某，说团辅不是来说故事的。（这个打断被王某某认为是带领者生气了，对此带领者也没有解释，不知会对团体有何影响？）

团体再次沉默。方某某此时问带领者团体辅导的作用，希望解释一下。朱某某再次说，希望能加分，否则不来了，等等。

带领者说，加分对大家来说确实重要，其他人以及自己的研究表明，在监狱服刑的学员，95%甚至98%以上的人，做事比如劳动，是为了加分，然后是为了减刑。这个可以理解，都是希望自己早点出去的。朱某某及多人回应说，这个自然。不过，带领者说，团体辅导，是为了大家的成长，希望通过这样一个形式，能给大家带来收获、心理上的收获。自己去年给未管所的学员做了27次团辅，他们收获挺大的。但是，要有收获，必须自我开放，开放越大，收获也越大。同时，顺便说一下，给他们做是没有报酬的。

在随后的发言中，有两三人说他们跟少年犯不一样。

多次沉默，也有多次组员提出希望邵老师给他们说点什么，或者确定一个谈话的主题。

王某某在 10：40 分左右发言。团体气氛为什么沉默，甚至对朱某某讲故事生气，是因为大家不知说什么。比如，有一个事，他们为什么被选来做团辅？坦白地说，希望邵老师不要生气，他们当中七八个人是不愿意来做团辅的，包括他自己。像朱某某、徐某某、方某某等，是放下手头的劳动来的，鲁某正在睡觉，他都担心他坐不坐得住，他自己也在当班。所以，集中起来到心理健康中心，花了很长时间。他们也不是自愿来的，自愿来好点。来总要有收获，否则就不想来、不愿来，来了没用。

多人对王某某说话有反应，比如鲁某说自己正在睡觉，并说 7 月后是后半夜值班，那时他不可能来的，才睡下两三个小时就来做团辅，根本没精神。带领者对鲁某目前以较有精神地参加，表示感谢与赞赏。

周某某及多人问为什么选择他们来。大家纷纷谈起或猜测来的原因。同时多人问，是谁选的组员，是邵老师选择的吗？有人说，是否因为做了那个问卷，周某某说，那是心理测评。鲁某说，大组长拿了问卷叫组里人做，没人做，自己是组长要带头，所以就做了。那就是这样来的？

带领者后来说明了一下，说来参加团辅是监区选择的。这个解释不知是否合适？

王某某又说，自己下个星期四上午要值班，如果来参加团辅，那要其他人代班 1.5 小时，那要到下午自己休息时还给人家 1.5 小时，就不那么愿意。

带领者最后解释说，自己是以帮助大家的意愿来做团辅的，对大家要克服这么多的困难来参加，感到有点意外，也是自己先前没有考虑到的。

方某某说，希望下次团辅时，邵老师能够明确地告诉大家来参加团辅有什么待遇，监狱在奖励上是怎么考虑的。这个很重要，大家很关注。

带领者再次说起团辅与奖励的情况。国外来参加这类活动，是有奖励的。国内还没有先例，所以加分会有一定的难度（带领者就加分事项与监区及监狱研究所的交流情况没有在团体中说明，因为交流没有结果或者如研究所领导所说，加分基本是不可能的），所以到 7 月份，要么就改到星期一下午。几个人说，星期一下午好。带领者说，但 6 月份还是要在星期四，因为自己要在 6 月下旬出差，下次团辅后会暂停一次。如果改在星期一，要停两次了。监狱跟我们联系团辅时也确实说，团辅要在星期一。因为其他时间要劳动。今年年初，我跟几个监狱联系做团辅，都一致要求是在星期一做，确实如此。

带领者最后结束时说，下星期团辅还是星期四上午。

第二次团体辅导遇到了一些困难，主要有：

1. 组员要求来参加要给予加分，这个非带领者能做到，如何应对是个难题。带领者还担心加分影响（混淆）了参加团辅的动机。

2. 朱某某在团体中讲故事，带领者给予了阻止，被组员认为是带领者生气了。看来带领者阻止的方式有问题。

3. 组员（王某某、方某某等多人）问带领者为何挑选他们入组，带领者起先没有说明，后来当组员说是监区挑选时，带领者当场承认。这个有推卸责任的意味。因为选组员的大原则是带领者定的，监区挑选出来后经入组访谈，是带领者最后同意入组的。这个应当说清楚。这是否表明带领者的一个盲区：害怕承担责任？

4. 带领者似乎对团辅进展有焦虑情绪，因为团辅还没有进入工作状态。然而，也许问题是如何进入工作状态的迷茫给带领者以焦虑。

5. 带领者前次在同一地点带领时效果不那么好，是否有场地效果。这个场地让带领者联想起了什么？带领者似乎感受到了这么一点。又或者是带领者的借口？

6. 为了推进团辅进程，带领者想在二次团体活动后对一些组员的初步印象在团体中说一说，但在第三次带领者就说这个，是否合适？是否能够推进团辅进程？对此带领者心中没有把握。带领者也想让团体中某一组员来谈一谈对他人的印象，是否比带领者说更好？对此也有些把握不清楚。

2015年6月22日至29日参加亚隆团体第14期中高级培训班，在培训中对上述困惑有了修通与更好理解，如朱某某在团体中大量占用团辅时间，似乎是在消耗团体时间（团体生命），是否是朱某某自己对生命消耗的反应？同时，朱某某面临死亡议题，被死亡所笼罩，这是较难以逾越的课题。

- 第三次：2015年7月2日，星期四，9：32—11：00

以带领者为起点，逆时针方向依次是：蒋某某、叶某某、柯某某、方某某、鲁某、汪某某、尤某某、刘某、王某某、朱某某、周某某、徐某某。

带领者一开始问组员两星期来有什么变化没有，稍等待后说明了两件事：一是团体活动时间今后改到星期一下午，14：00左右开始。二是参加团体加分已经跟监狱教育科沟通、汇报。朱某某在后来的发言中说，沟通没有用的，这事还不确定，那就只是说说而已了。

多名组员说到星期四团辅影响劳动，然后影响加分，特别是临近释放的，如徐某某、叶某某，并具体计算了影响分数，半天要少挣分 0.1 分。如团辅 20 次，将要少挣分 2 分，就要多坐牢 10 天等。服刑人员都会在心中仔细计算自己分数与减刑的关系，以及在监狱的服刑时间。刘某持不同意见，他觉得参加团辅很好，没什么影响。对此，其他服刑人员提出两个不同意见。一是（周某某等人说）刘某刚来监狱，离刑满释放时间还长，等到剩余刑期 5 年左右才会关注。二是年轻（朱某某对刘某说），才 20 多岁（刘某回应说今年刚好 30 岁），出去也还年轻，所以体会不到。

组员对中间（上次与这次之间）停了两次有疑问。王某某说，柯某某都问他，是否团辅停止了，是否第二次团辅让带领者不高兴所以不来了。组员知道带领者出差要停一次。带领者随后对为什么之前停两次作了解释，因为九监区病人多，干警忙于送病人去医院，没警力了。多名组员说，九监区比较特殊。带领者对组员对团体关心表示了感谢。这是团体凝聚力的体现。对带领者的关心、关注也表示感谢。

方某某、叶某某在本次团辅中发言积极。

带领者说，团辅两次下来，有的组员似乎还没有发过言。大家关注到汪某某。汪某某说，他本身说话就不多。王某某说，汪某某外甥在二监刑满释放时，给他送了鞋子。汪某某对此作了比较多的发言。发言不连贯，说几句停一会儿，带领者有时想说话，但就在等的过程中汪某某又说话了，所以带领者再次体会到心理咨询中节制的重要性。

带领者对鲁某表示了歉意，因为昨晚值班，现在应当是休息时间，可能只睡了一会儿，所以参加团辅不容易。鲁某说，6 点下班，才睡了 3 个小时。带领者跟鲁某说，也跟监区提出给他换个班，但监区回答说换班不容易。不过今后改到星期一下午，就会根本解决这个问题。对此，鲁某跟带领者对团体辅导时间作了确认后表示同意。其他多人也表示星期一下午时间更合适。

周某某问带领者，什么是心理咨询？因为他参加团辅后有服刑人员问他了，他不知如何回答。他还说，带领者是有名的教授，希望能够解答。带领者问组员怎么理解。方某某说，心理咨询要求去咨询的人要敞开说真心话，不把自己的真心话告诉咨询老师，是没法咨询的。徐某某也说了他的理解。带领者对两位的发言作了充分肯定。然后具体阐明心理咨询的意义、原则，最后给出了心理咨询的明确定义。周某某及各组员认真听，周某某还反复记忆。

随后刘某问带领者，什么时候要去心理咨询。带领者肯定了他的问题并问他的理解。然后带领者详细讲解精神科角度通俗的诊断标准：是否经常感到痛苦、是否显著增加自己和他人的危险、社会功能是否严重受损。逐项讲解并与组员互动交流。刘某、周某某、徐某某等人互动交流多。周某某还反复记忆（一只手在另一只手掌中反复划并口中念念有词）。

本次团辅中，带领者叫周某某老周。

朱某某发言，说是忍不住要说。对带领者说的关于加分的汇报，不能得到肯定是没用的，带领者要做自己能做的事。带领者来团辅6个月，肯定有钱，1万、8千的拿，那可以拿出钱给大家买个面包吃吃。一个面包也就两块钱，12个人也就24块钱。给大家带点吃的，大家积极性就来了。听了朱某某的话，大家都笑了。

朱某某说，星期一检察院来人找他谈话，他三年分数原可减刑一年3个月，监狱公示减7个月，但检察院谈后他觉得也就减五六个月，自己还有14年刑期，这样下去能减多少？！他今年已经70岁，要80多岁才能出去，还出得去吗？阎王爷早已叫他去了。自己一身的病，熬不到那个时间，所以心态很不好。带领者给予了理解、共情、关切，并指出朱某某相对来说对减刑心情更迫切。有很迫切的现实要求，而且这个现状，表明死亡的主题。这是个较为难以面对的人生主题。带领者认识到，现在去深入讨论这个问题还未到时机，没有去展开。

朱某某还讲了关于蒋介石部队的一个故事，所以他会信基督教。故事中还牵涉到了宋美龄。讲了很多话，但讲话的主题是什么，不清楚。带领者也参与交流，似乎与团辅无关联了，但带领者回忆不起来，也没记下。

刘某主动问朱某某讲故事的意义，并表示大部分没听清、听懂，只听懂了一小部分。

带领者在朱某某整个发言中，认真倾听。在朱某某的发言中，多人讲话，似乎出现了小团体。中间有一会儿，朱某某与刘某交流，而周某某与带领者交流。带领者关注于与周某某的交流，朱某某与刘某交谈慢慢停止。

徐某某向带领者提出，自己在监狱已度过了14年，与外界隔离很久，很想了解外面发生的变化及现状，担心走出监狱能否适应环境，所以希望带领者可以讲讲外面的情况。叶某某也有同感。他们先谈了些外面的变化，如刚来监狱时，（监狱围墙外面）前面还是稻田，现在都是高楼。两位组员又具体计算了他们剩下的刑期情况，是团体中最早刑满释放的人。随后团体对如何更多更好地了解外面的世界作了一些讨论，如通过电视等途径。在这一块，本次团体活动未能深入探讨。

团体活动结束，周某某故意拖后，跟带领者说，大家都不希望朱某某留在团体里，希望他不要参加了，带领者笑着说知道了。（带领者认识到，对此虽然也有此感觉，即朱某某不参加团体，也许团体能更好发展与整合，但朱某某的主题是那么鲜明，要解决的课题也很迫切。如果团体能够帮助到他，那也是很有意义的。）

感受：
带领者因参加亚隆团体学习后得到了诸多领悟，所以在本次团体辅导中气定神闲，充满信心，整个团体辅导过程较为顺畅。

● 第四次：2015年7月6日，星期一，14：15—15：45
以带领者为起点，逆时针方向顺序依次是：柯某某、周某某、徐某某、刘某、朱某某、方某某、鲁某、汪某某、尤某某、王某某、蒋某某、叶某某。

三位组员因上洗手间到达团体辅导室比其他组员晚，这样带领者两边的位子空着。柯某某坐到了带领者右手边座位，叶某某坐到了左手边座位。叶某某坐下后，把椅子往离开带领者方向移动，与带领者拉开些距离。带领者在团体开始时就此开展工作。带领者说，叶某某坐下后拉开了座位，对此想问叶某某和大家怎么理解。叶某某和方某某等多名组员认为，带领者与他们不是一类人，他们是犯人，不一样。带领者说大家是一样的，是平等的（似乎没有突出人格平等）。对此，组员们似乎内心并不认同。

刘某认为，自己坐牢与在外面没什么两样，也是这样学习、劳动、睡觉。周某某没直接反驳，就说现在是规定时间睡觉、规定时间吃饭、规定时间劳动、规定时间学习。而如果是在自己家里，想什么时间睡觉都可以，不一定要晚上9点睡，吃饭也一样。刘某听周某某说了后，也认识到不一样。认为自己就是没有这样的能力，听老周这么一说，还确实是不一样。

周某某说，他看坐在一起的组员，发现来自6个省，有湖北、安徽……还有浙江，而浙江人有6个。带领者说，自己也是浙江人，因此浙江人总共有7人。周某某和其他组员说，带领者不一样，不能算。

叶某某、徐某某、王某某等人谈了监狱管理的发展变化、伙食的发展变化（原来一星期二三次荤菜，到现在荤菜基本没有）、接见变化、宽管犯管理的变化。原来还可以亲情会见甚至来监探亲，宽管犯原来还可以报告后到监房外跑步、打球。叶某某说，劳改犯还是要保护好身体，出去希望身体好点。现在队长就是带到监房外晒个太阳，半个小时，主要是在春、秋、冬季，叫"放风"吧（多名组员是羞于开口说"放风"）。太阳也晒不到，因为九监区特殊，劳动就在监区里，不像其他监区要走半小时到厂房去劳动。走路时可以晒半小时太阳。带领者问，房间里可晒到太阳吗？鲁某、王某某、尤某某等人说，冬天太阳可晒进房间，不过可以晒到半身，下半身都晒不到。

组员们回忆了2005年监狱罪犯脱逃事件。王某某是亲历者，脱逃的犯人就睡他上铺，然后又谈到"三联号"制度。王某某当时是新犯，要减刑要分数，特别怕扣分，当然自己跟脱逃的犯人不是"三联号"关系，所以没扣分。"三联号"的几个犯人就被扣了2分、3分，组长、大组长都扣分了。周某某怕带领者不理解"三联号"，就作了介绍。带领者说，这是否是"株连制度"？学术界有这种说法。多名组员就此谈了历史上的株连九族等。带领者在开展团体工作时，也是多次斟酌，从团体工作角度说有些主题要抓住去展开谈，但从监狱管理以及监狱安全角度说，也许不那么好谈，或者就不该去谈，因为怕把犯人思想搞活跃了，给监狱（干警）管理带来困难。这有时也是一个两难选择。

大家谈到减刑时，带领者说，像朱某某这样的"三类犯"，能减五六个月算很不错了。团体多次说到朱某某，朱某某都没反应，没参与到团体中来。

刘某谈了他的困惑，他想做个有成就的人，但自己文化低，才小学文化，看到文化高的人很有好感，想亲近。他想干出点事业来，来了监狱四五年，想在周围人中找有本事的，向他学习，学好本领，今后好干番事业。但他母亲又说，平平安安也挺好的，平凡的人生也不错。对此他困惑了，究竟人生应该怎么走？带领者一时没把握好如何工作，因为对刘某的指导可做、能做，但这样直接做是否合适？并且从何入手做合适？带领者当时还感到刘某话说得比较乱，是否反映了他的思想状态？或者是没有思考清楚或者没能力思考清楚这样的问题？

时间已到15：30，一直闭眼的朱某某突然发言。说大家东拉西扯的真没意思，他下次不想参加了。他回应刘某的话，说不再回来（回到监狱）就是人生目标。朱某某再次谈自己心态不好，3年挣的分数才减7个月，法院还不知能减几个月？自己还有14年刑，现在70多岁，活不活得到80岁？！心态不好。带领者是心理老师，应该给他们讲讲如何调整心态，如何搞好心理。让他们自己讲，讲得了什么？

带领者一方面回应刘某，一方面肯定朱某某，说不再回到监狱，这个就说得很好。像朱某某这样有阅历的人，可以带带刘某，当然要给正能量的东西。朱某某则说，自己是开开玩笑说说的。

带领者也许是受朱某某所说话题的影响，就直接提出了团体主题。像朱某某这样，死亡主题很明显，能否活着走出监狱，面对死亡如何对待，正是当下要解决的。而大家在监狱，失去自由，死亡主题明显。同时，人生下来，最后到死亡，其实是一步步走向死亡的过程，那就会感到无意义，因为人总要死的，那活着又有什么意义？但人又必须活出意义。还有自由与责任，人必须承担一定的责任。这些都是需要大家去思考的，希望大家回去后好好思考一下，下次团体中来讨论。

临结束时，周某某说，给一分钟时间，他说一个事。因为星期一大家还有一些事要做，如订东西、收东西（食品）等，所以希望今后如固定最好是星期一做团体辅导，还是在时间上提前点，两点钟开始，3点半结束。带领者表示同意。

反思：

1. 刘某的"跳水"，带领者没有及时抓住，下次团体可就此展开。

2. 团体是否谈了大量团体外的事，如10年前罪犯脱逃、监狱管理变化，这些不知是否突破了边界？因此，如何更有效地开展"此时此地"工作？

3. 整个团体辅导时间（6个月）已经过了四分之一，但似乎安全的氛围还没有建立起来？组员还没有认为这个团体是安全的。组员的沉默，相互不反馈，是因为团体不安全，还是长期监狱服刑造成的行事做人特征？

4. 下次或今后的团体工作，是否结合一定的主题来开展？

● 第五次：2015年7月13日，星期一，14：10—15：40

以带领者为起点，逆时针方向顺序依次是：蒋某某、徐某某、鲁某、刘某、叶某某、汪某某、方某某、柯某某、尤某某、王某某、周某某、朱某某。

因天热，团体辅导活动安排到有空调的音乐放松室进行。带领者打开空调、整理好椅子等待组员到来。坐椅除前几次一样的8把椅子外，还有一张三人木沙发、两张单人木沙发。中间还有一张茶几。因木沙发、木头茶几较重，既不方便搬、也没地方可搬动，所以就留在原来的位置没有移动。带领者坐了一把椅子，在带领者左手依次是两张单人木沙发与一张三人木沙发，也与椅子一起围成圆圈形。刘某坐了带领者左手边的一张木沙发，朱某某进来迟，坐在了一张椅子上。看到刘某坐在木沙发上，就对刘某说，年轻人要坐椅子，木沙发要让给老头子坐。刘某就站起来，与朱某某交换了座位。这样木沙发上坐了朱某某、周某某、王某某、尤某某、柯某某。

大家对在空调房里做团体辅导很认可与高兴。带领者与组员们一起也说了空调之事。然后说了本次团辅起始时间。朱某某说，这个房间没有钟，没法看时间，他要看着时间，最后结束前他好讲话，也好到点结束。有组员说带领老师有手表，带领者也说会控制好时间。朱某某说，那要告诉他时间，特别是快结束时，他好发言。朱某某接着又说，这是开个玩笑。

带领者说，今天到心理咨询中心门口才知道，因刮台风所以今天（星期一，学习日）与星期六交换，今天是劳动时间。这个不清楚，有点抱歉。说明监狱有人性化考虑。刘某某说，主要是从安全考虑，怕出事故。

带领者一直在想，是否发动大家就刘某上次的话题来开始今天的团辅。带领者觉得一上来就谈似乎不一定好，还是先谈其他的，就说：今天是第五次团辅，前四次团辅下来，觉得大家喜欢沉默，不那么积极地反馈他人所说的。这是监狱多年待下来形成的，还是大家的一种性格？叶某某、鲁某等人说，监狱待久了的结果。因为不能随便说，而且似乎也不要求相互多说。组员们在这个话题上谈了一会儿。在说了上述话题及事项后，带领者决定还是提出刘某上次的话题。带领者首先征求刘某意见，在取得他的同意后，向团体提出了是干番事业还是平平安安过一生的话题。带领者讲完后，要求坐刘某右手边的叶某某谈谈。叶某某谈得比较散，谈了较多的监狱生活，也稍微涉及相互间关系以及自己思想上的想法。带领者在鼓励的同时多次引导他来谈这个主题。最后，叶某某不仅表达了自己在这个主题上的想法，还谈了在监狱的收获与今后的打算，他原来是做油漆工的，两年后刑满释放，还可以去做油漆工，觉得平平安安过挺好的。在叶某某谈完后，带领者要求坐叶某某左手边的汪某某谈谈。汪某某发言时声音洪亮，他说自己也是油漆工，原来也做油漆工，等等。在几次团体辅导中大多时间安静的汪某某，谈起话来的精神状态与洪亮的声音，让带领者感到有点意外。他也谈了过往的一些经历，也谈了在监狱的收获，今后的打算。

接下来大家大多是按这样一个模式来谈。

带领者在请方某某谈时，说刘某的这样一个想法……刘某打断了带领者的话，说他只是这么想一想，等等。带领者马上意识到多次以刘某起头来推动组员谈话，给刘某带来了心理压力与不安，就马上转换一下说法，说邵老师有这样一个问题（对称呼自己邵老师作了解释），就是一个人的一生是要干一番大的事业，像马云那样，还是平平安安地过也是挺好的？想请大家来谈一谈这个问题。方某某就接着说，自己也是做油漆工的，原来在山东开的是家具厂，做了10年多的油漆工，可惜开工厂失败了，后来就去做其他一些事，就进来了。他也谈了自己过去的一些情况，现在的一些想法与今后的打算，都是蛮正面的。

三人都谈到油漆对身体的伤害。王某某也进来交流，他说做油漆工对身体不好，谈了他认识的人中有的因接触油漆不能生小孩的情况。团体在这儿做了一些相互交流、相互互动，特别是前面已经发言的人与王某某之间。

柯某某说自己没什么好说的，但在带领者以及组员的鼓励下，也谈了自己在社会上时的一些情况，在监狱的收获与今后的想法。带领者核实了他的实际剩余刑期与可能刑满释放的时间，大概还有6年左右。接下来是尤某某谈。再接着是王某某谈。王某某因为前面几位发言时已经作了较多的互动，所以谈的就比较少。在王某某谈话中间刘某插话，谈了自己过去的一些情况，以及由此思想上发生的变化，如让自己"狠"起来才不会吃亏，才是一个强大的人等。这个思想源自一次事件。他17岁从家里出来打工，想干一番事业，甚至想不干出事业来不回家。一开始在一个灯泡厂干。有次看电视，那时电视机还很少，他先到的，就坐在了电视机前面。后到的两个人，其中一人说：让开，挡了他看电视。他想，自己先到的，凭什么让开？！那人再次叫他让开他没让之后，就一手抱住他的头颈，一手用拳头打，他毫无还手之力。当时自己也只有一米五左右，那人一米八的个头。后来他想，做人要"狠"，否则受欺负。后来，他想想在灯泡厂干不出事业，想想造船能干出事业，但一开始到的是修船厂，后来再到了造船厂。但在造船厂干了两年，他觉得太辛苦了，也不干了。最后犯事来到了这里，他进来时23岁。

带领者一开始就作了谈话设置，说两位老同志最后谈。

中间朱某某插话，但每次插话都很克制，话不多，如说了他的三个愿望，说得都挺幽默，给大家带来了笑声。带领者也肯定了朱某某的幽默感。

王某某谈完，就到了带领者右手边的蒋某某。蒋某某也一样简单谈了经历、在监狱思想上的变化，以及今后的一些打算、想法。

徐某某谈了自己的一些经历，他说的话引起了组员间较多的相互交流。比如，刘某也交流了自己的一些情况，再次谈起认为监狱里与社会没什么两样，也是这样劳动、交往、学习。朱某某说刘某没有成家，所以不懂。他是宁肯在家陪老婆，跟老婆一起才好。王某某也说，成家就会有不一样的感受。他进来时已经有小孩，小孩3岁过年时对妈妈说，过年了爸爸为什么不回家，听到这个话，心里真是太难受了。带领者给予了内容反应与情感反应。徐某某继续说了自己当时在社会上的行为，6岁父母离异，父亲不见了，母亲改嫁到河南，自己是爷爷奶奶带大的。学习也不怎么学，一帮人就是玩，长大点后到河边对谈恋爱的情侣打劫，也不知道对错，觉得一吓唬他们就把钱拿出来了，身上的东西也拿出来了，觉得挺好玩的，挺来劲的，而且觉得挺威风的。最后抢出人命来了。带领者插话说，当时是是非颠倒了。徐某某继续说，当时对父母挺恨的，特别是父亲。现在奶奶已经去世，爷爷还在，80多了。自己还有两年，出去后要孝敬爷爷。徐某某说的这些，组员们之间有些互动交流。鲁某也参与了交流，问徐某某还有几年刑满。徐某某还谈后来以及坐牢时父母情况，父亲后来从未见过面，失踪了；母亲见过几次，坐牢后来见过一次，也是顺路见的。带领者问了徐某某爷爷的情况，回答说是身体非常好。带领者对徐某某孝敬爷爷的想法给予了充分肯定，并认为父母抛弃他是不对的，父母没有尽到应尽的责任。带领者谈了抚养与赡养的概念与情形。作为一个人，要对下一辈抚养，因为小孩自己没有生存能力。对上一辈要赡养，这是应尽义务。方某某也说，自己早年也和徐某某一样的情况，父母也是离异的，不要他的。当时很恨父母。现在坐牢了，慢慢理解了他们。他问带领者，自己当时的恨是否不正常、不应该？在带领者回答方某某前，组员相互间谈了其他一些事。带领者后来有机会说话时，回答了方某某的问题，认为恨是正常的，可能还有很多情绪，如愤怒等。现在理解了他们，这个也是正常的。带领者谈了父母养育方式，区分了虐待与粗暴、讲解了放任与溺爱的家庭养育方式。

鲁某谈时，朱某某及其他组员叫他谈谈吸毒经历，似乎更多的是好奇他的吸毒感受方面。鲁某谈了自己吸毒七八年，吸得身体也坏了，钱也没了等。多名组员说，现在（因进了监狱）没得吸了，总算是戒了。鲁某回应说是的，家里人也说，抓起来坐牢，也许是捡了一条命，因为不能吸毒了。老家一些吸毒的，有的已经死了。不过刑期太长了点。带领者问，还有几年？他回答说还有18年，也不去想这个刑期。带领者说，对的，先不去想它。

鲁某讲完，团体时间剩下几分钟。带领者因考虑到朱某某前面已有多次发言，就请周某某讲讲。周某某问，还有几分钟。带领者说，还有3分钟。周某某说，这次是心理学与监狱改造结合得最好的一次等。

周某某讲完，朱某某抢着说，给他一分钟时间，他要讲讲。他说，一个人去卖高帽子，有一百顶高帽子，卖了几顶……听朱某某说话，大家在笑嘻嘻中结束了本次团体活动。

反思：
1. 带领者在团体活动中反复在想一个问题，就是大家轮流发言是否是一种好的团体辅导形式？而且更为主要的是，带领者开始时谈了发言要求与顺序，那么是否在团体时间内要让大家都获得发言机会与时间？因为如果某个组员谈多点或者相互交流多点，那团辅时间内每个组员发言就可能会做不到，那么一开始说的让谁谁最后发言的就做不到了，那是否会挫伤没有发言组员的积极性？或者带领者担心让组员认为带领者言而无信。因此，在本次团体辅导中间，带领者内心藏着不那么鼓励组员间更多交流的心思。而不能更多地互动交流又是否会阻碍团体的发展？

2. 鲁某服刑时间还很长，带领者回应说不要去多想这个服刑时间，这是否是回避矛盾？团体辅导结束后，带领者去跟监狱领导汇报本次团体辅导情况，他也认为不去多想是对的，应该这样说。但带领者对此一直抱疑虑态度。

3. 组员早年的抚养经历，是否可以作为下次团体辅导的话题？

- 第六次：2015年7月20日，星期一，13：55—15：25

以带领者为起点，逆时针方向顺序依次是：蒋某某、徐某某、鲁某、刘某、叶某某、汪某某、方某某、柯某某、尤某某、王某某、周某某、朱某某。本次团辅大家座位与第五次一样。

本次团体辅导仍然安排在有空调的音乐放松室进行。

带领者宣布团体活动开始后，没有人说话。过了两三分钟，带领者考虑到压力大可能给有的组员带来不良影响，如第一次团体活动时的情况，所以就开口说话，问组员是否可以说说在监狱里自己印象最深的一件事，并邀请徐某某先说说。徐某某说，印象最深的事，莫过于2005年某某犯人的逃跑。当时自己在车间里做工，突然集合起来，后来知道有人逃跑了。因为前面团辅讲到过这个事，并且知道那个逃跑犯人与王某某是睡上下铺的，所以带领者就请王某某讲讲。王某某详细讲了该犯人脱逃的经过，引起大家共鸣。因为每个人来到二监，都要经过入监教育，在教育过程中，都要开展反逃跑教育。2005年后的入监教育必然要说这个事，以及其他一些逃跑的案例。而2005年前来二监的服刑人员，当时组织大家针对这个犯人的逃跑情况开展了相应的教育。所以，大家都知道这个事。王某某等人说，该犯人在外脱逃81天后在江苏宿迁被抓，第二年被送到新疆改造，在2008年因心肌梗死死亡。如果他不逃跑，那么现在这个时间段，大概可以刑满释放了，或者可以假释回去了。

谈了该犯人的逃跑；大家又说到2008年另外一个犯人逃跑的事。该犯人没有逃跑成功，挂在了监狱围墙的高压电网上，电死了。如果该犯人不逃跑，也在现在这个时间段，大概可以刑满回去了。

带领者在谈论这两名犯人脱逃时所做的工作，是提醒大家逃跑没有出路。这一点大家也表示（完全）同意。

大家在讨论为什么这两名犯人如果还在二监，现在可以回去的事，就说到了改判与减刑问题。带领者也稍带提到朱某某，因为检察院对朱某某的这次呈报减刑，是3个月。这个情况是监区徐副教导员在团辅前告诉带领者的，并说朱某某这几天情绪很不好。朱某某对带领者的这个关注没多少反应，只是一脸的苦闷、难受等，表情很难看。

徐某某问刘某，无期改判后是多少年？刘某回答说自己是改为18年零11个月。周某某说，这个不容易，因为无期改判时，可以是改为20年，这个1年零1个月，是需要多少分才能减的?! 多名组员在此有讨论，觉得是这个道理。汪某某说，他是改判19年零6个月，因为只有一个表扬。在接下来的团体活动中，汪某某说自己的这个改判讲了二三次。带领者对汪某某的多次表达没有作出反应，似乎是个遗憾。

说到无期改判，王某某还谈了他所在监区（分监区）打死同犯被执行死刑的事。因为他当时是小组长，担心影响他的改判。因犯人逃跑、打死人，他所在的监区在各种表彰数量方面被集体扣为常年奖励数的60%，如通常情况下全监区有100人次可以获得各种表彰，但那一年可以获得表彰的就只有60人次了。

大家也谈到了因为犯人逃跑，警官被判刑、处分的事。

在团体辅导进行了1小时后，带领者要大家停一下，开始对朱某某作工作。朱某某谈了知道这个消息后的感受、情绪反应，以及前天与老婆打电话所说的话。在老婆面前还不能说真话，因为要给她以希望，说是马上会回来了，身体好得很。朱某某说，3年分数只减刑3个月，还是检察院说的，到法院还不知会是多少。或者一天也不减，或者给一个月，那怎能活着出去?! 在叙述的过程中，带领者发现朱某某脸色从白色慢慢有点变红，脸色似乎有点好起来。带领者也问组员，能够给朱某某什么回馈？叶某某等人说了话。但朱某某不等组员说多少，自己又开始倾诉、诉苦。当朱某某说到老婆电话说，以前是陪别的女人睡，现在是在监狱一个人睡，就是不陪她。大家都笑了。朱某某自己也笑了。朱某某解释说，这个是开开玩笑说的。自己以前办厂，厂子离家50多里，不能常回家，就睡在办公室里。没有老婆所说的情况。组员们也知道朱某某是在开玩笑、喜欢开玩笑。在笑的过程中，带领者看到朱某某情绪有所转变。朱某某自己也突然说道，能减刑3个月，比某某好点，比上不足、比下有余。多名组员也马上回应说，就是这个情况，比某某好，是比上不足、比下有余。朱某某也反复说这个。在说的过程中，他情绪有所转变，变得好些了。

在团体辅导快结束时，带领者说，希望下次团体活动，大家可以谈谈做的梦，经常做什么样的梦。

本次团体辅导，多次出现"小团体"。在一名组员说话时，其他两三名组员自顾自相互说话。带领者没有对此进行干预。这个今后可以提醒一下。

- 第七次：2015年7月27日，星期一，14：05—15：35

以带领者为起点，逆时针方向顺序依次是：刘某、蒋某某、柯某某、方某某、叶某某、汪某某、鲁某、王某某、周某某、尤某某、朱某某、徐某某。

监狱团体辅导室安装了空调，带领者问组员们在哪个房间做团辅，蒋某某等人说，团体辅导室空间大，这个地方好，因此本次团体活动搬回原团辅室进行团体辅导。许多组员包括朱某某从前两次团辅的地方把椅子搬回到团体辅导室来。看到朱某某喘着气搬椅子，带领者内心感动。

团体辅导开始，带领者注意到朱某某脸色比上次好，请朱某某发言。朱某某说，来团辅可以加0.5分，他感到高兴，也愿意来团辅了。带领者因朱某某的口音没听清他说的话，一下子没反应过来。徐某某解释说，这个月监区来叫大家对加分签名，看到参加团辅给大家加了0.5分。朱某某说，劳动加0.5分是很不容易的，所以这样来参加团辅加分，确实是高兴的。并与带领者开玩笑说，监狱是否给大家加5分？（0.5分是监区加的）带领者也开玩笑说，是朱某某争取来的5分。

朱某某接着说起另外一事，就是自己被处罚了，要参加7天的学习，学监规纪律。原因是心态不好，有事想反映一下，他想找监区领导说说，但大概监区领导没空或没在，来了一个不能管事的民警。来了就批评、指责，他心情不好，就顶撞起来。这样就被处罚了。朱某某说，千错万错是自己的错，不能跟队长、警官顶嘴。自己是什么人？警官是什么人？警官代表政府，来改造他们、管理他们。警官说得对要听，说错了也要听。多名组员附和。带领者想起以前跟服刑人员交流时，也是这样一种说法，但并不认为是对的。考虑到监狱管理的实际情况，叫组员去反思、讨论这样一个观点，心中却也有些犹豫，就跟朱某某说，大概身份意识不足。朱某某说，是的，自己身份意识差。

但在组员们讨论其他事情20多分钟后，当朱某某再次说起顶撞警官而受处罚时，带领者还是抛出了这个问题：究竟不管队长、警官说法对错，服刑人员都要听从的观点是否正确？带领者认为这个情况在监狱的犯人头脑中较普遍存在，但其实是可以讨论的。多名组员对此有所表达，但不知是否旁边坐了一名警官的原因，这个讨论开展得不那么顺畅，也不那么积极。带领者也还是有前面的那个顾虑，所以也没有积极地推动，认为这个话题比较敏感，难以展开讨论，就没有再开展工作。

带领者说，听了朱某某的发言，一直在想的第二个问题是关于死亡。这个是较为深层的问题，不知是否适合现在提出来讨论？确实，组员们对这个议题没有去展开。

带领者记着前次团辅结束时要求大家谈谈梦的事，在历程回顾后邀请蒋某某发言。蒋某某说了几句，并总结说自己没什么好说的。朱某某接过话头再说了他的处罚。带领者在与组员们讨论明确朱某某的处罚是学习7天，那么其他处罚有些什么？徐某某等人说了多种监狱里犯人违规后的处罚，如严管、禁闭等。徐某某说，2006年司法部提出人性化管理后，重的处罚少了，如电警棍就很少用了，只有在严管队犯人不听话时，会用一下。带领者问大家自己违规时受过的处罚是什么？个别组员说，在监狱里是很安分的，不去违规的，就没有处罚过。带领者想电警棍2006年后不用了，是否后来新来的犯人没见过？就问鲁某有没有见过？鲁某说，见是见过的，但没看到用过。

在讨论中带领者邀请汪某某发言时，他说想说说梦。谈了来监狱前所做的杀人的梦，经常做，也去医院看了，说是精神问题，但没正常吃药，就没好。那些精神类药挺贵的，一星期要四百多，他打工还要给在监狱里的四哥寄钱，所以吃药时断时续。现在来到监狱，精神类药持续吃，吃了六七年，所以这些梦就没做了。带领者肯定了有的情况通过吃药是可以得到控制的，吃药是有效的，并提到带领者曾遇到一名服刑学员原来常有自杀的念头，通过吃药这种想法就没有了。汪某某听后说，自己21岁时曾自杀过，曾喝农药自杀。给妈妈看到农药瓶里没农药了，知道是自己吃了，就送医院洗胃救回来的。汪某某说，自己哥哥、姐姐也有精神病，父母也有，是遗传的。姐夫是没有的。还说道，后来四哥出狱了，现在是他给自己钱，并且一年来看自己两三次，正如当初他给四哥钱一样。蒋某某听到汪某某说喝农药自杀，也说自己在3岁时，因为爸爸喝酒，以为瓶子里的农药是酒，也喝了，昏迷了3天才醒。带领者在他们相互来回表达后，对蒋某某说，他的喝农药与汪某某是不一样的情形，汪某某是主动喝的，而蒋某某是误服的。这个是不一样的。蒋某某表示同意。（这儿带领者客观化的表述似乎不可取，其实这个可以对蒋某某开展工作，即他喝了农药后，家里人是怎样做的？情绪怎样？现在对此的感受如何？等等）

刘某接着也谈了自己的梦。说是一个残忍的梦，他梦见一个摆摊的，摆的是一个婴儿的身体，各部分是分开的，头、手、身体、脚。带领者问这个梦是什么时候做的，他说是2012年的样子，来到监狱后。后来（团辅时间快结束时）周某某发言时说，刘某的这个梦是希望整合自己。刘某说，不同的人来解释梦果然是不一样的。周某某的解释让自己感觉挺好的。

徐某某也谈了自己做的梦。组员们谈梦，再次让带领者意识到，前次团辅结束要求大家可以谈谈梦，有的组员是认真准备的。这相当于带领者布置的课外作业，有的组员是认真完成的。

刘某还谈了他做的另外一个经常出现的梦。

带领者对组员们谈的梦，没有去作更多的解释，但说了些理论知识，说是解释梦需要较多的心理学知识，并说精神分析的创立者弗洛伊德，正是在1900年发表的《梦的解释》标志着精神分析学说的建立。带领者说的这些内容，组员们似乎没有多少反响。这说明这些个解释对团体不那么有意义。

带领者邀请尤某某发言，尤某某说没有什么可说的。带领者注意到前几次有较多发言的王某某没有说一句话，就问他。王某某说，监狱里流行感冒，他也患上了，吃了药，脑子有点闷。原来中午睡半小时就行，今天睡了一个半小时还感到脑子不清醒。带领者问了王某某流感患病情况、吃药情况，最后说可能是吃了感冒药的原因。王某某说，那应该是的。带领者此时想起，组员们来参加团辅，进入团辅室时多名组员是戴了口罩的。有的一直拿在手上。带领者注意到了这个现象，但没有进入议题。

王某某说到流感，大家活跃起来，多名组员谈到流感的事，如徐某某、周某某、刘某等。带领者问流感在监狱里的情况，周某某说，整个监狱有500多人患上了，监狱4500人的九分之一。

带领者发现以前团辅时较活跃的叶某某没有怎么发言，就问他。他回答说，两个耳朵闷牢了，嗡嗡嗡地响，听不清。带领者问这种情况有几天了？叶某某说是前几天的事，大概三四天前。他说右边一个耳朵现在好了，能听见，左边耳朵仍然听不清，很不舒服的。去监狱医院看了，说这是小事。有组员说，医院在防流感。叶某某也说，监狱医院忙于防流感这个大事吧，并说现在自己在监狱里也没什么办法。带领者表示同意，监狱犯人总不像社会自由公民，有病可以自己决定去看什么的。

带领者说，这是第七次团辅，还剩20分钟，谁愿意说说？周某某说，一次团辅1.5小时，12个人，大概每人7分半钟。每个人都可谈，但要多谈点正能量的。他对刘某的梦作了正向的解读。刘某与他之间有了些互动。带领者不那么认同周某某关于每人谈话时间的说法，也不认同周某某所说要在团体里谈正能量的观点，但没有去指出，就请周某某谈谈自己正能量的东西。周某某说，自己正是非正能量的。徐某某说，在监狱改造，首先要认罪服法，这样才能减刑等。周某某是一直不认为自己有罪的。这个在入组访谈时谈到过。带领者多次想张嘴问周某某申诉进展情况，但都因有组员发言而咽下，一直到本次团辅结束也没得到机会问。

朱某某发言，说自己与老周其实年龄相仿，因他当时找对象时把年龄改小了，其实是1944年出生的。然后说，自己这种情况，现在只能减3个月，而周某某可以减一年或一年以上。因此，两个人心情自然就不一样。朱某某说这些，是在听了带领者比较了两位老人的表现后说的。带领者说，7次团辅下来，带领者似乎有一个感受，就是周某某开朗些，而朱某某心态要差些。周某某也认为自己心情是愉快的，心态是好的，虽然不像朱某某那样原来是大老板。朱某某然后就说了相互间减刑的差异，同时还说，自己这样下去八十三四岁才能出去，能不能活到那个时候？带领者说，在老年人的划分上，85岁以上称之为高龄老年人，75至85岁称之为中龄老年人，75岁以下是低龄老年人。

朱某某在本次团辅中说了多次，自己与老周是老年人，其他都是年轻人，他们可以谈前途，也应当谈谈前途。

在本次团辅的最后5分钟，朱某某与周某某相互间讨论激烈，带领者在团辅时间到后停止了他们的讨论，建议留到下次团辅时再讨论。

● 第八次：2015年8月3日，星期一，14：15—15：45

以带领者为起点，逆时针方向顺序依次是：尤某某、徐某某、刘某、蒋某某、方某某、叶某某、柯某某、朱某某、汪某某、鲁某、周某某、王某某。

带领者宣布团体活动开始后，先对前次团辅快结束时周某某说的在团体中谈正能量的东西作了解释，指出正能量的东西好谈，不是正能量的东西也可以谈，没有那么多限制，组员们想谈什么都可以。周某某因听力有点问题，带领者就面向周某某再次作了说明。然后带领者问流感现在怎么样了？多名组员说，已经结束，徐某某说流感也就十来天的时间，过了这个时间就没事了，每年如此。大家在此有所讨论。王某某在团体开始时说了较多的话，但带领者似乎回忆不起来他所说的话。（回忆后的第二天想起了王某某的发言，在谈论流感时，王某某说起自己前些天年度体检时查出是乙肝携带者，以前没有的，为此当时很担心，真的很担心。后来过了十几天去外面医院检查一个什么病时做化验，结果说是阴性，没有乙肝携带，一下子感到心情好了。这其中与尤某某有交流，其他组员也有参与讨论。带领者还在后来的讨论中问王某某为什么去问尤某某，王某某说与尤某某平时谈的多，关系走得近点。而不是带领者认为的尤某某是乙肝携带者，因为入组访谈时有一人是乙肝携带者，但带领者记不得是谁了。）

带领者一直记挂方某某上次团辅没怎么说，就向方某某表达这个意思。方某某说，自己没事，就是对加分减刑有点想法。像参加团辅加0.5分，对他来说没用。因为劳动分最高就5分，他5分随便拿拿，不需要这个0.5。多名组员也说对自己没用。朱某某等人说，他们有用。朱某某进一步说，这对其中4人有用，汪某某、朱某某、刘某与徐某某。

带领者看到朱某某手上有挂盐水留下的胶带纸，一直想问。但对朱某某启动说话后停不下有顾虑，所以对是否问有点犹豫。但在过了一点时间后，觉得表达关心是团体所需要的，就还是问朱某某手上的胶带是怎么回事。朱某某说是在挂盐水，明天去住院。然后他开启了说话模式，说话停不下来。

朱某某谈了自己的身体问题，因天热所带来的一些问题，如监房里放的冰块（夏天为了降低房间温度，每个监房都放了大冰块）他觉得不够凉，想从大的上面切一块小的放自己床上，但组长说如果放了小块在自己边上，大的冰要移开一尺，朱某某说那是不合算的，偷鸡不着蚀把米。又如自己的床在窗户边，太阳光照进来刚好照在床上，很热的，所以想开个窗通通风，但热气要进来，没照到太阳的室友不同意，等等。朱某某谈了同室犯人及组长的问题。组长没有威信，是老好人等。对此小组作了较多的互动、交流。方某某、王某某等人也说到了他们组组长的问题。

朱某某谈这些内容时表现得很激动，带领者甚至担心朱某某因心情激动是否会在团辅现场发生意外。带领者在团辅进行1小时左右朱某某再次谈话时提出了这个担心，朱某某表示不用担心。

方某某谈到加分对自己减刑没有用时，流露出的表情似乎有些凶狠，带领者感到一丝寒意。但在团体后来的所有说话中，他一直没再有那样的表情。方某某在本次团辅中说了较多的话。比如，自己在两年来作为监区盥洗间卫生清扫人员，是尽心尽力的。柯某某作了证明，他与方某某是一组的，共同打扫盥洗间的卫生。有次盥洗间堵牢了，方某某用手去挖才疏通，这是比较脏的地方，但他不怕脏。方某某也说，有次有人把酥饼盒的塑料盖丢下水道了，大小刚好是下水道的大小，他用手把它挖出来才通。多名组员对方某某的这些表现作了肯定。带领者对此也作了充分的肯定与鼓励。

带领者对方某某与徐某某说，也是对全体组员说，像前次他们两位谈到的早年经历，家庭经历对后来以及现在的影响，以及刘某谈到的早年经历，是值得去讨论的，是有价值的。这个可以在团体中多去谈谈。但带领者的这个提议没有在本次团体活动中得到组员们的响应。

朱某某在本次团辅中多次滔滔不绝地说话，带领者也乘他说话间隙多次较为自然地打断他的叙述，让他先请其他人说。带领者希望开展对朱某某的工作，就请组员谈对朱某某的印象。先请叶某某谈。叶某某说了好的一面，也说了朱某某话似乎多了点。朱某某不接受，反驳后又开始滔滔不绝。带领者乘隙引开请方某某谈谈对朱某某的看法，似乎也没能说动朱某某停止叙述。在朱某某与组员之间，大家彼此有所交流，但一否定朱某某时，朱某某似乎立即进行反驳，而对刘某所提的意见，朱某某还进行了攻击，说如果在外边（社会上），刘某这样说他，要给他吃巴掌。带领者对此进行了否定，认为这个不可以，刘某只是对朱某某谈了他的看法。带领者感到对朱某某工作的困难。这是否对老年人来说工作是困难的？带领者在本次团辅的后期对朱某某说，希望团辅能让朱某某认识到，如何正确面对自己的状况，心情能够好一些，能够正确对待刑期与生死。朱某某在团辅中也再次说，自己能劝他人要想开点，并又念了劝解的诗句，但这个对自己没用，自己还是想不开。

朱某某说自己小组的组长没用，如果自己当组长会怎样怎样。带领者说，我们团体中就有组长，请他们谈谈组长是怎样的条件。带领者似乎记得以前的团辅过程中说到组内有3人是组长，如王某某是组长，但王某某说自己只是值班，不是组长，说鲁某、尤某某是组长。带领者认为，组长是需要些条件的，这些条件是需要努力的，是要往好的方向努力，看看朱某某是否符合组长条件，从而让朱某某去反思自己的行为，往更好的方向发展。然而，多名组员说，监区在朱某某要求下，为了照顾他，让朱某某当过组长，但他自己不要当。在不同的警官手下都发生过。这样的情况有3次。当按次计算朱某某拒绝当组长的情况时发现竟有4次。王某某等人跟朱某某一起回顾了这些过程，朱某某——进行辩解（解释），为什么自己不要当那个组长。比如，大厅的组长，要求组长管住犯人在走出囚室时要穿囚衣，在室内可不穿。这个他去说了有的犯人也不接受，我行我素。同时，大厅组长遇到警官或任何队长经过要起立，他不习惯或觉得吃力，也不那么愿意所以就不干了。正是在这个讨论过程中，刘某的发言让朱某某生气，说要让他吃巴掌。并且说，刘某、方某某，都是脑子有毛病的人，所以弄不清。

本次团辅再次谈到了分数与减刑，是在本次团辅过程的前期。谈这个话题时参加讨论的组员最多。带领者也讲了上星期去十里丰监狱了解到的情况，有个监区搞狱务公开很好，也是十里丰监狱在这方面的先进监区，该监区的每个学员自己都能够算清楚减刑时间、服刑时间。当然这也许与他们的服刑时间较短有关系。多名组员也同意，认为十里丰监狱服刑时间短，而他们要服刑10年以上，国家刑事政策变化了，就不那么容易算清刑期。尤某某具体分析了这个情况。汪某某似乎是在这个过程中有个高声发言（似乎汪某某发言时总是高声的），但在后来的整个团体活动中没有再说话。

在整个团辅中，朱某某发言较多，最后有的组员都不耐烦，但似乎没人去阻止或阻止不力。比如，徐某某在团体最后说，要让邵老师多给他们说说，因为前面带领者说起了7月16日召开的全国监狱工作会议，但给打断了。带领者说，这次会议的具体内容还没有传达下来，但从报道的内容看，印象深的是在减刑上要公开、公平、公正，就是要实现社会的公平正义。不能"提钱减刑、以权减刑"，因为以前职务犯减刑似乎快些。带领者说这些，是因为与组员直接有关且关心，而会议的有些内容虽有关但不那么直接。大家在本次团体活动的前半段以及这个阶段谈减刑时，都谈到了宽严相济的刑事政策。严的方面，如有了限制减刑，对一些重大的刑事犯罪要从严打击；宽的方面，徐某某也说，70岁以上不判死刑。

在团辅结束回监区的路上，周某某跟带领者说，团辅还是多讲些令人愉快的事吧。朱某某刚好走在周某某前面，听到后认为是在说他，就回过头来责骂周某某，两人言语上发生冲突。走在朱某某旁边的尤某某马上拉住朱某某的手臂，趁机一路扶着朱某某走，也防止和周某某发生直接冲突。同时与带领者一起劝解朱某某。

反思：

本次团体辅导仍然没有深入下去，带领者似乎找不到切入点。此时此地、参加团辅的人员，似乎都存在深入的机会，但不知从何入手。感觉团辅进程有些慢。

- 第九次：2015年8月10日，星期一，14：06—15：39

以带领者为起点，逆时针方向顺序依次是：尤某某、徐某某、刘某、蒋某某、叶某某、柯某某、方某某、汪某某、鲁某、周某某、王某某。

朱某某因病住院未参加。

进入团体辅导室后王某某、周某某等多人说朱某某住院，这次不能参加。

坐下后带领者问大家，朱某某这次不能参加，他的椅子是否要放着，这个由大家决定。一时没人回应，过一会方某某说，这次要么就不放了，就没放空椅子。

带领者一开始把上次团辅结束后与周某某的交流情况带回团体，即周某某说，在团体中多说点高兴的事。带领者说，团体中既可以说高兴的事，也可以说不高兴的事，都是可以的。带领者再次强调团体中谈什么事没有限制。

带领者说完，看到周某某脸上没有反应，估计是他耳朵的问题没听清带领者的话，所以对周某某再大声重复了一次刚才的话。带领者说完，周某某随后说，他说要团体中说些高兴的事，没其他意思，但朱某某却以为说他，就跟他急了。而且像朱某某那样的人，自己心胸不宽，老是以消极的态度对待周围的人与事，对当组长也有不正确的态度，如警官来了要起立，他却不能忍受，这个是他自己的问题。警官来了要起立，这是礼貌，连这点也做不到，作为犯人是不该的，等等。

带领者在周某某说完后问大家有什么想反馈的或者听后有什么感受，扫视一圈没人反应。当正想再说时，王某某说他谈点看法。他认为周某某其他方面说的没意见，但关于朱某某，他有点不同意见。他说，因为朱某某年纪大、身体也不好，朱某某也曾跟他说，走不出监狱了。监区教导员也说，劳动能做就做，身体养好。但朱某某心中也矛盾，一方面也认识到走不出监狱，另外一方面又想多挣点分，好减刑能够活着出去。可是他又是"三类"罪犯，减刑报上去五六个月，批下来3个月，心中难免失衡，所以他的这个状态要理解他。而这也是带领者想说的。

周某某在这次团辅中说话较多。他随后接着说，他们这个监区比较特别，由老的、有病的、残疾的三类犯人组成。而监区或监狱人性化管理，给任何人带来希望，就是能够挣到分数。比如，一个眼瞎的，监区就安排一个这样的岗位，因为犯人出监区要搜身，就叫眼瞎的来做，这样他也可以挣到工分。这样的安排以前是闻所未闻的。带领者也说，他也是第一次听到，同意周某某的说法。

周某某说，他昨天开人账，开了四五百，觉得有点开多了。开这么多，觉得有点对不起家里。但是却也让他体会到两个字，就是"感恩"。他的这个感恩，是反过来的，就是家里的小孩现在照顾他，让他没有顾虑，各方面的支持，包括生活费用，都是竭尽全力的。以前是自己照顾他们，现在是小孩来照顾他，所以他感恩。他也讲了以前如何照顾家人与小孩。讲到了老婆对他的照顾、对家里的照顾等。他来监狱十多年，按常规家里来看望、接见是170多次，但他家里人到目前已经来了200多次。有时小孩一人来，但常常是三个小孩一起来看，以前规定不严格时，接见的人很多，现在规定一次只能有三个大人，小孩没限制。

说到感恩与小孩，王某某说，他也有许多感受。比如，自己的小孩，接见时也来看他，现在是问一句答一句，但他感觉很好了。小孩来接见时他问对爸爸有没有印象，小孩说没有印象了，因为他进来时小孩只有3岁。带领者说，3岁前的印象是不太有的。王某某接着说，现在小孩已经十四五岁了，他跟小孩说，今后要靠自己努力，爸爸妈妈可能给不了他什么。小孩也很懂事的，是认可这一点的，对此他感到高兴。带领者此时自我暴露，跟王某某及团体组员说"自己跟小孩也是这样教育的"。王某某说，小孩爷爷打电话时也说，小孩是同意爸爸的说法的，说今后他要自己努力。带领者问王某某离婚后小孩归谁？王某某说小孩归老婆，但老婆对小孩非常好、教育很到位，他为此感到很欣慰。带领者说，这也是王某某的福气，娶了这样好的前妻。王某某说，他是欠小孩一个童年。这话蒋某某表示有同感。王某某说，最近看到一个片子中的一个小孩说，爸爸，你再不跟我玩，我就长大了。这句话给他印象很深。

带领者问组里还有谁是成家的、有小孩的？带领者记得方某某是有小孩的，方某某说自己没有小孩。但在本次团体活动的后期，他又说有小孩。周某某看着小组成员，一个一个看过来后说有6人是有的。带领者问谁愿意谈谈小孩，在没人分享后，带领者问鲁某的情况。鲁某说，他有小孩，比王某某的小一岁，2002年生的，男孩。他觉得对小孩，90%的人（指犯人）是有愧疚的。这句话他重复了好几次。带领者也重复了他的这句话，以提醒与强调。鲁某说，他记得非常深的一件事是，他是吸毒的，但不想让小孩知道，其实小孩也许是知道的。他吸毒关着卧室的门，小孩常来拍门，说为什么关着门？他是早上起来就要吸的，小孩来敲门，他说等一下，然后赶快把窗打开，通通气。然后小孩进来就问，为什么有烟。他说是吸烟。所以有一次小孩就写了几个字贴在他房间里：不许吸烟。王某某问，那时他几岁？鲁某说，大概八九岁，上小学二三年级，能写字了。带领者说，小孩确实是挺聪明的，也体现了父子情深。这是小孩对你的关心。带领者在团辅快结束作历程回顾时，也对鲁某说，小孩的话体现了父子情深，可惜鲁某可能当时没有体会，滑过去了。鲁某听了带领者的话，表情有点惊讶，似乎也有点不解，不过似乎又理解了。鲁某说，小孩现在十三四岁，读书不好，很皮，老婆文化也不高，教育不了，也管不了。带领者后来跟鲁某及其他组员说，在教育小孩方面他自己也许算个专家，这方面愿意与大家分享，也对鲁某说，可以私下交流。对这样一个阐述，带领者觉得也许不那么适合，特别是对鲁某的这样一个承诺，似乎更不适合。

刘某说，自己作为小孩是要去理解父母的行为。现在想想，确实作为小孩在外时根本没想到父母。虽然说从家里出来打工，是想为家里挣钱，但在打工时，却全忘了，只想着自己。今天听了周某某说的话、其他人说的话，想想自己，觉得不对，也更理解父母的心情。这样一种思想，以及对小孩的关怀，对父母的感恩，在团体里流淌。所以带领者最后也说，今天团体里有许多正能量的东西。

刘某在谈到父母时说，小时候犯错父亲总打他，当时很恨父亲。但自己小，打不过父亲。当时就想，等自己长大了，就要报仇。周某某说，父亲当时的这样一个行为，也是对你的关爱，希望你好好成长，并问刘某是否有了一个新的角度理解父亲的行为。刘某说，听了周某某的话，能够去理解父亲了。这也是一种爱，这个自己后来也理解了。

带领者对刘某说，一直记挂着他前面在团体中说的希望自己能做一番事业。然而，在现代社会，做一番事业需要文化。虽然刘某现在在看新华字典，但国民教育系列的文化知识学习还是需要的，不知有没有在学？刘某以及另外的组员说，由于被诊断为精神障碍，所以文化学习中止了。按监狱规定，文化程度不到初中的，要学到初中。但对精神有障碍的学员，不再安排文化知识的学习。带领者对此以前不知情，并问当精神疾病稳定后也不能参加学习吗？多位组员回答说是的。带领者心中有点质疑这样的规定。但仔细一想，却也能理解。

对父母的感情、感恩，对小孩的感情、感受，徐某某、叶某某、方某某等人都有分享。

周某某在本次团辅中说话较多，占用了较多的时间。

周某某再次肯定方某某、柯某某在监区负责卫生工作中的认真负责精神。说最近有犯人不注意，把牙刷扔到下水道里，堵住了。方某某用力把它捅断疏通，是不容易的。

带领者在体会组员发言的同时，也关注组内各个成员的情况，发现尤某某、柯某某、汪某某、蒋某某还没有参与分享。带领者首先邀请坐在旁边的尤某某谈谈。尤某某说没什么可说的。王某某说，这方面尤某某应当有话说，因为他跟尤某某关系较近，比较了解他的情况，不过他平时不太说话，话不多。尤某某随后说，自己以前也是，对父母的关心没在意，对父母的爱没体会。现在进了监狱，知道了他们的那份关心、关爱。自己对父母确实是愧疚的，以前对他们不好。所幸还有一个妹妹，前年生了一个小孩，让父母享受到了天伦之乐。否则自己也没成家，无后了。今后知道了如何珍惜这份感情。

蒋某某说，自己与尤某某一样，也是话不多的，平时也不太爱说话。自己对小孩也感到愧疚。老婆也在监狱10多年，小孩由父母管。以前在外面时，既没想父母，也没太管小孩，确实也是欠小孩一个童年。今后会更懂得珍惜与父母小孩的感情。同时，带领者及其他组员问蒋某某与老婆的沟通情况，他回答说是一个月写一封信，老婆是两个月写一封过来，因为她还要给小孩写一封。带领者问蒋某某有给小孩写信吗？回答说有的，并说如果那个月打电话了，就不写信了。有组员说，他与老婆这样的情况，也许增进了彼此的感情。

在小组发言的空隙，带领者问汪某某的感受。汪某某说，自己成长也很不容易，父亲在他8岁时死了，是母亲带大他们兄妹，所以母亲很不容易，对母亲自己要感恩。但似乎还没有用行动好好去感恩。

柯某某也作了些发言。

方某某最后也说，听了大家的发言，虽然他的情况比较复杂，但是他也有一个小孩，是个女孩，没有对她尽到自己做父亲的责任。听了大家的发言，他感到自己还是要去承担一些责任。带领者回应说，这个是对的，既然是你生的，不管有什么情况，作为父母是有一定抚养责任的。

带领者感到时间不够，大家发言踊跃，但是团体时间有限制。所以有几位组员没有展开谈，如汪某某、方某某、叶某某等。带领者最后说，希望下次大家能够更多地参与进来分享。

感受：

对本次团辅，带领者感到是一次比较深入的团体活动。团辅似乎比以前深入了，团体在进步。带领者信心增强了些，感到心中有了些底。

- 第十次：2015年8月17日，星期一，14：10—15：42。

以带领者为起点，逆时针方向顺序依次是：尤某某、刘某、徐某某、柯某某、蒋某某、方某某、叶某某、朱某某、汪某某、鲁某、周某某、王某某。

朱某某参加本次团体辅导活动，所以带领者先问朱某某住院情况。朱某某说，上次没到，他也听到了带领者的关心，所以表示感谢。同时，对住院情况作了简要介绍，说现在上身右边还痛，但监狱医院也没怎么治疗，像关禁闭，所以他就回来不住院了。

带领者反馈了上次团体组员对他的讨论。有组员认为朱某某有些悲观、情绪低落，但是也有组员认为面对朱某某的现实状况，他的这种心情可以理解，是正常的表现。带领者同意组员的分析。

朱某某说，来参加团辅有两点好处。一是有工分挣，来参加记5厘，加0.5分。二是大家说说有些启发，有点收获。蒋某某说，朱某某参加团辅后心情变好多了，大家都这么认为。朱某某开玩笑说，本来想跟人吵架的，想跟鲁某吵架，但想到是一起参加心理辅导的，就不吵了，不好意思吵架了。鲁某等多人被他逗笑了。

朱某某再次谈起他跟老婆打电话的情况，以诙谐幽默的语言表述，说是电话打过去，发现老婆那边电话里杂音大，他问是否到舞厅去了，老婆说是在医院。上舞厅他放心、高兴，因为表明身体好，上医院担心。在电话里，他说自己什么都好，住院也没说，还说身上毛病都治好了，所谓"报喜不报忧"。带领者问团体组员，对朱某某在与家人联系时报喜不报忧，大家怎么看，有什么感受。组员们没多少反应。带领者说是否大家在跟家人联系时普遍是这种情况，组员们表示同意。

朱某某再次发言，在说具体事情之前先说明会尽量说得简单点，以免耽误大家。他说，现在加0.5分，能否到时再给个单项记功，那有10分。带领者记得加分只对4个人有用，再次核实是哪4个人（朱某某、汪某某、刘某、徐某某），并询问，另外8个人如何加分才有用？大家说加到思想分就有用。但方某某加不上去了，因为他思想分已经11分了。带领者仔细询问方某某为什么加不了分，是不是有些复杂，组员们也说这个比较复杂，最后也没完全了解清楚。后来大家对加分作了些讨论。

朱某某肯定带领者团辅是有钱拿的，问带领者是否拿到了钱。带领者回应说到目前为止还没有拿到钱。朱某某说，如果拿到了钱，建议来团辅时给大家发个面包。大家再次被他逗笑。后来朱某某又说，要么给大家账户里打50块钱，开个大账也行。大家再次被逗笑了。方某某说，这个是天方夜谭。

朱某某发言时，带领者观察到周某某闭着双眼。

带领者说，上次团辅时，大家谈到了上一辈、下一辈，即子女，以及与自己的关系、情感等，带领者注意到方某某、叶某某、汪某某发言较少，是否可以再谈谈？带领者问方某某是否先谈谈。方某某说，自己的情况比较复杂，一时也谈不清楚。

带领者斟酌再三，决定抛出一个话题。带领者说，来团辅之前，看过大家的档案，就是一页纸的很简单的档案记录，看了他们之前曾经犯的事，然而再看大家现在的状态，现在的表现，对应不起来。现在大家讲话有道理，表现文明，能够彼此关心照顾，能够去为他人着想。这个与大家以前的状态可能很不一样。带领者在观察到徐某某认真、关注地听带领者讲话后，首先邀请徐某某发言。

徐某某说，那时年轻不懂事，觉得那样做好玩，而且那样做来钱快。当时也就十七八岁，在外打工。几个年轻人晚上出去看到情侣在操场、公园、草地上谈恋爱，就上去要钱买包烟抽。那些人表现很害怕，乖乖地掏钱了。他们觉得这个来钱快。当时在工地上做事，每天收入五六十块钱，几个人这样要钱，比打工挣的钱要多得多。这样做了几个月，大概有3个月左右，后来工地上也不做了，几个人商量就专门做这个事。没想到这是违法犯罪。前后也就干了一年左右时间。后来把人搞死了，那时我们感到害怕了。他就跑到贵州去了，一年后被抓。被抓后爷爷不相信自己会干这种事，而且在老家干这种事很丢人，都不敢说，抢劫那就是强盗，最难听了。所以爷爷就说是打架打死人了。

徐某某再次说到6岁父母离婚，母亲跑到河南结婚去了，父母不再管自己，他由爷爷奶奶带大。奶奶死了20多年，自己在外面时已经死了。但爷爷现在80多岁，身体健康，说自己出去后要孝敬爷爷。现在是爷爷给自己汇钱，他对这个感到内疚，只有以后出去孝敬他。他讲到爷爷是抗美援朝回来的，有补贴。王某某说自己的父亲也是抗美援朝回来的，也有补贴。与徐某某一起计算到现在具体有多少补贴。朱某某说，不希望爷爷死，是因为还要他的钱，死了钱没有了。徐某某说，爷爷还曾是村里的老支书，当了10多年，这个也有补贴。爷爷说自己的钱用不完，所以寄钱给孙子，叫他不要有负担。还要给他存钱，出来好补贴给他。朱某某再次说，所以爷爷不能死，否则那个钱就没有了。带领者说,爷爷这样做,确实一方面是自己孙子,亲情浓,另外一方面是让徐某某放心,是宽慰。徐某某说,现在爷爷还在担心自己的小女儿。因为小女儿跟一个香港人结婚,前年丈夫死了,又没有小孩。徐某某也宽慰爷爷,说小姑姑自己能生活好的。

徐某某继续说,逃到贵州后,心情很紧张。看到警车、警察都怕,担心是抓自己的。平时不敢出门。带领者说,现在管得更严,去住宿都需要身份证,一登记就可能被抓了。徐某某说,当时交了一个女朋友,就住在她家。最后他是在贵州六盘水被抓的。

带领者发现蒋某某整个过程在认真倾听,就邀请蒋某某发言。蒋某某说,自己也是差不多的情况。当时也是年纪小、不懂事,去干了这些事。另外一个是交往的圈子不好。还有就是缺乏一个领路、指点的人。虽然有一个人说,跟着他干,但是当时自己想,跟着干那不就是不平等了吗?像现在12个人,加上邵老师13个人,大家是平等的。但当时觉得跟他干就要听他的,就没有跟上去。

刘某也同意蒋某某关于有个领路人的想法。当时自己也是缺少这样的领路人。刘某详细谈了自己的犯罪过程与犯罪思想的形成变化。父亲身体不好,自己作为老大,出来干活想挣钱给父亲治病。但几年干下来就是挣不到钱。后来想,是否好人挣不到钱,变成坏人就能挣到钱了?所以当时就急着想变成坏人。在向老板要工钱想离开时,老板推三阻四不给钱。今天老板不给,就明天再去要;明天再不给,就在想再不给就变坏人。他就去买了一把刀,当老板再说不给时把他给杀了。刘某不理解自己为什么杀人。周某某说,刘某的犯罪是头脑发热一时冲动。带领者没有去进一步分析刘某的犯罪思想。除了周某某的分析,其实刘某犯罪还可以作更深入的分析,如人生目标等问题。这个下次团辅时可以去推动。

刘某说,自己来坐牢是好事。因为想明白了一些道理。但是,那个被他杀的人却是无辜的,他没有得到一点好处,而好处都在自己这儿,他为此感到内疚。周某某再次指出,这是刘某有人性的表现。带领者说,这是体现了刘某善良的一面。

刘某还讲到,在监狱里想起了许多打工时根本不想的事。比如,父母的好、父母的教育,父亲从小对他犯错的打,他觉得现在也不恨父亲了。还想起和从小一起玩的小姨之间的感情。带领者回应说,能够去想那样一些美好的感情,是个好事。刘某说,他七八岁时跟小姨关系好,还跟小姨说要她等着,等自己长大就跟她结婚。小姨大他10岁,当时听后只是笑笑。等到自己十四五岁时,小姨跟别人结婚了,要他参加婚礼,并且说不参加婚礼就不理他了。当时自己很生气，说好她是跟自己结婚的。妈妈也叫他去参加婚礼，他不想去，但又想小姨要生气的，所以准备去，结果忙另外一个事把参加婚礼给忘了，最后没有参加。现在想来觉得遗憾。带领者担心刘某的一些描述可能让他被人笑话，而且确实七八岁说结婚并不意味着什么，所以跟刘某说，那样说可能只是表示你喜欢小姨，而不是真的是有要结婚的意味，只是在表达一种喜欢。

刘某说，自己小时候，大概四五岁时，还喜欢摸小姨的或者其他女的胸部。有一次摸了，给妈妈看到了，就呵斥自己不允许。带领者仍然担心他回到监室后由于有人不保密被其他服刑学员当作笑话，所以马上给予正常化解释，指出四五岁时是心理学所说的俄狄浦斯情结时期，这个时期发生这样的行为，是正常的。与跟小姨结婚一样，都不一定有性的意思在里面。

刘某还谈道，自己读到小学五年级时，不想读书了。当母亲要他继续读书时，他认为自己已经有非常多的知识了。现在看来，却是知识非常的少，所以在积极学字典。

刘某等人发言时，带领者感觉到朱某某有打哈欠、闭眼休息等行为。不过，前几次团辅时朱某某亦有此现象。

带领者问组员，服刑前在社会上的表现与到监狱后的认识之间的差距是怎么产生的？是监狱教育呢，还是其他什么。蒋某某说，在监狱里，除了看电视、打牌，还有大量的时间空闲，就会想自己的经历、自己的事情。想想就会感到不值得，想到代价、后果。而在社会上时，根本没有去想这些，做事还想什么后果！刘某等人都同意他的看法，当时做事，是没有去想什么后果的。

蒋某某说，判了那么重，这个让他害怕。多名组员也说重刑判后感到害怕了，谈了刑罚轻重与刑罚效应的关系。因刑罚重，感到事情的严重性，就会反思自己做的事。但多名组员谈到，这个是自己犯罪付出的代价，但是太大了，刑罚太重了。带领者说，刑罚轻是否就影响小？多名组员说，那个是的。判个一两年，监狱待一会儿就出去了，不害怕。刘某说，在外做了一票，判个一两年就出去了，还赚了。方某某说，他在看守所时，遇到一个第5次进来的。一次又一次的，好玩。此时柯某某插话，带领者让柯某某先说，然后请方某某再说。柯某某说什么带领者在事后回忆时却记不得了。方某某笑着说，那个人就是偷个电脑、手机什么的，所以一次又一次进来。

在刘某说进监狱赚了时，带领者说，鲁某也说过，进监狱也许赚了一条命。如果在外面继续待着，也许命也吸完了。

叶某某发言，讲到以前交的朋友不好，赌博，赌得很大，然后发生那个事就进来了。刑罚重让他害怕，代价太大了。讲到父亲前些年去世，自己送不了。当时他打过一次电话后再次申请到打电话时，打过去父亲已经死了。弟弟说，听到哥哥来电话后不久父亲就死了。自己没有跟父亲通上电话。准备再打电话时跟父亲通话的，但是等不到了。其实父亲好像是等着他的电话的，因为听到他的电话打过去后才死的。带领者同意叶某某的判断，父亲是等着他的电话，听到电话来过了才走的。讲到这些，叶某某流泪了。而再讲到母亲时，他不断地流泪。

叶某某讲到自己打工的经历，因为是长子，母亲不让他出去打工。当时他想去温州打工的。因为几个亲戚到温州打工，当时一月赚钱有两千多，自己在金华当地打工，才几百块。所以很想去温州打工。母亲不同意他出去。在当地打工时交了一帮朋友，确实交的朋友很重要，那些朋友不好，喜欢赌博。带领者说，赌博是恶习，是不良的成瘾行为，并说了四个成瘾行为：吸毒、赌博、酗酒、网络成瘾。蒋某某说，在监狱里的人，差不多都是跟这些成瘾行为有关，如自己就是网络成瘾，在网吧干下了犯罪之事。叶某某说，赌博是最不好的恶习。带领者说，可能像鲁某这样的吸毒是最不好的，其次是赌博。

叶某某讲到了当时自己是准备结婚的。犯罪被抓时已经订婚。岳父岳母还到自己家里来大闹、大骂，因为犯罪被抓名声太坏，来责怪他家。但女朋友还是坚持跟他在一起，然而他不同意。女朋友说，没有人支持她跟他在一起，现在男朋友也反对，她就没有人支持了。这个让她没法坚持。带领者说，面对十多年的刑期，让女朋友离开是明智的，是对的。有组员也支持这个看法。

叶某某也谈到了刑罚的感受，觉得太重。虽然重刑让自己能够去反思，但是又太重了。像他的罪，判10年，坐四五年，那是比较好的。带领者没有去纠正这个说法的错误。因为除非特殊情况，10年刑至少要坐5年以上才有可能出去。

带领者最后讲了关于朋友与犯罪的关系，讲了三点。是否有犯过罪的朋友是影响一个人犯罪最主要的因素；以后各位组员回归社会，希望在交朋友上慎重；对自己的小孩，当他上初中高中时，要关注他的交友情况。

感受：

本次团体活动，尤某某、汪某某、鲁某自始至终没有说话。带领者在最后也没有去关注一下。这个可以改进。带领者对此反思，在团体活动的最后阶段带领者说一句关注的话也是好的，如今天带领者关注到尤某某、汪某某、鲁某没有发言，下次团辅时希望能够来谈谈自己的感受。

• 第十一次：2015年9月7日，星期一，14：20—15：50

以带领者为起点，逆时针方向顺序依次是：徐某某、方某某、叶某某、汪某某、尤某某、柯某某、刘某、蒋某某、王某某、鲁某。

周某某、朱某某两人没有来参加团体辅导，询问组员原因，回答说：周某某讲课去了，是讲围棋课。朱某某腰疼起不了床。带领者说明，他们两人的椅子原来应当放的，然后由大家决定是否撤掉，今天这个步骤省略了。

带领者解释了两个星期未举行团辅的原因，因监狱举行红歌比赛，民警都去参加比赛了，没有民警带大家来做团辅，同样地团辅现场也无法留下民警，所以停了。停两次的原因，前一个星期一是排练，后一个星期一是正式比赛。

带领者随后指出第十次中没有怎么发言的组员，是汪某某、尤某某、鲁某、柯某某，然后请汪某某先说。汪某某说，自己对犯罪很后悔，当时精神病犯了，与工友白天吵架后，就一直想杀了他，晚上因住一个房间，就把他给杀了。如果不住在一起，也许不会发生杀人的事。对方也没怎么地，但自己有病，就把人家杀了，很后悔，也很对不起人家及其家人。

带领者想确定杀人有没有在其心里留下阴影，杀人后有没有"闪回"等症状，汪某某没有理解带领者的话，说有阴影的，就是很后悔。当时有精神病，去看过，但因没钱，第一次配了药后，就再没看，这样病就没得到治疗。现在在监狱里，每天吃药，病就得到了控制，就没有了这种冲动。

汪某某解释说，自己不仅在团体中这样沉寂，在监区里以及以前在社会上时也不太说话。

带领者接着请尤某某说说。尤某某一开始说话就脸红脖子粗，联系到以前其发言状况，带领者怀疑尤某某是否有交流上的问题，以及语言表达问题，就对他开展工作。说在监狱里大家在一起多年，团辅也已进行了10次，请他说说对其他组员的认识，先说汪某某。当尤某某评价汪某某时，语态正常起来，话语也流畅，用词也较为丰富，是较为正常的表达。带领者为了进一步验证这个状况，请他再说说对坐在汪某某旁边的叶某某的看法，他也能较好表达。为了进一步锻炼其表达能力，带领者再请尤某某谈了对方某某、徐某某的认识，并要求比较相互间的差别。因为尤某某说他们时都差不多，结果表明尤某某基本能完成。

带领者转向柯某某，希望他谈谈。柯某某首先也推辞。带领者坚持要他说，他首先说了最近与一名组员的冲突，表达不是那么清楚，此事引起多名组员的反响，并一起加入进来讨论。首先是刘某，然后王某某，再然后徐某某、方某某等，对柯某某与那个人的冲突作了较多的介绍。王某某认为那人是强迫症，带领者说这个需要做诊断。在更多介绍其生活细节后，带领者说从这些症状来看，是有些强迫症的症状。

刘某在柯某某对情况说明反复若干次后，突然醒悟，说（冲突对象与刘某一组）这个人为什么会有这样的表现了，是因为柯某某言语表达上可能有问题，是在赶人家走，所以他生气了。另外，他觉得没面子，是要换回点面子。当然那人心理也有问题。带领者感到刘某的分析很好，他文化程度虽然低，但能分析并抓住问题的关键是不错的，但在现场带领者并没有给予积极关注，这是个遗憾。

带领者在柯某某这儿开展工作，并说团体就是有这样一个功能，组员人际交往中的困难在团体中呈现出来，然后通过团体内的练习，可以得到改进并提高，希望柯某某能够这样来做。从前几天发生的冲突来看，怎么来分析此事？首先冲突对象本身有没有问题，刚才大家说那人智力有问题，是边缘状态。（徐某某说判决书上就有，写了边缘特征，带领者多次核实徐某某的说法，最后徐某某说自己也不懂，只是看到判决书上是这样说的。带领者反复去核实、纠正徐某某说的话，这个做法似乎没那么必要。）那么冲突有可能主要是他智力低造成的。另外，还有可能是冲突对象的性格、人格特征造成的。这是一个方面的分析。另外一个方面，我们要分析一下自己。发生了冲突，自己的言行有何不妥，是否需要改进？这样才能提高自己。

刘某等组员跟着带领者一起作了分析，柯某某也作了反思，觉得自己说话是有些不妥当，比较"冲"。这个自己以前是没注意到的。

带领者然后请柯某某谈谈对坐在右手边的刘某的看法，或者给刘某什么建议。柯某某拍刘某大腿，抓刘某手，说两人关系好，是哥们儿，并讲了刘某的优点，但没有谈什么建议。带领者心中希望柯某某能给刘某提出点建议，然后好开展对刘某的工作。因柯某某没有什么建议，因此也没有去开展对刘某的工作。

柯某某与刘某在随后时间互动较多。

带领者随后问蒋某某，对他开展工作。问他犯罪前与现在的情况比，差异那么大，为什么？蒋某某谈了原因，一个是年纪大，当时年轻不懂事，另一个在监狱反思了，因为毕竟受了这么重的刑罚，吸取教训了。

刘某积极发言，他认为有两个方面原因。一是监狱每周一次的点评教育，让他们受教育，还有监狱组织的其他教育，如星期一上午看的教育片等。带领者问，今天上午放什么教育片了？徐某某等人说，今天上午是放了养猪等职业技术方面的教育片。刘某继续说，另外一个是自己的反思，每天劳动后，还有大量空余时间，会去反思自己的所作所为，自己为什么来这里，等等。这种反思，促人改进。

关于教育效应的讨论，多名组员也参与发言。

刘某问带领者对监狱怎么看。他谈了自己进二监大门时的感受。带领者自我暴露，全省大部分监狱都去过，在有一个监狱待了4个多月，所以进各个监狱的大门感觉都差不多。刘某等人说，带领者这样的情况进大门是与他们是有区别的。刘某问带领者对监狱犯人怎么看。带领者说，国内外许多研究者认为，犯罪人与社会自由公民都有犯罪心理，在这一点上没什么区别。带领者也持这样观点。但没有犯罪的人，在犯罪心理转化为犯罪行为前，会想一想，想想后果等，然后就没有导致那个犯罪行为的发生。这就是区别。

刘某听了带领者的解释，说他不担心了。（带领者没有追问不担心是指什么，有点遗憾。但主要是由于团辅时间的限制，还想对其他组员开展工作。这在团体工作中是经常会发生的两难问题。）

带领者最后对鲁某开展工作。鲁某有阻抗，觉得自己没什么好说的。带领者启发他，希望他能谈谈。鲁某谈了一小会儿，徐某某、方某某等人插话。徐某某积极发言，并发生多人同时说话的现象。带领者感到鲁某仍然有话想说，但插不进话。因此，在团辅最后结束前问鲁某还想说点什么，但他回答说没什么好说的了。

本次团辅，因与马老师带的团辅同时举行，因此在（前述）小房间做的团辅。

- 第十二次：2015年9月14日，星期一，14：15—15：48

以带领者为起点，逆时针方向顺序依次是：徐某某、刘某、柯某某、方某某、叶某某、汪某某、鲁某、尤某某、王某某。

朱某某腰疼（是否可理解为一种对团辅的阻抗？）不能参加，周某某讲课（围棋课），蒋某某陪护病人不能参加。多名组员说，如果按现在的情形（上课），周某某今后都不能参加团体辅导了。

组员坐得较为分散，带领者请大家坐拢一些。

第一部分　老病残罪犯团体辅导操作实务

带领者一开始讲了下星期因参加一个培训将停止团辅一次。然后稍停顿，一时不知说什么。由于前面团辅的经验，带领者担心沉默给有的组员带来太大压力而引发急性心理问题，所以不希望团体沉默太长时间从而产生过大的群体压力。但前两次团辅，对于一个主题所有组员都已经作了讨论，新的主题是什么，需要寻找。因此，带领者就对前次团辅刘某的发言作了肯定，随后作了非常简短的历程回顾来引出话题。由于前次团辅的最后鲁某的发言被他人打断，虽然当时问他，他说已经说完了，但带领者还是继续向他发出邀请，请他发言。

鲁某回应说没什么好说的。带领者引导他发言，就请他谈谈家庭、小孩或者社会上经历的什么事情，又或者监狱里的什么是他关注的。鲁某说，父母年纪大了，不能来看望他，老婆来看的。现在他是平平淡淡地过，没什么特殊的情况（此话重复了几次）。他当前最关心的是减刑政策的变化。以前，他千方百计地挣分，以更多地减刑，现在听说减刑有上限，最多减一年半，而他挣的分数足够减一年半了，所以现在挣分就不那么积极了，每天挣四五分就够了。岗位也换了个轻松点的，从原来夜班换成了现在的分发劳动原料。徐某某解释说，同时鲁某自己也补充说，上夜班监狱这一级还会另外给奖分。

鲁某的发言引发全体组员的讨论，因为减刑政策的变化给每位服刑人员带来很大的影响。然而，目前减刑政策并不明朗，为此大家不仅在监区里议论多，在团体里一讲到这个问题，也是止不住的话题。徐某某、叶某某、方某某等多人相继发言，现在减刑政策不明朗，说是到年底会有明确的规定出来。带领者说，自己也关注了这个问题，但也还没有明确的消息，也许目前监狱也没有明确的东西，可能要司法部来具体作出规定，到时才会有明文的减刑规则出来。因此，大家只能稍安毋躁。

多名组员还谈到这个顾虑，就是减刑政策的变化，往往对每个服刑人员都马上产生影响，而不是像有的法律规定那样，不溯及既往。带领者也表示同意。

在减刑政策以及对服刑人员的影响这一话题上，团体持续了半个多小时。团体成员不仅对自己本身的减刑影响作了讨论，还多次涉及监区里、团体外某某服刑人员减刑的影响。带领者有时就不得不把话题引回到团体中来。

带领者说到某个监狱的服刑学员自己能够按照减刑政策算出服刑时间。这一话题引起大家的讨论。汪某某在这个话题上发言，觉得像自己这样刑期很长的，难以做到。其他组员也是同样的观点。这只适合于短刑期罪犯。

王某某讲到，减刑政策的变化，也许影响他半年的服刑时间，他将在 2017 年刑满释放，如果按目前的减刑政策，他将在 2017 年六七月份出狱，如果按传说中的新的减刑政策，也许要到 2017 年年底才能出狱。反正也就 6 个月左右时间。带领者受到王某某发言的启发，就请三名最快刑满的组员谈谈服刑中自己感受最深的事，或者是教训深刻的事。带领者邀请王某某先谈。

王某某说自己到目前为止整个服刑期间都较为顺利，因为一开始就设定了目标，希望早点回去，然后一直坚持朝这个目标努力。说到遗憾，就是在服刑过程中遇到同监区两个犯人严重违规（脱逃与杀人）而受到一些影响。不过，有一名一起服刑的犯人说过，来监狱服刑也许是命中注定不能避免的牢狱之灾，不来服刑也许遭受天灾人祸命也没了，像鲁某，在外面也许就是这样。王某某本身叙述时情绪较为激动，话语不能停歇，而这样的叙述，也引起了他人的共鸣，有所讨论。带领者也积极引导，觉得入监有目标，而且是符合监狱改造工作的目标、符合自身发展进步（成长）的目标，是应当积极鼓励的，所以在肯定的同时，请大家谈谈听后的感受或给王某某一些反馈。不过，带领者看着时间，觉得又有点担心，怕其他两人分享时间不够。

刘某给予了反馈。他觉得自己现在有明确的目标，他讲了两个目标，都与早点刑满释放无关，就是多认识些字，多想想自己的问题、发展自己（后一点有点不确定是否是他的目标）。大家对他的目标没有给予反应。带领者也觉得有点另类。

其他组员的反馈则都与早点回去有关，有多人给予了反馈。

带领者邀请徐某某来谈谈。徐某某觉得自己到目前为止的整个服刑过程比较平淡，而刚开始表现不是很好。因为当时想拿"劳积"（指"劳动改造积极分子"），这样可从死缓改为 18 年半，但监狱没有给"劳积"，就改成了 19 年半，比他人多了一年刑，所以当时就自暴自弃了。这样的状态有一段时间，后来慢慢好些了。

带领者邀请叶某某谈谈。叶某某说，自己是两头好，中间有个大的波折。中间的这个波折他不想谈它。前面记功两次，死缓改判也是理想的，后来一直积极改造，所以也是挺不错的。中间严重违规了，徐某某插话说，叶某某被关了禁闭。叶某某接着说，严重违规出来，犯了精神病，药也吃上了，后来就比较稳定。带领者听叶某某的叙述，似乎犯精神病与这个严重违规有关，就问两者有无关系。叶某某回应说，精神病的发作与那个严重违规有关系。叶某某多次说不想谈那个事。带领者没有追问，其他组员也没追问。

带领者最后说，鲁某的情况，有家、有小孩、妻子，以及吸毒，在团体里与其他组员有些不一样的情况，也许可以多发言，给大家带来更多的启示。鲁某听后脸上的表情似乎显示出对带领者这些话感到有点意外。带领者继续说，叶某某服刑中间发生的事情，根据他的意愿，当他觉得可以在团体中谈的时候可以再谈一谈，这个由他自己决定。叶某某表情上对此似乎没表现出什么。

- 第十三次：2015年9月28日，星期一，13：50—15：20

以带领者为起点，逆时针方向顺序依次是：徐某某、刘某、蒋某某、柯某某、叶某某、方某某、汪某某、尤某某、鲁某、王某某。

朱某某住院，周某某讲课。在与监区领导一起带组员到团辅室的途中，带领者问监区领导朱某某的情况，了解到朱某某的住院信息以及今年监狱申报的减刑中法院没有同意给他减刑。由此带领者与监区领导一致认为，这给朱某某的心理必将带来很大影响。

因中秋节刚过，带领者与大家谈论节日的情况。在团体活动的前20分钟，组员们都围绕中秋及节日监狱的伙食安排展开，较少涉及伙食以外的话题。不过，徐某某讲到周某某最近因两次菜没有吃完想留到下一餐吃结果被人举报而扣分。监狱规定菜吃不完不能保留。带领者解释也许是考虑到天气热菜容易坏而有此规定。组员表示同意。但有组员（徐某某）讲到，有一次监狱政委到监区查看，对吃不完的菜保留表示了肯定，所以与监狱规定并不符。

在讨论菜的话题时，汪某某积极发言。带领者在多人同时说话时邀请他发言作为对他的鼓励。

大家对菜的品质发表看法，说到以前烧的菜较好些，现在的菜数量少而且差。叶某某讲到犯人伙食费每月246元，国家给230元，监狱补贴16元每人。这个钱不仅仅是吃饭用的，还包括衣服等。对此，组员有所讨论。（带领者对犯人伙食费情况不清楚，对组员所说信息的准确性不能保证。）

在讨论监狱伙食时，几乎所有组员都参加了讨论。在随后的团辅进程中，王某某没怎么发言，汪某某、鲁某、尤某某等也差不多情况。而徐某某一直积极发言。

带领者想到不同的人对菜的认识会有差异，所以请鲁某讲讲对菜的看法。他觉得没话说，不知说什么，紧张使得右脸的肌肉都抖动起来。在带领者的鼓励下，他认为菜太差，没法吃，所以有时会把自己开账买的菜再拿出来吃。在带领者问大家对菜有什么想法时，刘某发言说有点不同意见。他认为，监狱的菜对一些农村来的人来说，对较贫困的人来说，算不错的。带领者也趁机讲了法制日报上的一个报道，一位江西老婆婆看望在监狱的小儿子，看到儿子的饮食，就说叫大儿子也来监狱，说吃得这么好。并指出不同的人对同一个事情会有不同的看法。有组员对这个信息表示怀疑，有组员认为可能有。带领者说，这是法制日报上报道的，应该是真实的。

带领者说，国庆节也马上要到了，因国庆节放假，所以下星期一的团辅可能又要停一次，具体要跟监区商量，一般来说，因放假，民警上班人少，所以停一次是更可能的。（后跟监区领导商量，他认为停一次好，因民警大多休息了。）

说到国庆节，方某某首先说了10月2日有亲情会见。多名组员说到了亲情会见。经问询，这次亲情会见，徐某某与刘某都有。带领者与3位将要亲情会见的组员作了深入的探讨，都有谁来会见，如方某某，是亲生父母还是养父母，他回答说是养父母以及妹妹，亲生父母没有多少联系。徐某某说是亲生母亲、姑姑和妹妹。刘某则是父母与弟弟。亲情会见一般就来3人。因徐某某的亲生母亲是6岁离婚后改嫁的，这次亲情会见能来。带领者就仔细问了情况，他回答说姑姑正在联系，而爷爷年纪大来不了（因家人是在河南，离监狱太远）。蒋某某在刘某说亲情会见时，问刘某是什么地方的，刘某回答说是湖南的。多名组员说，来一趟确实不容易，然后又讲到接见半小时，大老远地来半小时太短了。因前面团辅中对此带领者已有解释，所以对此没有去更多展开。

因柯某某没有发言，带领者邀请他发言。柯某某首先说自己没什么好说的，随后谈到自己来监狱第一次会见时，见到父亲流眼泪了，忍不住地流。带领者问父母有没有流泪，回答说没有。柯某某说，后来的接见也没有再流泪。刘某接话说，自己在上海给公安打电话自首，当公安把他双手铐住时，也忍不住大声哭泣。他想到如果父母看到他这样，肯定要哭泣的，妈妈要号啕大哭，所以就哭了。后来民警还问他怎么哭得那么厉害，他没有说什么。

带领者说，两位的哭泣有相同之处也有不同的地方。组员似乎理解又似乎没有理解。带领者没有进一步对此展开工作，因为刘某、柯某某都争着发言。

刘某发言后柯某某发言，然后刘某再发言。带领者观察到蒋某某表情认真地倾听刘某发言，因此，在刘某发言告一段落之后问蒋某某。蒋某某也说没什么话，但随后说了自己与父母以前在社会上时交流的情况。当时他认为家里太没意思，到家吃一餐饭就离开的，常常是几天或十几天才回家吃那么一餐饭，现在想想很不对。同时，蒋某说，上次团辅带领者讲到了教育小孩子，现在他跟老婆写信就会讲这个。所以，谢谢邵老师,同时认为团辅对他确实有帮助,也觉得应当多看书,提高自己。又说,跟老婆写信有时没话讲,就讲教育小孩的事。

刘某认为团辅对他很有帮助,因为这里可以讲心里话。在社会上时,有朋友讲讲心里话,到监狱没人可以讲,只有在团体中,他讲了许多心里话。

带领者最后邀请叶某某发言。说在前面的团辅中讲到他父母的情况,母亲要求他留在家里,他当时想出去打工。叶某某讲,在家母亲管家,父亲是挺老实的一个人。母亲担心子女出去受委屈,所以都要求他们在家做事、创业。现在弟弟、妹妹都在家,在村里做事,如种草莓,也挺好,一年收入好的话有十几、二十万。带领者想母亲这样的管制,也许对子女、对叶某某带来诸多影响,这种影响有好也有不好的地方。但对此去展开工作还是有些顾虑。所以在提示叶某某一两次,叶某某及组员对父母这样的教育所带来的影响是什么,没有什么反应后就停止了再去开展工作。叶某某说,母亲身体并不好,老生病但现在还活着,父亲身体一直很好,但去年已经去世了。

带领者最后说,这次团辅,当要求大家谈感受或给他人反馈时,常常没有反应,希望接下来大家对他人的发言让你想到什么时能给予及时的反馈。这是人际互动的基本方式,希望大家去学习。(反思:对此带领者的榜样作用是否没有发挥起来?)

- 第十四次:2015 年 10 月 12 日,星期一,14:05—15:35

以带领者为起点,逆时针方向顺序依次是:徐某某、刘某、蒋某某、柯某某、叶某某、汪某某、鲁某、尤某某、方某某、王某某。

本次团辅周某某与朱某某仍然没能参加,团体开始讨论了此事,多名组员说,周某某说很想来参加。

带领者在本次团辅中希望讨论组员的团体目标。刘某问带领者这样的团体究竟是干什么的,带领者作了解释,但带领者心中对这样的解释组员是否能够很好地理解有些把握不准。带领者问他自己有些什么想法,刘某谈了之后,带领者问其他团体成员对此是怎么看的。然后请王某某先谈。王某某说,带领者前面说的关于教育小孩的信息挺好的,他在跟前妻写信时对此写了三大张信纸去交流。然后,自己快"新生"了,今后如何能健康生活,如何不再犯罪,希望听听带领者意见。带领者仍然问团体组员是怎么看的,因为徐某某、叶某某最先"新生",就问他们两位的看法,因叶某某最早出去,所以叶某某先发言。叶某某说,他也不清楚王某某的这个问题,也在困惑着,但仍然作了一个较长的发言。带领者在与他互动时提到他母亲对他外出打工的阻止，刑满后如果母亲仍然是这个态度该如何处理。叶某某认为在家干活也是可以的，他妹妹妹夫种草莓收入也不错。带领者也表示同意与肯定。

带领者与刘某进行互动，对他以前较为深入的发言表示肯定，并指出这样才能让带领者和团体帮助到他。同时，带领者也再次提及他的问题，想挣很多钱，但不知如何挣。带领者说，要实现这个目标，首先要提高自己的文化程度。刘某似乎反驳了带领者的说法，认为今后能平平淡淡生活、安安稳稳生活也是不错的。带领者也表示同意，认为这是一个更高的生活目标，是不错的目标。

带领者指出了汪某某的目标，如可以是在团体中多说话，多交流。对柯某某，带领者说一开始担心他交流有问题，因为在团体中他说话不多。但在有一次团体中要求柯某某发言时，他能够做很多的表达，因此带领者认识到柯某某在与人交流上没有问题。

带领者也说道，鲁某吸毒，目前心理治疗方面有一些方法是有效的，但希望鲁某能更多地敞开自己才行。关于吸毒，鲁某、其他组员、带领者之间有互动讨论。带领者也说到方某某的问题，他对自己是否是父母亲生的孩子目前持回避态度，这个也许在团体中可以讨论，然后团体可以帮助到他，但要看方某某自己的意愿。

在刘某发言时，他认为团辅挺好的。带领者具体化，问他有什么好处。他说，没有团辅大家平时见了谁也不认识谁，团辅后大家见了会有亲切感，点点头等。他想交朋友，但也有困惑。带领者"冒险"，问刘某在团体中谁最可能或最希望跟谁成为朋友。刘某说，柯某某、蒋某某年龄相仿，方某某也一样，可以成为朋友，而方某某似乎更肯定些。带领者问方某某对刘某这样说了之后的感受。方某某回应，就是希望多聊聊，这个也挺好的。

在带领者与方某某说亲生的问题之后，他说了与他们的关系，与妹妹的关系，也认为亲生与否并不重要，重要的是他们关心自己，这次国庆亲情会见他们就来了。带领者说，家人离这儿挺远的，来不方便也不容易，希望他要珍惜。方某某说，他父母现在也在杭州打工，所以来是方便的。自己今后会孝敬他们。带领者说，这个确实是这样。但是自己也要做好，就是说，我们要孝敬父母，同时自己也要做好。同时结合刘某的发言，平平安安地过也挺好。刘某再次发言，讲与父母的关系，以及自己以前对父母的不理解，等等。带领者观察到，刘某的发言触动到徐某某，他眼睛里似乎有泪水。因此，带领者请徐某某发言，他谈了看法，但谈的时候是笑着谈的。

带领者最后回到王某某这儿。刚才说的孝敬父母、过好自己的生活，这两个方面，也许就是王某某所说的问题。由于团辅时间差不多到结束了，就没有再进一步地讨论。

带领者在团辅结束回顾时认识到，这些问题可以作为接下来团体讨论的议题提出来，交由组员讨论，然后带领者给予一定的指导。

- 第十五次：2015年10月26日，星期一，14：00—15：32

以带领者为起点，逆时针方向顺序依次是：徐某某、刘某、蒋某某、柯某某、叶某某、汪某某、鲁某、尤某某、方某某、王某某。

本次团辅组员的座位与前次一样。

本次团辅朱某某、周某某仍然没有参加。朱某某已从省级监狱医院回来，现住在本监狱的医院，组员说他想参加团辅。带领者问他的状态，组员回答说状态很差。

带领者在明确团体活动起始与结束时间后，请大家发言。在稍微等待后带领者再次说话，接着第14次团体活动王某某的问题，刑满释放后如何保持心理健康、如何不再犯罪，重点是不再进来（不再犯罪），那么也许就要反思前面是怎么犯罪的，为什么会走上这条路？带领者考虑叶某某最早回归，就请他发言。叶某某与其他多名组员发言的开头一样，说是没什么好说的，但稍等一会儿就开始说话。叶某某按带领者的思路，谈了自己为什么会犯罪。首先说到是为了钱，然后是圈子问题。谈了这两个方面以后，就转换了话题，讲了母亲、家里情况等，带领者把叶某某的话题引导回来后，叶某某又谈了没有法律知识，似乎还谈了做事没有底线，以及冲动。带领者认为他谈了五个方面的原因。由于没有记录，组员间又有所互动，在带领者参与交流时，五个方面在说了两个方面后，自己在组员的互动中发现忘记了、记不全了，因此，先说了两个方面，在组员互动中间又讲了两个方面。等到回忆整理资料时才完全记起来。（这提醒带领者，在团体活动时是否可以简单记一记？）

叶某某在讲话中说到其实团体活动也没有什么好保密的，他觉得这个活动挺好的，可以让大家知道。带领者对此再作了强调，在小组里大家愿意说什么都可以，但小组外不可以说，限于小组之内。

带领者然后请徐某某发言，他也先说没什么好说的，然后开始说（带领者一直以鼓励的眼神看着他）。他觉得是跟叶某某差不多的情况，当时年纪小，也不懂事，法也不懂，朋友也没交好。在徐某某发言时，叶某某与他之间一直有互动。

带领者然后请刘某发言。刘某坐在徐某某的右手边，带领者有让组员轮流发言的意思。刘某发言，谈了些不同意见，但也是围绕着犯罪原因。刘某发言时谈道，他虽然离刑满释放还有较长时间，但有时也在想出去的事。

在刘某发言时，带领者谈了自己听他谈话后的感受，一个目的是这种感受具有指导意义，另外也是一种示范效应，就是他人说了以后要谈自己的感受，并且该如何谈，以激发"此时此地"。刘某说，他反思自己，觉得再怎么做，也不能违法。带领者在随后的回应中说，这就是底线思维，做人要有底线，底线不能去突破。刘某还谈到要按一个标准去做，要按自己内心的良心去做，不要突破自己的良心。带领者说，听了刘某的话，有了另外一个感受，即做人要有是非标准。带领者解释了是非标准的具体意思。什么是"非"，不能损害他人利益。对带领者的表述，多名组员点头称是。

然后似乎是叶某某发言，还是其他组员发言，小组就转向减刑话题。所有组员都参与进来讨论，每个人都发言了。多名组员也解释，这是大家都关心的话题，所以人人都积极发言。其中汪某某的发言引起大家的集中讨论。他今年所挣分数已可报减刑且有资格报，但他想明年一月份去报，数个组员立即反对他这样做，觉得应该今年就去报，因为减刑政策变化太快。汪某某的发言淹没在大家的反对声中，带领者请汪某某仔细讲一下他的考虑。在他讲完后，绝大多数组员又给他分析现在报的利弊，结论仍然是现在就要报，并建议他马上找组长、包干警官反映，争取能够再补报上去。带领者在大家讨论结束后，跟汪某某交流，从这个事情是否可以想到，今后有什么事情，可以跟小组里的某个组员或者几个组员，或者你认为可以交流讨论的监区里的学员一起来讨论，听听大家的意见。今后到了社会上，也是一样，就是有什么事，可以跟朋友去商量一下，听听他人的意见，从而可以扩大视野，增加选择的可能性，也许更有利于去做一个事。当然，关于减刑，在听了大家意见之后，最后如何做还是他自己决定。

带领者在讨论减刑问题时，一旦当小组转向讨论组外成员时，也注意把讨论的话题及时拉回组内来。团体发展到现在，小组去讨论组外的情况，带领者认为应当减少或者尽量不让它继续。

带领者在这个主题讨论结束后，转向王某某，请他谈谈想法。王某某讲了出去后的想法，一个也是想平平安安、平平淡淡地过，但另外一个，又担心跟社会上的那些同学、朋友相比，自己过得差了，心中又会有想法。不过，再怎么样，不能再进来，否则小孩对自己会彻底失望，而小孩十七八岁，正是对他很有影响的时候。然后，谈到亲人、朋友说出去后给他资助，帮助他再做事。谈到这个，有高兴、得意与兴奋，他心中充满了希望。带领者肯定的同时，犹豫是否提醒他一下，特别是与他人比较自己差了就会产生不甘心的心理。最后还是决定提醒一下，指出如果万一亲人资助办企业不成功，也要考虑到这种情况。同时，与同学、朋友去比较，这个也许并不可取，因为他们没有这个（服刑）经历，有更多的时间在外面做事，基础不一样。同时，这种比较容易出事情。王某某同意带领者的意见，同时也强调不再进来是要坚持的。

带领者在最后半小时，准备、同时也是这样做了，就是阐述出去后不再犯罪该怎么做。一个，自己不再犯罪，那就是要有是非观念，不损害他人利益，还包括集体、国家利益（举例说明了什么是损害国家集体利益）。要有法律意识，作为做人的底线。另外一个如何不被他人欺骗，不去上当受骗，就是不要相信"天上会掉馅饼"。要经过自己的诚实劳动去获得收益，才是正当的收入。带领者谈了今年大学生、研究生毕业应聘的情况，学生要求薪酬与企业所给薪酬的差距，带领者意思是先就业养活自己是前提；然后谈了自己所住小区保安的收入情况与生存办法。

刘某在团辅最后谈了自己担心的一个问题，就是被害人家属是否会到自己家去闹事，为此他还做了梦。他说，反过来想，自己家人被害了，他也会去闹。而被判的赔偿金是50万，自己家里穷，赔不起。带领者说，被害人家人来闹事这个是不对的，但是认知（思想）上这样说，情感上确实是可以理解的。讲了几个专业名词，如同态复仇、报复主义以及社会正义等。刘某发言引起方某某的同感，他讲了犯罪情况。他原来有病的，后来觉得好了就没吃药了。那天在网吧打游戏打了几个小时，对面坐的被害人吵吵闹闹的，自己就与他吵起来，吵了两个小时，他觉得那人要害他，就……法医鉴定他当时处于精神疾病状态。徐某某跟着说那是限制行为能力的人。带领者说，也许几小时玩下来，控制力下降了。方某某说，他也被判赔偿50多万，也还不起，没给被害人这个钱。刘某对此也作了互动。在方某某说了之后，小组多人有互动。刘某再次谈起被害人家人的闹事（报复）问题，该怎么办？虽然对方闹事可以理解，但这不关自己家人的事，是自己把对方给杀了。刘某说，下次亲情会见，他也会问问家人这方面情况。由于结束时间到了，带领者建议犯罪给对方造成伤害，对方报复、闹事应当怎么办，留到下次再讨论。

刘某某在前面还谈到给妈妈打电话时，说弟弟在边上是否说几句，弟弟一说话，他一下子感到亲情的重要，并想到本来应该是自己去尽孝，现在却落在了弟弟身上。

刘某还说，他出来打工时，妈妈说自己打工收入自己花，家里是个无底洞，不要管家里。带领者在讨论中指出妈妈的话也许有问题,这个话不那么对。刘某后来解释说,妈妈说自己管好自己,打工挣的钱自己放好,自己管好。

感受:

本次团辅,带领者在团体活动过程中以及最后都有指导,最后还进行了较长时间的指导。如此做,带领者仍然感到有疑问,是否合适?抱持作用是否不够?是否让组员去讲更好?但是带领者也确实发现,限于组员的认识水平,不能对一些问题作深入的谈论。

- 第十六次:2015年11月9日,星期一,14:15—15:48

以带领者为起点,逆时针方向顺序依次是:徐某某、周某某、尤某某、王某某、朱某某、鲁某、汪某某、叶某某、柯某某、蒋某某、方某某、刘某。

本次团辅周某某、朱某某参加。带领者由于事先不知道,在团辅室看到他们前来参加,心中感到挺高兴。因此,团辅一开始也首先问了他们的情况。

带领者在本次团辅开始前,已设想了两个可以在团体中讨论的话题。但在周某某、朱某某两位组员参加进来后,两个话题就先放到一边。

周某某首先说,参加团辅的同犯回去多次说小组在关心他,他表示感谢。

带领者关心朱某某住院情况。朱某某较详细讲了住院及动手术情况,以及目前的身体状况(过敏,全身发痒),讲了近10分钟时间。

带领者还是决定提出一个话题,就是进入监狱总有原因,大家可以反思自己这个原因。由于周某某觉得自己是冤枉的,因此,带领者指出,如果认为自己没有犯事,那就会认为自己没什么好反思的,这个是可以的。由此,触及了周某某在入组访谈时谈的问题:他是被冤枉的。周某某对自己的案情及申诉、高院来人等情况讲了近20分钟。

带领者在朱某某讲住院以及在带领者提起这次申报减刑没有被批准的时候,朱某某所表达的无奈,带领者也认为很无奈,以及在周某某说被冤的情景时,带领者都感到了心情沉重。但在朱某某以及周某某表达时都想谈这个感受而没有机会去谈。等周某某谈完了,带领者才说了这个感受:听后感到沉重。周某某听了带领者表达的感受后说,那说点高兴的,就是小组里有几位学员前几天有亲情会见,像徐某某、刘某、方某某，都是很远的地方来见的面，不容易的事。

这也正是带领者想谈的另外一个话题，因为带领者以为是在国庆节期间三位学员有亲情会见，所以团辅前还在想在本次团辅时请亲情会见的学员谈谈亲情会见一个多月后还有何感受。实际却是国庆节期间没有亲情会见。

徐某某首先谈了亲情会见情况，是在11月5日，母亲、姑姑来了，还拥抱了。感觉真好，晚上都睡不着，现在还感到高兴，确实是很好的事。带领者也再次强化母亲来了，那么远地来，确实不容易，真正是好事。

徐某某说，母亲要他去河南跟她生活在一起。他叫母亲来东阳生活，跟他生活在一起好了。带领者说，那妹妹怎么样？徐某某说了妹妹的情况。姑姑说让他回去找个女朋友结婚。小叔叔说房子会造好的，回去就好。因为大叔叔是村支部书记，说回去给批块宅基地，造三间房子。小叔叔就说他的房子送给侄儿，自己重新去造房子。带领者听到这些，真心为徐某某感到高兴，为这份浓浓的亲情。

刘某讲了亲情会见情况。父母、弟弟来了。坐在一起聊了一个多小时，这个会见挺好的。如果是接见，要隔着玻璃且只有半小时。他看到母亲头发白了，老了许多，心里难受。问弟弟辛苦不辛苦，弟弟说就那样。自己感到心中亏欠。母亲哭了三次，见面时、中间以及走时都流泪了。

方某某说父母、妹妹都来了。他们虽不是亲生的，但对他真像亲生的一样。多名组员说，也许真是亲生的，有组员说，他看到了，觉得方某某跟父母妹妹挺像的。方某某说，确实像一家人。母亲60岁了，身体不好，担心见不到他出去的那一天。方某某安慰母亲说也很快的，四五年就可以出去了。60岁年纪又不大。带领者就趁机说老年人的现代划分：低龄、中龄、高龄老年人的年龄划分。这个也有对团体中两位年龄大的组员想传达点信息的意思。同时，也进一步跟方某某明确四五年能够出去吗？方某某说，自己表现也挺好的，四五年能够出去。

周某某说汪某某的哥哥也常来接见，然后说为何叫"某根"，因为上面还有几个哥哥，叫"一根""大根"等。带领者问汪某某家里兄弟情况，汪某某说有四个哥哥、两个姐姐，他是老小。哥哥来接见他也很高兴的。上个月没来，他打电话去问了为何不来，哥哥说太忙了。这个月会来。带领者问哥哥在什么地方？汪某某说在绍兴干活，是木工。带领者与汪某某交流了从绍兴来杭州乘车时间什么的。（带领者讲这些时似乎有一种优越感，好像自己比组员们更清楚现在外面的情况，有这个信息优势。这个不妥当。）

汪某某讲到，除了哥哥在浙江，姐姐也在浙江打工，外甥与他的女朋友也在浙江打工。但一个月收入四五千，两个人加起来有6千却不够花，还向父母要。带领者说这个叫"啃老"，似乎不那么好。对此没有继续讨论下去。

刘某说他有一个问题，请大家帮忙，就是可不可以给以前的老朋友写信？有几个挺想写的，想问问他们现在的状况，但又怕打扰到他们现在的生活。徐某某说，他以前的朋友都是些狐朋狗友，在外面时大家一起吃吃喝喝的，现在自己在里面了，根本不会来看他的。刘某说，他的朋友不一样，比如以前的一个朋友，当自己没钱时，就到他那里去，在江苏昆山，白吃白住一个多月。刘某还谈到想跟小姨写信，当时她的婚礼自己由于不懂事没有参加，这个在当地是一个严重事件，表示不来往了。因此想写信表示歉意，也想了解一下她的生活。带领者请大家谈谈，帮帮刘某。先邀请柯某某谈谈，但柯某某说自己没什么好谈的。带领者就邀请其他组员谈谈。有的组员说可以写，但不要打扰到他们的生活。带领者表示同意这个观点。

朱某某此时似乎全身发痒，东抓西抓的，多名组员看到后低声相互议论。带领者有点犹豫，是否去关心朱某某的这个情况。但最后没有去说什么。一方面也感觉生理上的病痛，也许小组帮不上什么。但是，表示小组的关心又好像是应该的。但带领者是否在担心，如果小组一去关心，朱某某就停止不了说话怎么办？对此，带领者心中感到无法控制，因为小组结束时间快要到了，带领者想对汪某某外甥的行为给予指导，同时认为这也是对小组成员的一个指导。

因此，带领者给刘某指出，写信可以但以不打扰他们的生活为标准后，就说刘某的问题先谈到这、先停在这，我们来谈谈汪某某外甥的事。带领者对汪某某外甥和他的女朋友一月收入6千但还是不够用向父母要表示了不同意见，觉得这样不那么好。问汪某某能否用自己的经历与现在的生活情况去教育他们。比如，自己现在一月四五百生活费就够用了，是如何用的，告诉他们。汪某某说，一月四五百在监狱确实够用了，多名组员也表示同意。带领者然后指导说，对收入如何进行分配，这个也要考虑清楚，如生活费、日常开支、应酬费用、子女教育费用、为60岁以后的养老所要准备的费用等要分开筹划，不能把收入全部用光了。一个月收入6千全部花光了，也许说明花费有不合理的地方，要去分析一下，那些可省的，然后该省的要去节省，一个人要有长远考虑。带领者然后转向徐某某说，虽然亲人们说今后房子会造好的，钱会给你做启动资金，但自己还是要有一个想法和长远打算的。

带领者在阐述时，顺便说到像鲁某这样吸毒所需费用向家里人去要是不可行的，鲁某干笑几声。

感受：
带领者在指导时，以及团体结束后仍然疑虑，这样的指导是否太多了？是否会影响团体的发展？是否影响团体凝聚力？团体发展到当前，都快结束了，似乎凝聚力仍然不那么强。但是，确实地，监狱的服刑人员在许多方面观点不清楚或者错误，认识能力又不足，指导似乎是需要的。这个矛盾如何调和？

- 第十七次：2015 年 11 月 16 日，星期一，14：05—15：35

以带领者为起点，逆时针方向顺序依次是：周某某、徐某某、尤某某、朱某某、鲁某、汪某某、叶某某、柯某某、蒋某某、方某某、刘某。

王某某去监狱医院就医没有参加本次团体活动。

带领者首先了解了王某某不能参加本次活动的原因，知道是去医院，但因何去医院没有做进一步了解。（进一步了解似乎也有顾虑，是否牵涉个人隐私？）

大概因为前次团辅活动中朱某某浑身发痒时带领者没有给予关注，因此，团辅一开始带领者关注朱某某的身体情况，问他痒的情况怎样了，有没有好一些？朱某某说感谢关心，接着说没有好些，然后开始讲述自己的身体情况，后悔去省里的监狱医院就医，不要去动那个阑尾炎手术，忍忍就过去了，现在是每天刀疤红肿、痛（拉起衣服给带领者看）。不过医生也说，动手术要痛半年，不动手术则经常要痛。然后说到监狱医院住院情况，再说到监狱对犯人的态度、犯人犯病时的态度等。对家里老婆的担心，重复了前面团辅时的一个情景：给老婆打电话，说在医院，就担心，如在舞厅就不担心等。讲了自己相貌好，以前女的排队来相亲。（大家笑）（在讲到相貌时，朱某某脱掉帽子，展现自己脸庞，以表明相貌是漂亮的。）讲到自己糖尿病饭不能多吃，想多打点饭，然后讲到小组里打饭的不负责，8 人打 7 份饭，自己还先拿了，其他人怎么分？向队长反映，队长也同意他的观点。然后讲到小组里有的人是大学生，有文化但没有规矩，看电视一人占三个凳子，坐着聊天一手抓脚一手抓头，一边说一边比划，大家又笑。对此，带领者数次插话说，但带领者说话声音不高，由于朱某某一直在说话且声音较大，也许没有多少人听到带领者说的话。朱某某讲道，他对老师、医生、父亲是尊敬的，也是大人教育说要尊敬的。朱某某前后讲了有 20 多分钟。其中讲道，来团辅对他也有好处，就是心情好些了。也感谢大家、感谢老师。带领者也鼓励朱某某，说他在目前这样的状况下，减刑不能减，能够缓解自己，挺不容易的，也是挺不错的。朱某某说，他现在看开了，能够想通些了。

带领者在朱某某说话停顿的间隙，请大家对朱某某刚才所说的反馈一下。然后邀请刘某谈。刘某说，朱某某讲的，对老师、医生、父母要尊敬，这个他听后觉得有启发，讲得挺好的。然后说朱某某说话挺幽默的，让大家笑一笑、放松放松，也挺好的。但对朱某某说的那个大学生，他也知道一些，他的大部分行为还是正常的，没有朱某某说的那样。那种情况也许只是个别情景。刘某说的这些，似乎让朱某某脸上有点尴尬。

周某某阻止了刘某说这些，对刘某说，不要去指名道姓说人家，人家要说让人家去说好了。

朱某某然后接着说话，再次谈起自己坐牢的痛苦，一身的病、减刑又没得减，如果明年1月还是减不了刑，他就打算不要报减刑了。三年来按所挣的分数计算可以减一年多，如果只给减3个月，相当于一年减一个月，那有什么用？等着骨灰出狱吧。因此，朱某某认为，自己对劳动挣分是有些无所谓的，但劳动挣分可以换几块钱，这个也是好的，主要是看在这个方面。朱某某说，在座的每个人，对坐牢都有每个人的痛苦，都是带着痛苦的。朱某某拍拍右边的尤某某，又拍拍左边的汪某某，说他们都一样。又说周某某也是。周某某说，他觉得朱某某是变得越来越好，他自己是越来越差，在走下坡路。带领者看到两个老人之间有互动，心中觉得一喜。带领者团辅以来一直发现两名老年组员之间似乎存在竞争，特别是当朱某某讲话时，周某某就闭眼低头等。记得第三次团辅结束后，周某某也跟带领者建议不要朱某某进团体。带领者也一直想发动两名老年组员之间的互动交流，但又有担心，怕自己把握不好，因为他们比自己年纪大，担心启动他们之间的互动，自己会驾驭不了场面，对他们的理解怕不到位。现在朱某某主动与周某某互动，带领者觉得是个机会。因此，想发动他们之间的互动。但朱某某对周某某的表达，似乎表示了感谢之后就一直在说话。带领者插不进话。

朱某某如此又讲了近20分钟。

在朱某某讲话停顿的间隙，带领者再次请大家反馈或发言。刘某反馈说，他坐牢并不觉得有多痛苦。这个话让带领者在意料之中，又在意料之外。意料之中是刘某之前的发言一直是有这个意思。意料之外是当时朱某某的发言说大家都有痛苦时，带领者环顾大家，似乎看到大家脸上都呈现出同意的表情，有的还点头了。带领者听朱某某发言陈述痛苦而被感染，同时心中也确实认为坐牢是个痛苦的事，失去自由嘛，都会感到痛苦，所以对刘某的发言又在意料之外。

朱某某对刘某的发言不同意，问刘某叫什么名字，还有几年，原判刑期。叫什么名字，多名组员回答了这个问题，其他问题刘某一一回答了。死缓，现在还有18年。朱某某说，那你18年坐完算了。朱某某的意思是说，你觉得坐牢不苦，那就不用去减刑，把18年刑期坐满。刘某说，减刑还是要的。

周某某对刘某发言说坐牢不痛苦也不同意。周某某分析说，因为刘某身上背负着一条人命。看到刘某似乎听不懂，大概是周某某说这些话时家乡口音有点重，所以周某某重复说了一二遍，并且一边说一边比划。刘某理解了周某某所说的。看到刘某听懂后，周某某继续说，因为背负着一条人命，所以刘某觉得自己坐牢是应该的，赎罪意识强。但是，坐牢确实是痛苦的。周某某认为，大概还因为刘某没有家庭负担，自己没有成家，也没有小孩，所以感觉不到这个痛苦。周某某说，离开亲人，与亲人分离，这个本身就是非常痛苦的。周某某继续说，自己坐牢16年，每个月家里人来接见，没有一次落下，这个在整个二监也是不多的。而且家里每两个月寄一千块钱来，他也觉得花得太多了，对不起孩子们。（不仅不能给孩子帮助，还要花他们的钱，是个负担，所以觉得愧疚）。周某某接着说，他非常感谢一个现在已经退休的警官，那时候他媳妇生小孩33天后来接见，带着小孙女就来了，他也感到很是意外。当时他提出抱一抱孙女，警官同意了，他抱了5分钟（5分钟说了多次）。带领者问，那次接见是在什么时候？周某某说是在2005年10月23日。带领者说，那是10年以前的事了。周某某说是的。现在孙女都10岁多了。现在只能隔着玻璃墙接见。周某某说，如果自己能够早点出去，那么就会送一份大礼给那个警官；如果自己只能按时释放，会记牢这个警官一辈子。

带领者一直记着周某某说自己是越来越差，就问周某某刚才说的这句话是什么意思，愿意再多说一点吗？周某某没有直接回答，沉默了一下说，现在我们在监狱里，说得好听一点叫服刑人员，或者叫学员，（停顿）以前叫我们罪犯。监狱里规定，听到喊周某某，就要大声回答说"到"，看到警官要立马站起来，立正站好。（一边说，一边比划，但没有起身）这些回到社会上去是不需要的。我们就是在这样不断训练中培养成了罪犯，慢慢认为自己有罪了。如果在社会上，听到有人喊周某某，就会回答说：哎，什么事啊？这个就是区别。周某某如此说了两三遍。然后说，这个也是痛苦的事。

带领者马上联想到"监狱人格",以及对监狱行为规范的反思(带领者以前在文章中也谈论过这些行为在回归社会后是不适应、不必要的行为),想去阐述但忍住没有说。周某某的发言,引起小组共鸣,似乎给刘某压力。带领者看到,刘某脸色有些凝重。带领者感受到了这一点,想给刘某以支持,但一时插不进话。

周某某说,大家一说就说到痛苦的事上去了,这个不好。他反复说了,来团辅里要多谈点高兴的事。同时,希望带领者给大家多说点外面的事,说些到其他监狱帮教的事,说些电视、报纸上谈的事,让大家多了解点外面的情况。带领者没有接腔,因为带领者认为要更多聚集于团体内,而不是多去谈论小组外的事,以及社会上的消息等。周某某稍停后继续说。他觉得习近平是个好领导,他为老百姓办事。大家可能还没有认识到人民与老百姓的区别,人民与老百姓是不一样的。这话说了两三遍,然后说多谈这个不对,不能再谈。然后说,给监狱说点好话,就是坐牢也有好处。他觉得至少有三个方面。一是作息有规律了,早上6点起床,晚上9点睡觉,每天如此,睡足9个钟头。二是远离了烟酒色赌毒这五毒。抽烟喝酒没好处,毒品更是。他觉得二监这些都是没有的,不说其他监狱情况。刚来时有的学员看到隔壁四监有犯人抽烟,烟头一亮一亮挺羡慕。三是坐牢懂得了一些法律知识,对做人有好处,今后也用得着。

在周某某发言时,蒋某某插话。他插话时说,老周,对不起,我插一句话。然后说了一段话。(所说的话,带领者在回忆时不能记起来。)

带领者随后说,今天多名组员谈了心里话,朱某某、周某某、刘某等。这个挺好的。团辅就是希望大家把自己的心里话说出来,把自己的观点真实地反映出来。带领者看到刘某听了这些话,心情轻松开朗了些。

刘某在发言中说道,团辅能够让自己说心里话,而且一开始说是保密的,这个他觉得挺好。带领者对此没有进一步强调保密原则。事后觉得这个可以改进,可以再强调一下团辅的保密设置。

带领者在团体活动中想邀请方某某来谈,他说了一些话但没有表达完,就给朱某某抢去话头了。

朱某某在谈到何为改造好,他认为像徐某某这样,回去后叔叔搞好地基、造好房子,姑姑帮助娶好老婆,就等着徐某某回去拜天地,那么就不会再犯事、不会再进来。朱某某一边说一边比划,大家也笑了。这些言论是在前40分钟发言中所说,在团辅的后面阶段,朱某某似乎没有再说什么话。

本次团体活动,以朱某某、刘某、周某某三人发言为主,方某某、蒋某某有些发言，其他组员基本没有说话。

感受：
带领者觉得，本次团体活动中没有去做指导，更多地关注组员的感受与谈论，让组员发言，特别是控制自己不去解释，如监狱人格、监狱行为规范与回归社会后行为的冲突等观点，是可以的选项。同时，对本次团体活动中发言组员不多，在结束时也没有多少担心，觉得没有发言的组员，在团体发言组员的互动中仍然会从中得到收获。

- 第十八次：2015年11月23日，星期一，14：40—16：13

以带领者为起点，逆时针方向顺序依次是：徐某某、方某某、柯某某、刘某、叶某某、汪某某、尤某某、鲁某、王某某、周某某。

蒋某某陪病犯去监狱医院看病没有参加；朱某某身体不好没有参加。

带领者在团辅开始阶段向组员询问了本次不能参加人员的缺席原因。

带领者在明确团体活动起始时间后等待大家说话，在等待一会儿后带领者对前次团辅情况作回顾，明确前次团辅已经发过言的组员，还有哪些组员没有发言，希望大家都能够来发言。同时，带领者说，本次是第18次，也是我带这个团体的倒数第二次，也许是最后一次。我带到11月底，接下来是马老师来带。

带领者等待组员发言，在没有人发言之后，带领者决定以王某某前次不能参加团辅作为开始，就问他去医院看病的情况。他说自己眼睛有问题，是白内障，有个专家来医院看这个病所以就等在那儿，但这个专家没有来，所以就没有看。此时有组员说，白内障是需要开刀的。似乎有组员，以及带领者也认为，王某某这么年轻，却有了白内障？有点怀疑。

这轮互动后，团辅仍然停滞。带领者决定针对王某某的手开展工作。说看到王某某的手有些不方便，他似乎是在回避这个情况，愿意说一下吗？王某某讲了手是在外面被人砍伤的。带领者没听清楚，就接着问，是不是在监狱劳动中受伤的？王某某说，不是的，是在外面给人砍的，差点被砍死。对方两个人，他们三个人，如果少一个人，他就被砍死了。他是从酒吧出来，喝了酒，人有点晕乎乎的，对方躲在车后突然跳出砍他，长长的刀。他本能地用手一挡。否则砍到头就不行了。对方两人连续砍，自己这边另外两个身高马大，把对方给抓住了，否则另外一人继续砍，他必死无疑。同时，自己这边两人酒喝得不多，所以他们脑子还清醒，反应快点。

王某某讲完，大家继续沉默。带领者指出这个情况，同时再次强调保密原则。方某某等多人说，房子里有监控，怎么保密？带领者说，如果是标准的心理咨询室、团体辅导室，应当是只看到人，不能听到声音的。（带领者认识到，保密原则在以前团体活动中还是强调或解释不够）

王某某发言，他说其实不想来，因为没什么收获。他觉得一次团辅一个半小时，带领者应当讲半个小时，然后大家讨论一小时。他再次说起，就带领者前面团辅时讲到小孩教育，他觉得有收获，其他没有什么收获，所以不想来。说这些时他情绪有点激动。他讲道，像朱某某在团体里，在那里说那些话，如果大家去反驳，他会再反驳，坚持自己的，不会改变。所以这个没用。

带领者首先感谢王某某的坦诚发言，认为这个发言很好。带领者说，团体要大家敞开心扉，来说自己的情况，然后通过大家的相互交流来成长。这其中带领者也会作交流。因为心理学认为，人的心理问题是在以往的人际交往中形成的，那么要改变，也要在人际关系中、在这样的团体中来改变。朱某某发言，说他自己的，大家给他反馈并非没用的。这个正是团辅工作的方式。但是，他似乎发现，大家都在等待，都不想说自己，愿意沉默。那么，在前面的团辅中，刘某谈了自己的一些情况，愿意坦诚开放自己，徐某某也谈了一些，叶某某也是这样。但总的来说，大家谈自己的情况不够。那么，是否监狱这种特殊的环境，让大家变得不能、不想说话？

此时，多名组员发言。大家一致认为，监狱就是这样要求的。周某某说，监狱有"四不"：不该说的话不说，不该看的地方不看，不该做的事不做，不该……"四不该"多名组员几乎是同时说的，或者相互补充着说。

带领者说，监狱是这样要求的，但团辅中不是这样，大家有什么话都可以说，想说什么都可以。周某某说，那不是有反改造言论了？这个不允许的。王某某等也表示同意。带领者说，违反法律和监狱规定的言行自然不合适，但是，大家的言论是否合适要说出来后才能判断，因此，在团体中大家还是不要有什么顾虑，敞开心扉来谈。

刘某说，既然这样，他就谈点不同看法。其他的他都同意老周的看法，但这一点不同意，就是在团辅中不能说一些怎样怎样的话。带领者支持刘某说的，并对周某某说，前面团辅中周某某的这样一个看法，如在团体中谈高兴的事，不要去谈不高兴的事，这个并不是这样的，都可以谈的。

在带领者推动下，大家有了一些相互交流。但一交流还是变成了就事论事，或者讨论组外情况。带领者在组员发言停顿的间隙停止了这样的讨论。带领者说，我们前面的团体，讨论了王某某、徐某某、叶某某三位即将刑满释放的组员回去要如何做，那么带领者还想请大家讨论的是，有的组员在监狱还有许多年，方某某是还有四五年，刘某、鲁某等还有更多的时间。那么，在监狱里要如何做？如何去改变自己？因为除了周某某外，因为他认为自己没做那样的事。其他人，我们做了错事，那么总有错误的地方，这个错误要去反思。

说到周某某认为自己是冤枉的，周某某及组员又讨论起来，然后讨论到监狱其他的冤情上。带领者再次阻止。

带领者在阻止大家讨论周某某以及监狱其他服刑人员的事情后，请坐在周某某旁边的王某某谈谈。带领者想依次请大家都谈论一下自己对案情与判决的看法。但是，从讨论的情况看，这个轮流的讨论方式有问题，带领者似乎应当就如何讨论进行指导，并且可以不轮流讨论。

王某某谈了自己的案情，他说自己判的是抢劫、强奸、盗窃的罪名。抢劫、盗窃罪没意见，但强奸确实没有。具体介绍了所谓强奸的情况。从强奸的定义入手，不是强迫的、违背对方意愿的，所以自己的行为是性交易，对方本身是坐台小姐。带领者说，坐台小姐与是不是强奸罪推理是推不过来的。王某某说，这个是的，但她是自愿的，没有违反她的愿意。她拿了自己朋友的钱，朋友给了她800元钱，他是没有给钱。周某某说，如果坐台小姐说不是自愿的，那就有问题。带领者也正想这样问王某某。所以要看她的口供是怎样的。王某某说，那就听她一方的口供了？对此，小组进行了一些交流与互动讨论。

带领者请王某某左手边的鲁某发言。鲁某也谈了自己对判决的不同意见。他是贩卖毒品罪，被抓的那一次并没有贩卖，只是从他人那里买了700克毒品，还没有卖出去。虽然他确实是贩卖毒品的。但从严格定义来说，他只能算是持有毒品。而持有毒品则判刑轻多了。律师也是这样辩护的。就鲁某的案情，小组作了些讨论。

带领者看到本次团体时间所剩不多，就开始作指导。对即将刑满释放的，前面团体中已经讲了，那么还要在监狱待上几年的，即使是快要释放的，也还是可以去思考这样一些问题。一是把自己的身体保持好，如刘某经常锻炼，这个挺好的。其他还有组员也在锻炼，都是挺好的事。那么，把身体保持好后，还要思考些什么呢？那就是对自己以前做的事情，特别是犯罪的事要去反思，因为我们不想再进来（不再重新犯罪）是共同的目标，是吧？大家点头表示同意。可以从心理学角度来对自我进行反思。

如何进行自我反思呢？首先是我是怎样的一个人，对自己的看法怎样。我对自己满意吗？心理学说要悦纳自己。不管自己有多少缺陷，身体上有多少不令人满意的地方，要高兴地接受自己，这个很重要。然后要去思考我与他人的关系，人我关系。我怎样看他人？怎样对待他人？怎样与他人相处？等等，要思考清楚。这些想清楚了，那么我们就可以做好自己了，我们的心理其实也会变正常，也是正常的了。心理问题也就离我们远了。所以，怎么看待自己，怎么与人相处，怎么对待他人，这些都要去想一想，并且要想明白。如果有不明白的，可以跟带领者沟通，可以跟监狱的心理咨询师来咨询，也可以跟监狱的老的管教警官去交流。万一跟监狱管理民警交流下来觉得还是没有清楚，那么欢迎大家跟我来交流。我非常高兴与大家来交流这样一些问题。

带领者在说这些话时，发现所有组员都非常认真地听着。

带领者最后再次说明，接下来是马教授来给大家做团辅。有多名组员随后说，他们来参加团辅也不知为什么，也许是监区指定的，能否换一换？因为有的犯人要求来参加团辅，而且主动要求来参加，效果也许会更好。王某某、鲁某等明确表达了这个意见。但刘某说，他想继续参加，这个可以吗？带领者说，想继续参加，应该没问题。不过，大家的这些意见，会回去跟监狱和马教授沟通，等研究后再决定。

（在结束团辅后，警察带服刑人员回监舍时，带领者与他们一起走。在出监控门时，带领者对马教授说，让犯人先走。把组员称为"犯人"，让带领者一时惊着。在整个团辅活动中，带领者是不称他们为犯人以示尊重，都称呼服刑人员、服刑学员甚至服刑朋友。因此，这次称呼让带领者反思：是否在带领者的心底，对组员并不是真正尊重的，心里是否只把组员当成犯人而并不是所谓的服刑学员？）

- 第十九次：2015年11月30日，星期一，14：30—16：00

以带领者为起点，逆时针方向顺序依次是：徐某某、方某某、刘某、柯某某、叶某某、汪某某、尤某某、蒋某某、鲁某、王某某、朱某某、周某某。

本次团辅活动12名服刑人员全部参加。

带领者首先说明，本次团辅是原定团辅活动第一阶段（6个月）由本人带领的最后一次，接下来是由马教授带领大家做6个月的团辅。

带领者接着回顾上次团辅活动情况，由于蒋某某、朱某某没有参加前次团辅，也是向他们作一个简要的情况介绍，主要是为接下来的团辅活动作铺垫。

介绍完情况后带领者请坐在鲁某左手边的蒋某某发言，请他谈谈对判决的想法或者来监狱后有什么收获。蒋某某首先表达没什么感受好表达的。这一模式也被后面多名组员作为发言的开始。然后说好好改造，争取早日回去。这个表达亦被后面的多名组员所重复。

随后蒋某某谈了对判决的看法，一方面认为自己确实做了（犯了罪），做了就做了，应当承认，另外一方面也觉得有些看法，说他盗窃但东西是自己的，是抵押给对方（汽车抵押），也给利息。周某某及带领者问是否对方不知情？蒋某某作了进一步的介绍说对方是知道的，因为东西抵押是在台州，但对方把车弄到了杭州，这个他不同意，所以把车开走了。在犯罪等事情上小组有所讨论。带领者考虑到时间关系，没有进一步引导去作深入讨论。

带领者请尤某某发言。然后带领者请汪某某发言。由于汪某某是精神病犯，同时带领者回忆起前面团辅中汪某某关于杀人犯罪情况的介绍，即他犯罪前有精神病，犯罪时可能也是有精神障碍，因此与没有精神病的服刑人员相比，他的问题就很不相同。虽然他也说好好改造早日出去，但带领者关注的则是他精神障碍的现状与今后如何控制，特别是刑满释放后。因此，就问他现在吃药情况，什么时候可能停止吃药等。汪某某觉得自己再吃一年的药大致差不多了，但要等监狱两年一次的精神病治疗鉴定，然后再决定。对此，带领者问是否可以提前申请鉴定，因为是药三分毒，能不吃就不吃。被鉴定为精神病犯的组员刘某、方某某参加进来讨论。说这个是不可以的，是由监狱安排的，监狱就规定两年一次的鉴定，而且自己认为好也是不行的，要听专家的。带领者表示同意，确实要听专家的意见。

带领者请叶某某发言。叶某某说现在最大的体会是亲情的宝贵。这个大家都有感受，是共同的。对此，叶某某作了较多的发言，带领者甚至没有办法插话。叶某某的发言，小组也有些互动。

带领者请柯某某发言。他与前面发言一样，同时认为由于自己文化低，就认为自己当时是法盲，其他真不知道说什么。带领者启发他发言，朋友交得怎样？自己道理懂得怎样？有没有底线意识，等等。柯某某说，他父亲文化也很低，也不知道如何教育。他母亲也责怪他父亲不懂道理。带领者趁机讲了代际传递现象，就是父母的不懂道理，会传递到下一代，让下一代也不懂什么道理，然后会再传到下一代，如果不接受好的教育的话。带领者问柯某某今后有什么打算？他说自己会多看点做人道理的书，带领者表示鼓励,并说可以看带领者送给刘某的书,那本书上有许多中国传统的教育故事以及做人道理。带领者针对柯某某说的自己比以前成熟进行了具体的说明。什么表明自己比以前成熟了？柯某某说,现在自己能够想一想后再做事。带领者说,对的,做事前停下来想一想,而不是立即动手做,把拳头伸出去。带领者启发他,如在监区搞卫生,有的学员把牙刷头丢下水道,你与方某某是一起搞卫生的,感到生气会怎么样？柯某某说,就跟他说说呗。那为什么不跟他吵？答：吵了也没意思,可能他也没注意。带领者说,对,能从他人角度去想一想,这个很好。所以,做事时或者有事时首先停下来想一想,然后能从他人角度、能从多个维度去想一想,这个就对了。

带领者请刘某发言,说说今后自己有什么打算？刘某的发言引起较多的讨论。刘某说自己现在体会到有许多不足,文化程度也太低。以前不是这样认为的。带领者说,刘某以前说的,要赚钱,好人赚不到钱,认为坏人才能赚得到钱。这个有点是非不分,没有底线了。刘某反馈说带领者误解了他的意思。当然他的犯罪可以说是无法无天,什么语言都可以加上去。带领者进一步说,小时候的教育很重要,如父母中要有一个权威,有的事是做不得的,长大后这个权威就是法律,不能违反。带领者讲了最低家庭教育的四条。刘某说,那小孩惩罚了不听怎么办。带领者进一步作了阐述,认为3岁以后的违拗与早年对小孩需求的关注有关,父母不会照料,让小孩产生了不良的行为模式。刘某讲了自己小时候与父母的互动、早年小伙伴的情况等,认为自己家庭教育基本是好的,母亲是高中毕业,当然父亲对他很严厉,但他认为应当没多大问题。带领者不这样认为,但刘某不同意,对带领者的言论进行了反驳。带领者没有进一步去分析,一个是团体时间问题,另外认为也许个体咨询更合适他。因此,带领者对刘某说,这个情况可能比较复杂,需要更多的分析维度,也需要更多的时间来交流互动或咨询,因此,如果愿意可以申请监狱的个体咨询来做进一步的探讨。

由于刘某也是精神疾病患者,因此,在他的发言涉及鉴定问题时,带领者指出,在专家鉴定时要真实反映自己的情况,由专家去作鉴定。因为好与不好,是有鉴别标准的,专家会根据标准来做判断,而不是自己认为好了或还没有好。在专家鉴定时,不要去装,好像要把自己认为已经变好了的情况说给专家听,这个可能反而会有问题,不是那么好的做法。

刘某发言时,周某某等多人有互动。

带领者请方某某发言。他说自己小时候与刘某差不多,也是认为父亲管得太严,不自由。体会不到父母对自己的关爱,是对自己的关心。方某某发言时似乎眼睛发红,看起来难过的样子。

由于时间关系，带领者虽然认为方某某可以更多地发言，但还是没有去鼓励，而是转向徐某某。请他谈谈收获或刑罚感受。徐某某谈了体会或收获，但当他的谈论超出这个范围时，带领者及时把他拉回来。

最后，带领者作指导。因为在带领者与少年教养人员或少年犯交谈时，多次听到这样一个情况，他们在家里找东西时看到了父亲是刑满释放人员的证明时，当时就懵了。所以，像徐某某这样今后要去生小孩的，那么是否告诉小孩自己曾经服刑的情况？如果他知道了也一定要去讲清楚，就是有这样三个层面的意思：一是爸爸以前确实犯了错误，面对小孩要真诚地承认这个错误，不要去掩盖。二是爸爸一定会改正这个错误，也请小孩监督自己改正。三是正因为爸爸以前存在一些不足，如文化低、是非不清楚、行为习惯不好等，所以才会犯错误，那么小孩一定要吸取教训，要好好读书、要懂道理，要有好习惯等。

带领者在结束时再次把后面的团辅安排作了交代。

团体活动快结束时，周某某提议大家对带领者的工作表示感谢，全体组员鼓掌感谢。

而朱某某再次表示自己不想参加接下来的团体辅导了。

三、组员团体辅导感受

有的组员在团体辅导结束时撰写了自己参加团体辅导的感受。

徐某某：在心理辅导室的组织下，我参加了近六个月的心理辅导。通过12位同犯一起聚会交流，自己感受很多，也有很多收获。（1）能与心理辅导老师作交流，向一起的学员吐露心声，征求各位学员的帮助。（2）树立正确的人生观、价值观、世界观，时刻评价自己对生活的态度，忏悔过去，展望未来，使自己的改造更上一层楼。（3）希望今后多有这方面的心理辅导，本犯愿意参加这样的活动。本犯想通过辅导对我肯定会有好处的。

柯某某：在心理辅导老师的组织下参加了近六个月的聚会交流，自己很有收获：（1）能与心理辅导老师作交流，向大家吐露心声，宣泄心中的郁闷。（2）能听到同犯们的各种对生活的感受。（3）有了一个对自身错误忏悔的机会。（4）有机会自己还愿意参加这样的活动。

蒋某某：自参加由心理咨询老师主持的心理辅导活动以来，有所收获，也有感受：

(1) 在几个月的活动中，自己认为这是一个同犯与老师、同犯之间互相交流的平台。(2) 可以说自己想说的话，可以讲自己的过去、现在和将来的打算，交流是开放式的。(3) 有些问题可以与大家共同探讨、分析，听取有益的指导和意见，也分享别人的教益。(4) 通过活动，使自己在改造的路上更踏实。(5) 希望把活动办得更好。

刘某：此次心理辅导是我人生第一次参加心理辅导，它给我的感受非常好，我很愿意参加这样的活动。在这样的团体活动中我们可以说出平时不愿意说的话，和团体的学员们还有老师进行掏心窝子的交谈。这样的交谈可以互相帮助解决心中的疑惑，释放心中的郁闷，在交谈的过程中还可以提高语言表达能力，同时也是我们倾诉很好的对象。

叶某某：在监狱组织的心理辅导活动中，已有六个月的交流，现回顾感想小结一下：(1) 投改十多年，第一次参加团体心理辅导，同犯之间相互交流，与老师面对面交谈，气氛随意，不设主题，相互之间没有压力感。(2) 同犯们的各种想法，以及社会上各种生活的感受、亲身经历都可以交流。(3) 有了一次对自身错误忏悔的机会，以及对入狱后改造的一些感受，表达了忏悔之声。(4) 与同犯之间交流感受较好，平常改造之间也能够相互交流，在老师的指点下，把自身的缺点逐步改正，以更好地投入到改造之中，争取早日新生，与家人团聚。

也有组员表达了不同感受。组员王某某认为：经过几个月的团辅活动，让我谈谈心得体会，说实话真的没有感到有什么能得到提高或有所帮助的方面。只是感到每次活动期间，话题比较单调，内容比较简单，没有什么比较实际性、丰富活跃性的话题。我认为，也许由于我们的身份有所不同，更多的话语无法真正能表达自己的内心世界。有时也不想真正地敞开自己的心扉去说些自己的真正想法，所以几个月下来，自感无趣无味，甚至有些排斥感。不想去参加这类活动的念头比较多一些。真正要说，得到些什么或收获些什么，有点说不上来，只能感到一小点，就是自感在参加活动后12个人中，彼此之间心里感到熟悉些，在日常生活中会感到亲切和谐些。原来以为能在活动期间接受些专业性的对健康心理有些帮助，或能在自己遇到低潮期、挫折期得到一些专业性的指导意见，如何去调节或如何去解决面对，但没能得到这些方面的专业知识，只是多次听着闲聊、课外题，与预期想法相差太远。以上就是我的几个月活动下来的心得体会。不知对否，还请老师多包涵。

第二部分　限制减刑罪犯团体辅导操作实务

一、团体辅导过程：12名服刑人员，5次团体辅导

● 第一次：2016年6月6日，星期一，14：34—16：03

团体组员围圈而坐，以带领者为起点顺时针方向依次是：杨某辉、姜某忠、李某平、贺某兵、王某运、郑某盼、薛某锦、王某坤、徐某乐、喻某兵、陈某华、季某武。

带领者一开始表示欢迎，介绍了团体规则，重点讲解了保密原则以及真诚反馈原则。

组员进入团体辅导室，不想参加的气氛弥漫团体。王某运首先作了这样的表示，然后姜某忠、杨某辉、郑某盼、薛某锦、陈某华、季某武等都如此表示，以王某运、姜某忠、委某武更为突出。

组员不想参加团辅，有以下原因：一是强制来的，临时通知的（当天中午才告知），没有商量。二是自己有安排，来这里影响到自己的时间和活动安排。三是有压力，同犯会认为他们的心理有毛病；还经常来（多人以前已有多次参加监狱组织的心理咨询活动），更容易被认为有毛病。四是来了没用，在这里不能放松，又要紧张地参与。

带领者逐条解释说明，并且说如果考虑来参加的话，那么活动时间安排在什么时候合适？与组员展开了讨论。由于大多组员不想来，所以此话题讨论不起来。王某运说，只要不是星期日、休息日，什么时间都可以。

王某坤说，他自己在想参加与不想参加之间，但这次是强制来的，心中感到不舒服。至于活动时间，建议下午三点半前结束。

杨某辉说，最好下午一点开始，早点结束。带领者说，今天因特殊情况开始时间迟了，今后会在下午一点半到两点之间开始，一次活动一个半小时，到三点半前结束。

活动中组员们提出以下建议：

一是监狱对限减犯人区别对待，建议最好分开关押，不要搞特殊化。带领者说，特殊化有两个方面，一方面是外界的人，如监狱把你们当特殊化处理，另一方面是自己把自己当特殊的了。组员说，自己没有特殊看待。李某平说，不就是比其他人多坐几年牢吗，没什么特殊的！带领者对此作了肯定，并反馈说，从去年（2015年）心理测验调查来看，限减与无期、死缓犯心理上基本无区别。

二是王某坤建议以分换钱，账放开，自己可以多买点营养品，以保养身体。有组员对此提出不同意见，觉得应根据各人实际情况来。因整天关押，身体越来越差，对此大多数组员赞同，异口同声说是这样子，希望能够打打球，到监区外跑步等。带领者表示这可能不是一个监区才存在的问题。

三是陈某华说，能否调回原籍服刑？家人接见也方便，这样也有利于改造。带领者觉得提出这个问题是正常的，从自身利益出发，这样提出来是有其道理的。不仅这儿的限减学员，其他监狱的限减以及其他长刑期学员都有提出过这个愿望。

带领者觉得组员们提出这些意见很好，希望组员回去认真考虑一下，提出完整的、全面的意见来，下次团体活动时大家来讨论。

组员就限减监区是监狱标杆监区，是各级领导来监狱参观考察时的对象因而对大家要求高，也因此感到累作了讨论。

姜某忠在团体活动开始时还讲道，上次有一位女咨询师组织他们做团体咨询，说自己是什么动物。虽然人是一种动物，但这样来说我们还是不舒服。季某武跟带领者解释说，上次做团体活动时咨询师是说，自己最喜欢的动物是什么。（带领者猜测，那位女咨询师或许是做自我澄清的题目："如果自己是个动物，那么会是什么？"）

在团体活动剩十多分钟时，带领者关注到徐某乐始终没有发言，就邀请他发言。徐某乐说，他正在想一件事，但目前不想说。带领者鼓励他说出来，但徐某乐坚持，现在不想说。带领者希望他的想法是有利于自己的成长、发展的，到时再一起来分享。

带领者就团体辅导设置作了说明，一个星期一次，一次一个半小时，连续作六个月。这样共24次，有可能会因各种原因停做一两次，所以也许做20次左右。下星期一因带领者有事，可能停一次。王某坤等人觉得太多了，最好一月一次。带领者坚持了团体设置。

感受：

由于多名组员持续地、反复地说下次不想参加团辅了，团体氛围被这个所笼罩。整个团体活动过程基本围绕这一点展开。带领者希望深入些或引入其他话题，都不太奏效。带领者被组员语言围攻时，感觉有些艰难，并有些焦虑。

团体辅导结束，在与马教授沟通时，知道他在同时间做的团体也出现了这个情况。因此，与各自联系的监狱民警商量，是否向监区领导汇报一下，下次团体辅导时调整一下人员？即选择愿意参加团辅的服刑学员来组成一个团体为好。监狱民警基本同意这个意见。

● **第二次**：2016 年 7 月 4 日，星期一，9：22—10：59

由于第一次组员是被要求参加团辅的，团体辅导时出现了很大的阻抗，因此带领者在第一次团体活动结束后提出调换组员的要求。经监区领导同意，尊重组员意见，不愿参加的就不再参与接下来的团体辅导活动。同时，重新筛选组员，要求自愿参加。因此，参加第二次团体辅导的限制减刑服刑人员是重新筛选的，第一次团辅的组员没有一人参加进来。

以带领者邵晓顺为起点，顺时针方向依次是：李某彬、彭某才、程某东、徐某昊、孙某亚、郑川（协同）、方某勇、张某攀、洪某富、郑某泽、周某伟、柳某浪、王某园。

带领者首先说明团体活动的设置与工作原则。一星期一次，一次一个半小时，会做六个月。然后讲解了团体辅导的主要原则。团体辅导要求遵守保密原则，然后解释了保密原则；还要求真诚反馈，然后解释真诚反馈原则。关于保密，对团体辅导室的监控特别作了说明：看得到人的动作，但听不到声音，因此请组员放心。

由于没有入组访谈，本次团体活动带领者重点是明确每个组员的入组目标或动机。

组员中有几位是 2013 年带领者组织团体辅导时参加过的。其中张某攀带领者记得更为清楚、确定，因此团体一开始带领者就邀请他先发言。

张某攀（35 岁）：希望来团体，因为在团体中能够放松，另外坐牢心情总是不那么好，心情能调节得好些，然后是压力能调节一下。

张某攀谈完后，带领者提出按逆时针方向一个一个来说说。这样接下来就是张某攀右手边的方某勇。

方某勇（53岁）：放松心态。坐牢压抑，希望能缓解。家庭、刑期、劳动，老在想，不轻松。来团辅希望能调节一下。

郑川（警官、协同）：八监区，高戒备监区，管得严。来参加团辅或做事有强制性，希望大家来了能先适应一下。自己是旁观者角色，希望与大家一起共同学习。

孙某亚（当时忘了问年龄，到第四次团辅时才问，1991年出生）：一是不知道来干吗的；二是参加团体的话，一定会敞开自己的心扉来参与。

徐某昊（35岁，带领者在问徐某昊年龄时，想起也不清楚前面组员的年龄，所以又返回去问了前面发言的每个人的年龄，但跳过了孙某亚，后面发言的人都是在其发言结束时问他的年龄）：是主动报名参加的，就想多听听。

程某东（50岁）：政府叫我来的。在监狱政府叫干什么，那就干什么吧。

彭某才（45岁）：入睡困难，醒来早，腰疼，心情差，早上起来感到疲劳。问带领者有没有解决的办法。

带领者在彭某才这儿开展了些工作。先对他的问题具体化，并问组员有没有什么建议或想法想谈谈，如睡觉情况怎样？如果睡眠好，又是如何做到的？张某攀表示自己睡眠是好的。带领者问他是怎样的情况，希望给彭某才启发，但对彭某才似乎没有作用。后来洪某富说自己睡眠也是好的。带领者问他的睡眠之策，目的之一同样是希望能给彭某才启示，但好像也没有参照意义。

李某彬（48岁）：没什么好说的，平时也是按政府要求，让做什么就做什么。来么就聊聊天。

王某园（29岁）：自愿参加的。改造中环境不一样，压力要靠自己调节。来参加团辅希望能多学习。问带领者，睡觉睡得快，但醒得早，中间不怎么醒，怎么办？

带领者也对此开展了些工作。一般地，躺下睡不着，可能有焦虑；而早上醒得早然后睡不着，显示有抑郁、忧郁倾向，要么表明心中在担心着什么。问王某园在担心什么呢？王某园说，他后年能出去了，假释出去。带领者为此感到有些奇怪。王某园说他不是限减犯，与孙某亚一样，他也不是限减犯。团体中就他们两人不是，都是犯人小组长。带领者一下明白了监区派他们参加的意义，是希望团体中有两个心态、表现更为积极的人，能体现出团体的异质性。带领者问王某园判了几年，他说判了11年，但刑期过半可以假释，所以他想假释出去。只是省里的假释减刑规定还没有出来，这只靴子没有落地，所以感到担心。

柳某浪（41岁）：作为限减犯，心情特别压抑，想借着参加心理辅导活动，缓解一下自己的心理压抑。

周某伟（带领者问他几岁，他说记不得自己几岁，也不去记几岁，就知道自己是1984年出生的。带领者鼓励性地说，行！就记得自己哪年出生，那也可以的）：第一次参加这样的心理团体辅导，希望听听音乐，放松放松心情；最好弄点吃的，这样就更好了。自己渴望吃东西，因为监狱没得吃。

郑某泽（1990年出生）：第一次参加团体辅导，不知道干啥的。压抑有多大，自己知道。报名参加的？政府叫来么就来了。觉得来了自己心理方面也是正常的，不是不正常的。

带领者就此开展工作，强调说明来参加团体不是说有心理异常。许多人、许多服刑学员有这个误解，认为来参加团体咨询的人都是心理有毛病的，是不正确的。肯定不是这样子的。带领者举了前些天在十里丰监狱个别化矫正中一个来访者的认识作为例子，指出他来接受咨询也表现出非常突出的这种顾虑。所以说，有这个顾虑是正常的，但不是正确的。

洪某富（1966年出生，带领者说跟他是同一年出生的。不过，带领者这样的表示，不一定妥当）：来这里最终目的是什么？不清楚，反正是服从管理。自己觉得自己是吃不饱、睡不醒。

带领者就此展开工作。问洪某富这是怎样的情况？吃不饱先不说，睡不醒是怎样的？洪某富说，躺在床上5分钟就能睡着，一觉睡到天亮，6点40分醒来，晚上偶尔起来上个厕所，就是偶尔起夜，但就一次。带领者说，这样的睡眠，已经是非常好的了。为什么还睡不醒？这种情况比较少见。

大家说完，带领者也谈了自己在团体里的目标，首先表示歉意，按规则、按顺序是李某彬谈完应该轮到自己来谈。其次，自己在团体里的目标，就是希望能帮助到大家，给大家心理上提供帮助，并希望通过团辅让各位组员有成长。同时，在团体里大家可以一起学一些知识，正如刚才王某园讲到的，多学习。那么，在团体里大家对心理方面有什么问题、疑惑，都可以问，我能解答的一定给予解答。这样或许能在心理方面学到一些知识。另外，大家在团体里也可以谈一些对监狱管理方面的要求，那么这些要求带领者可以反映上去。当然反映后是否能起作用，这个带领者不能保证。带领者又进一步解释，大家的要求、对监狱的要求，提出来后可以向监狱去反映一下。但监狱是否采纳这个建议，那不是带领者能决定的。

郑某泽讲了他的看法。他觉得自己还年轻点，但出去也快60岁了。那么像他们

（指指坐旁边的洪某富），能否走出监狱都不知道。所以，他们脸上没有笑容，都是阴沉的。你可以看看大家的脸（郑某泽指指大家），但是他自己是能快乐就快乐，如看电视是快乐的，劳动时能忘掉烦恼，那么来团体也希望是快乐的、轻松的。带领者等他说完，对他的想法给予充分肯定，这一时刻是快乐的，那就享受这一时刻的快乐，这就是所谓的"活在当下"。这个想法非常好。但是，另外，面对限减，我也有蛮大的顾虑，我们说坦诚，所以也实话实说，就是谈过许多限减学员，他们就是看不到希望，内心没有希望。这个怎么办？这些天我们在六监做一个课题，就是长服刑罪犯的教育管理，那么我们提出是否建立"微社区"或者说特殊社区，让限减学员、长服刑学员，像在社区里一样生活。当然这只是我们研究课题中的一个建议，是否能实现还说不上。还有就是我跟一名限减（学员）谈的，他的特长能否在监狱里发挥作用。比如，他是学音乐的，他在监狱里能否做他的音乐？他现在就组建了一个乐队，写歌、唱歌什么的。当带领者说到这一点时，组员大多反应不那么积极。可能还没有理解到这一点。

组员还对"限减"到底最少是几年进行了讨论。

当带领者与王某园讨论假释规定什么时候能出来时，方某勇阻止了我们的讨论，认为这样一个问题对他们来说一点意义也没有，还刺激他们，所以不要讨论它。带领者对方某勇的表达表示鼓励，就是有什么想说的，自己有什么想法想表达的，表达出来没有任何问题。但带领者在后来的讨论中也指出，王某园作为团体的一个组员，他来讨论他关心的事，这也是可以的，因为这也是他的权利。在团体中，大家都是平等的，都可以来说、来讨论他关心的事。同时，带领者也指出，在团体中带领者与大家一样，人格平等，我们都是人，都是中华人民共和国的公民。心理上也是平等的。

组员程某东问带领者，在团体中带领者跟他们坐在一起，是否心中会感到一些不安？感到不自然？带领者说，跟大家在一起，没有感到一丝的不安，也没有感到不自然。并再次强调在团体里大家是平等的，包括郑川，他今天虽然穿着警服。

协同带领者郑川在团体中的若干次发言恰到好处，非常地好。

感受：

这次团体活动，因为组员是再次筛选的，有的组员是自愿参加的，有的组员是事务犯（犯人中的"官"，改造表现良好），或者组员在监狱表现都是较为良好的，所以团体阻力与上次相比小很多。

带领者在本次团体活动中说了很多，是否表明带领者内心的焦虑？或者想推动团辅的心理太急切？或者怕沉默？是因为有监狱咨询师在场吗？同时，带领者在团体中有的话不那么合适，带有吹嘘自己或压制、阻吓组员过分行为的意思，值得反思。

带领者对限减服刑人员团辅是否成功的内心期望较低，担心团体再次失败或收效甚微或收获不大。

带领者在团体活动中提到其他监狱有一名限减犯死亡，只是说了这样一个事情，没有说明是因何而死，需要在下次团体活动时作出明确的说明。

两位带领者在团体活动结束后作了较多交流。郑川说，程某东在另外的监狱曾被关押了18年，刑满出来一年左右因贩毒又判了"限减"。他觉得自己在监狱已经待过，坐牢经验丰富，所以有想在监狱做"老大"的感觉。带领者邵晓顺觉得，在今后的团体辅导中，也许可以利用程某东这样的想法来推动团体工作。

- 第三次：2016年7月11日，星期一，9：00—10：35

本次团体辅导带领者与组员的座位与上一次相同。

带领者说了本次团体活动开始与结束的时间，在等待组员说话的同时，带领者也在想是否由自己来发动话题，然后决定去提问程某东。

带领者问程某东，问他省一监与现在的监狱相比，在管理上让人有什么不一样的感受？程某东不知是没有听清带领者的问题，还是对带领者的问题理解有误，他回答说在省一监的时候他也没有接受过心理辅导、心理帮助。带领者进一步澄清了问题。程某东说，管理怎样不是他能来评价的，他觉得监狱管理么，就是希望能让犯人好过点。去年监区管理真是受不了（在后面多人发言时，都讲到了这一点）。他觉得现在的监区长真是一个心理咨询师，懂心理学的，所以对监区犯人的管理比较人性化。

带领者对新监区领导管理方式心中是肯定的，随后的言行上可能也表现了出来。对此，是否合适，带领者有疑虑。

带领者经过斟酌后决定还是说一下关于"限减"的服刑年限。就第一次团体活动时，带领者说的"限减"服刑年限问题，在团体活动后去问了本学校的法学教授。他以前专门研究过限减问题。他说，"限减"服刑人员最少服刑27年，就是死缓改判后再服刑25年。判决前的时间不算，死缓改判的期限为两年，然后至少服刑25年，这样最少服刑27年。在本次团体活动开始时，带领者没有进一步说明。但在团体活动后期再次谈到这个问题时，带领者就把跟法学教授讨论的内容更多地补充进来，就是现在

"限减"基本上是改判无期徒刑,而不是改判为25年或30年,那么这个无期可能又不算在最低执行期25年里面。带领者发现,当说这些时,李某彬撇撇嘴,脸上似乎显示出一些难过、伤痛的表情。

带领者问程某东,他在监区里做些什么?能做什么?程某东回应说,看书什么的。带领者一下子想到这个可以作为今天的话题来讨论。就是每个人对看书是怎样看的?娱乐方面是怎样要求的?

程某东说,自己希望看一些好的书。希望休息时间可以多一点,好用来看书。但没好书可看,(其实是)没有自己喜欢看的书。带领者问,喜欢看什么样的书?他说喜欢看"穿越"的,玄幻类的书。但监狱不愿意他们看这样的书,但也不是绝对不能看。比如,一套穿越类的书有10本,就买两三本或三四本,或允许你买那么几本,所以看不到结束。在后面组员讨论到看书的目的时,程某东参与讨论说,看书不是学习,是麻醉自己,是短暂忘却自己,放松一下、轻松一下。

在程某东发言时,其他组员也有参与进来发表看法或补充说明的。

程某东发言结束,带领者问程某东右手边的彭某才。邀请彭某才就这个话题谈谈自己的看法。在彭某才发言之前,带领者问他的身体怎样,睡眠怎样,是否好点?带领者接着说,仅仅过去一个星期,也许是老样子,没什么变化。彭某才说,是的,腰还是那样,没什么改善;睡眠也一样,没什么改善。然后带领者请他也来谈谈这个问题。

彭某才:(看书)喜欢短一些的,不喜欢看小说,喜欢看法律、生活类的,一天看一个两个故事。休息时间希望能(比现在)多一点。关于娱乐,就是看看电视……

李某彬:对电视不感兴趣,希望娱乐多一点,因服刑时间长。他觉得有的事务犯好像瞧不起他们的样子;同样穿囚服,就刑期短一点,为什么瞧不起人?他认为自己书看不进去。关于娱乐,他喜欢音乐,现在的话就是吹吹笛子,自己更喜欢葫芦丝,但监狱没有,也就是星期日下午能吹一下。

王某园:看书喜欢看的主要是神话类的。但监区不好采购,不是说要监狱去买这些书,而是自己想买,但监区提供的几百种图书,就是提供的买书清单上有这类书,但(说是)买不到。自己在看书时心情能够放松,因为投入了。关于看电视,开放的时间太少,就晚上6点到7点这个时间段能看一会儿。他建议,是否晚上7:30—8:00可以给他们放松一下?当前监区正在放的一个片子,收视率高,监区80多人,有40多人在看。但每天都很忙,时间都去哪儿了?

在王某园说看电视的时间问题时，多名组员参与了讨论。本次团体活动过程中也多次说起。组员还跟带领者一起，仔细讨论了一星期、一天的时间安排，确实看电视时间不多。

洪某富参与讨论，按前面发言的顺序，还没轮到他发言。当然这个也是可以的，而且是值得鼓励的。

洪某富说，感觉自己是个试验品，限减犯人是被监狱或上级拿来做试验的。怎么做、怎么管？拿出来试验然后树立标杆。也再次谈到去年监区管理太严了。

带领者回应洪某富，因为"限减"是个新事物，新的刑罚种类，所以大家都没有经验，怎样做更好，需要探索，所以会有这样的情形，要来试验试验。但是这个试验有两种情况，一是试验的人就关心他自己，关心他试验的效果；另外一种情况是，试验的人关心被试验者，主要目的是为被试验者着想。比如，希望你们能过得好一点，能更好地服刑，过好服刑生活。这个是不一样的。而我们来开展团体辅导就是后面一种，目的是希望给大家带来帮助。

孙某亚：我们监区要求是全省顶尖的，劳动、监规纪律、行为规范，都是要求顶尖的。事务犯也压力很大。那真是（一边说一边低下了头）……

洪某富：说点实在的，监狱每个星期提供一份水果，但是每次一根香蕉，就小指头这么大的一根香蕉（用手指比划）。对此，多名学员对这样的香蕉表示了不满。带领者问，除了香蕉，还有苹果没？回答：没有，只有香蕉。关于看书，一天24小时过去就好，很少看，无所谓的。看了又有什么用？

柳某浪：看书、看电视、打牌，都无所谓。就看玄幻类的（书），别的书看不进去。有时有什么就玩什么，主要是消磨时间。

带领者邵晓顺说，看书，主要有这样一些作用，一个是增加知识；另外一个是增加对自己的了解、对他人的了解；还有一个是看书可以帮助建立人生观、世界观，改变对世界的看法。

周某伟：书都看，但很少看，无所谓。看书，明天早餐在哪都不知道，不像教授（看书有什么用?!）。监区图书室里书不多，但名著以及《论语》，都没人看。自己喜欢的书，购买时监区审核就都砍掉了，不许买，喜欢的书就说没有。电视，很多人喜欢，喜欢看连续剧，但没时间看，就6点至7点的时间，其他时间看不了（监狱安排要做其他事情）。

方某勇参与讨论，这种情况的发生，警官不知道，是事务犯的原因。书都是国家发行了，难道有"病毒"的？"有毒"的书，黄色淫秽的书，那不能看，国家也不允许出。所以，个人有喜爱的，就可以买、可以看。至于自己喜欢看的书，是短篇的，一点点小故事的。他认为监区管得太死了。

郑某泽：关于看书，喜欢看玄幻的、穿越的，看时比较投入。自己比较感性，书中看到感动的，会流泪。至于什么时间能看电视剧，算算就明白了，其他时间不可能看自己喜欢看的电视，只有星期天。而星期天也只有一个小时看电视，还要洗衣服、晒衣服，算算也就20分钟时间可看电视。以前更没有时间，星期天还不如去参加劳动。希望能够宽松点，释放释放压力。希望娱乐时间多一点。如果卡得死死的，神经太紧张了。自己作为"90后"，刑满五六十岁，家里亲人都死了，爷爷奶奶、父亲母亲，都没了，想想觉得天都要塌下来了。每天忙忙，不知道忙什么。希望晚上7点到8点半，娱乐能放开一点。

张某攀：娱乐方面，有下棋（带领者问下什么棋？答：象棋）、打篮球（星期天天气好的时候，警官带着去）。自己看书少，喜欢"两报一刊"，了解其他监狱情况特别是身边的小故事。心情压抑、心态不好，情绪激动等，就从《心理导刊》中看看找找答案。平时，自己也写写稿件，今年刊出比较多，觉得有收获，能够自我提高。

徐某昊：书很少看，没时间看，书太长，没那个耐心。以看电视为主，偶尔看看报纸、杂志。我也不知道说些什么。（徐某昊在其他人说的时候一直脸上笑眯眯的。）

带领者最后总结：今天的讨论很好，大家说了许多心里的话。郑某泽参与进来，说自己说得太多了，还说了许多不该说的话。带领者说，没有觉得郑某泽所说的哪句话是不可以说的，在这儿、在团体里，没有什么话是不可以说的，只要它是你心里想的，真诚地表达出来就可以。可能监狱里、监区里，有的话不能说，但在团体里说没有问题。（这也许也是团体的一个作用）另外，我想说的是，刚才郑某泽也说到了，想想这么多年，我们前面也讲到了至少25年，到时家人都没了，觉得天都塌下来的感觉。确实地，"限减"学员在监狱待的时间会非常长，那么我们要思考这样一个问题，就是你已经不可能像社会上的人那样去结婚生孩子，去挣钱买房子，而是要在监狱里度过一生中最美好的时光，不管你多少年纪，特别是二三十岁甚至四十岁的人，你都要在监狱里度过你人生最美好的时光。那么如何来度过呢？这个希望大家认真思考。服刑即人生，你的人生是要在监狱度过的。比如，前面洪某富说道，一天一天就这么过呗。这个不是说不可以。但是这么长的时间，还是希望你去想一想，如何才能过好它、过得有意义一点。比如，能不能以分换钱？多挣点劳动分，能够换成钱，这样每月生活费自己多承担点甚至不再依靠家里资助，自己解决自己的经济问题。这样的想法也可以多思考一下。其他还有很多，如自己的兴趣爱好是什么，如何发挥它们，如何在监狱中去展示它们？比如，李某彬，喜欢吹笛子，那非常好，是否有同样爱好或差不多爱好的人去组成一个乐队？其他人的爱好是什么？如何发展它？除了爱好，还可以做些什么？等等。

带领者由于考虑到这样说是否会引起"限减"组员的忧虑或对前途的悲观情绪（看不到走出监狱的希望）而影响他们的改造表现、改造行为，所以并没有说得很透，说得很深。特别担心引起"限减"组员的消极悲观情绪，使他们产生自杀念头甚至行为。这就给监狱的工作带来了麻烦，是不可以的。

在谈到以分换钱时，带领者说了另外一个监狱每月劳动收入情况，即"限减"学员每月收入在200元左右（这个收入可能有误，要具体再核实一下）。洪某富说，他们根本没有这样高的收入。

带领者这些话，引起了组员较大的反响，多名组员主动参与进来讨论，郑某泽表现出挺激动的样子。但由于已经超过团辅时间，带领者在让他阐述了一些话后说这次团辅时间到了，希望他回去思考一下，下次团辅时再讨论。

团体活动结束，洪某富一边走出团体辅导室一边对带领者说，服刑即人生，这句话说得很好，并且跟带领者重复说了两次。

感受：

协同带领者郑川警官全程参加本次团体活动。在团体活动前半程郑川还参与了讨论分享。

对本次团体活动，带领者感到有两点好的地方。一是组员能够敞开心扉，能够说真心话，说他们想说的话，体现了真诚的原则。二是组员能够认同带领者的说法，或者说认同带领者对事物的认识（如对"限减"生活及今后的打算）。因此，带领者觉得团辅有成效，也给带领者对团体发展带来信心。

团体活动结束后，带领者邵晓顺与郑川谈起对最后总结时所说话的顾虑，这样说，是否会引起组员的内心冲击或因此而想不开从而给监狱安全稳定带来影响？因为带领者记得2013年限减学员团体辅导时，当时他们都认为自己是坐25年牢，带领者当时说至少要29年或30年，结果当场就引发了团体组员的情绪激动，团辅为此还停滞下来。带领者还将此事情向监狱领导作了汇报，监狱领导批评了带领者，担心这样说会引发监狱安全问题。郑川后来给带领者打电话,建议带领者下次团辅结束时是否跟监狱领导去作些沟通,提前在有关团辅工作方面做些沟通,以便让监狱领导更好地理解团辅工作。

本次团体活动后思考:

1. 在对"限减"罪犯的团体辅导过程中,带领者总是想要他们去反思以往的犯罪经历,以及对犯罪和犯罪思想作反思。但在本次团体辅导结束后的思考中,带领者一下感到这样做是否有必要?因为他们的一生基本上是要在监狱里度过,即使刑满出狱了,已经进入老年期或都即将进入老年期,再犯罪的可能性很小,因此,要他们去对犯罪及犯罪思想作反思虽然也可以或需要,所谓"朝闻道,夕死可矣",但是否真正有必要?因此,关于"犯罪反思"的这个内容在团体活动中可以讨论,但是如果组员不愿意或不想讨论,带领者也不一定勉强去提出或一定要他们来讨论。

2. 对"限减"服刑人员的团体辅导,主要(最终)目标是:如何在监狱里过好今后的人生?所谓的服刑生涯规划问题。最好每位组员都能来讨论这个问题,并且都能够规划好自己的监狱生涯,那么团辅是否就成功了?!

3. 其他团体工作目标,还包括对组员当前心理问题、情绪问题等的处理。

● 第四次:2016年7月18日,星期一,8:45—10:17

以带领者邵晓顺为起点,顺时针方向依次是:李某彬、彭某才、程某东、徐某昊、孙某亚、方某勇、张某攀、洪某富、周某伟、柳某浪、王某园。

洪某富因在监区看法制宣传片稍迟到,彭某才和张某攀因参加监狱组织的心理运动会在9:20时加入团体。郑某泽因参加监区活动没有参加本次团体活动(在他参加第五次团体活动时问清楚了不能参加的原因)。

带领者开始时主动提出话题,以推动团体工作。带领者问洪某富迟到原因,他说在看法制宣传片。带领者问,法制宣传片的内容有些什么,是否能跟我们分享?洪某富大致讲了讲宣传片的内容。带领者听了后觉得似乎在中央电视台法制栏目看到过这样的节目,就问洪某富这些内容是否来自中央电视台的?洪某富说是的,柳某浪也说是的,就是中央电视台法制栏目里的节目。

带领者回顾了上次团体辅导的主要内容:看书与娱乐。问组员今天希望谈些什么呢？带领者把前次团体辅导后的思考也跟组员敞开，就是组员大多是"限减"学员，那么去讨论犯罪是否有必要？带领者认为，主要围绕今后生活，27年、29年的服刑时间如何在监狱过好？通过接下来6个月或5个月的团体活动希望能够清晰起来，也希望大家多去思考。因为犯罪学研究表明，当人过了35岁或者40岁，犯罪的可能性直线下降。而大家刑满释放，都已过了这个年龄，有的已经六七十岁，基本犯不了罪。当然，像王某园这样，一年半后就要刑满释放的，那要去思考犯罪的原因，不要再进来（不要再犯罪）了。因此，像王某园这样的要吸取以前犯罪的教训，不再犯罪。

谈到监狱生活，组员还是有许多话想说的。带领者先问程某东。他说对他来说，就是希望多看几本好书，多看几部好电视剧。周某伟接话说，现在他们在看一部电视剧，如果时长60分钟，那要分3天才能看完，因为每天就只能看20分钟的电视。在监狱里原来这么忙。（周某伟对此表现出一些不满。）

组员们说监狱生活时谈到了监区里安装了电脑，但一致认为电脑是摆设。带领者以此开展团体工作。首先，带领者明确电脑在监区装了有多长时间了（存在了多长时间）。组员回忆后一致说安装起来有一年多了。带领者问周某伟，他在这一年多时间里，玩电脑有多少时间。周某伟说，加起来半小时。带领者感到有些意料之外，就强调在团体里希望大家说实话，这样也方便带领者去向监狱反映问题，也让带领者今后在写相关报告向上级反映时有准确的数据。在随后的多名组员来谈他们玩电脑的时间时反复强调这一点，要准确地说。组员们说，他们没必要一起来隐瞒带领者，不必要。经一一询问，组员一年多来玩电脑时间如下：张某攀：一小时多；徐某昊：半小时至一小时；程某东：一小时；王某园：个把小时，还不是玩的，是连线呀、开机呀或者电脑有问题时的处理等；柳某浪：十多分钟，并且说电脑里内容很少。其他组员回答说没有接触过电脑。

组员们说，监区装的电脑主要是有人参观时用一下。带领者想起刚刚网上的一个消息，说是某幼儿园拍小孩吃水果，拍完就把水果收走了。组员们说，就是那样，有人来参观就安排几个人去玩电脑，参观结束就不让玩了。带领者说，其他监狱也装配了电脑，但是有服刑学员确实是在玩的。组员们说，电脑是有的，但他们确实没有怎么玩过。带领者问，是否像孙某亚这样的组长可以自由地去玩？孙某亚说，他也没玩过，他是小组长，可能要那些大组长才行。

带领者问李某彬对监狱生活的想法。李某彬还是以前的态度，就是作为犯人，劳动做好，纪律遵守好，用心去改造，没其他想法。带领者没有听清"用心去改造"这句话，主要是"心"字。反复多次才搞清他说的这句话。李某彬就解释说自己普通话不标准。带领者作了否认，认为李某彬普通话是没有问题的。在与李某彬交流的时候，带领者想起以前团体辅导中的两个问题要跟大家说明一下。一是另外一个监狱死亡的"限减"学员，是因为肝硬化、肝腹水去世的，不是其他原因。另外一个问题一时没想起来，在后面团体进程中再想起来时，就再作了说明，就是另外监狱"限减"服刑学员月收入200多，不准确，应当是平均100多或100元左右。而监狱里的外国籍罪犯，每月补贴有200多到300元。带领者把两者记混了。

带领者在团体辅导过程中多次说，大家犯了罪，是服刑学员，但仍然是中国公民，是一个人，所以人的基本权利是能保障的。比如，大家服刑时间很长，那么会遇到家人出现一些特殊情况，此时是否可以回家去处理一下？这也是人之常情。方某勇发言，说他是监狱里这批人中第一个遇到的，就是去年他母亲去世了。母亲去年80岁，生病去世的，当时前妻打电话，他一下听出来了，因为与前妻是从小一起长大的，对她的情况很了解，所以一说话就听出来了，就跟她说有事别隐瞒了。这样前妻就告诉他母亲去世了。前妻也住在母亲家旁边。带领者对方某勇说，听到这个消息，带领者心中感到难过。方某勇也许没有听到带领者的表达，所以对带领者的话没什么反应。

方某勇然后谈到监狱里的活动，主要是要他们加强思想改造。带领者再次谈起，对"限减"学员来说，改造虽然是重要的，但更重要的是如何去度过今后的日子，如何使自己的生活过得更有意义些。

方某勇还提到，担心今后七八十岁出去，两头不靠。家里老人没有了，到目前父母都已经没了；子女也不见得能靠得上。到时社会上差不多年龄的人，他们思想先进，自己跟他们话也说不上，不在一个层次了，就是说已经不能融入社会，不能接轨了。带领者说，这种情况是有可能出现的。

9点20分，郑川警官带着张某攀和彭某才来到团体辅导室，加入团体。他们坐到以前自己所在的位置。郑川没有加入到团体中。带领者向张某攀与彭某才简要介绍了前面团体的活动内容。然后问两位是否参加了监狱组织的心理运动会？在得到肯定回答后，带领者先问张某攀参加了什么样的项目，然后又问彭某才参加了什么样的项目。他们都详细或较详细地讲了参加的项目。

带领者想起前面团体活动时没有问孙某亚年龄，就问他的年龄，然后问他的刑期情况。他说判的是无期，2008年来监狱，改判后剩余刑期还有12年半。然后说8个月前来到这个监区，没有他想象的好，希望到其他监区改造，主要是这个监区拿不到分数,这样对减刑不利。想调到其他监区,但调不了。带领者说,有没有向监区或监狱提出来?孙某亚回答说,提出有什么用?不过后来的团体活动中似乎又是提出了这样的申请,等待监区上报批准。

带领者就监狱服刑生活讲了国外的情况,以及劳动与劳动报酬情况。

程某东说,他曾经接受的监狱教育,刑满释放人员到社会劳动所得工资报酬方面是在忽悠人,监狱警官跟他们讲,出去后一个月可以挣七八千块钱,弄得大家(服刑人员)心蛮高的。但其实,现在杭州一个月工资大概3000来块。挣不到那么多,就又想歪主意了。带领者说,今年(2016年)大学毕业生,企业给的工资大概3500元一个月。也有3千的,甚至更少的。而大学生要求的薪酬是3500元以上,4000元、4500元,等等。所以,服刑学员出去一月工资七八千,基本不可能。带领者讲了两个情况,一是到临海司法局调查的一个案例,一名刑满释放人员到乡镇企业工作,一开始给2000元、3000元,然后几个月后因他技术好,老板给了四五千块,再过了七八个月,老板确实觉得他技术过硬,想留他,就给了七八千一月。这样干了几年,挣到了一笔钱,这个人就自己出来开厂。他又干了几年,厂子发展了,后来就搬到杭州来开厂了。然后又讲了最近到十里丰监狱帮教,带领者跟那位服刑人员讲,他出去工作,因为缝纫技术好,一个月挣个四五千是可以的。程某东说,那已经是你在鼓励他了。但是,那位服刑学员自己却说,一个月挣七八千应该是可以的。程某东说,你看,就是被教育成那样子。带领者说,我们团体大部分人这个问题不用去考虑,主要是王某园这样的,一年半后可以出去,那要有这个思想准备。王某园说,听了你们说的,那我出去干个保安算了,每月挣个3000块钱。原来也想出去每月挣七八千的。带领者随后讲了小区保安的收入情况。"五险一金"交了后,每月收入大概2000多元。

周某伟在听了带领者讲的外国监狱情况后说那只能是理想,想想可以的。(似乎是带有情绪地说)我们根本做不到。现在我们在监狱被管得死死的,自己支配的时间根本没有。根据我们的情况,可以来点实在的。带领者说,是否回到监舍,回到房间可以去躺一躺?组员回答说,不可以的。身体不好想躺床上都要申请的,否则回到房间仍然要坐好。带领者说,"限减"学员要在监狱待25年,每天这样坐着(带领者比划坐势),那从心理学角度来说,是会出问题的。有的监狱领导已经意识到这个问题,所以最近我们与监狱一起在研究这个课题,就是长服刑期罪犯如何更好地度过服刑生活。

李某彬说,对他来说,如果能抽烟就好了。因为自己有几十年的抽烟历史,在监狱里能抽烟就会对心情改善不小。程某东也积极附和,但他认为监狱已经禁烟二十多年了，恢复很难。带领者随即作调查，问每人的抽烟历史。李某彬，抽烟很厉害的，抽烟历史也长；彭某才不抽烟；程某东抽烟多；徐某昊抽烟；孙某亚抽烟，但可抽可不抽；方某勇抽烟；张某攀也抽，但烟瘾不大；洪某富抽烟且有历史了；周某伟抽烟；柳某浪抽烟；王某园在社会上时也抽，但那时还是未成年。程某东问带领者是否全省监狱都禁烟。带领者回答这个情况不清楚，需要问一下。但这个监狱禁烟有很长历史了，我们学校学生毕业分到该监狱，原来是抽烟的，因为监狱生产车间禁烟，上班时间不许抽烟，这样就不抽烟了。所以，恢复抽烟，可能比较困难。程某东说，司法部也没有规定犯人不能抽烟，只是说应当在规定的地方抽烟。

带领者也再次问了彭某才目前的身体情况。

带领者在团辅过程中也多次说，前次团体活动结束，洪某富对带领者说的"服刑即人生"重复了两次。这表明是认可带领者说的这个话的，希望大家要认真地、好好地考虑，如何把服刑生活过好。

洪某富在参加本次团体辅导不久时说，现在监区里已经有人羡慕他们来参加团辅了。一个是这么热的天可以来吹吹空调，舒服舒服。二是监区里要坐得端正，不能乱说乱动，而这里没有这个要求，比较自由。周某伟也说了同样感受，并且说这也是吸引他来参加团辅的原因之一，是大家愿意来参加团辅的原因之一。

带领者在团体活动快结束时说，我们在团体里这样说了，希望监狱管理文明起来，更人性化起来，但并不是说现在就是这样了。这是我们希望的，也一定能够到来的，但不是现在。所以，大家回去后还是要遵守监狱的规定。组员回答说这个是知道的。同时，带领者说，对服刑学员，我总是说这么两点。一是你毕竟是犯了错误的，犯了罪的，是一名服刑人员，所以监狱的规定还是要遵守的；二是我们都是人，那么在监狱规定之内，我们可以做什么，要认真地去考虑；作为人，可以做什么要去考虑，然后提出自己合理的要求，发出自己合理的呼声。也不要总是限制自己，认为什么要求都不能想、不能提。但是在想这些要求时通常有个上限，国内外都这样，称之为"天花板效应"，这就是社会的平均消费水平或普通老百姓的平均享受条件。

带领者最后再次提到抽烟，说是很多年以前在某某监狱调研时，遇到一名服刑人员，他说口袋里放四包香烟，一包递给民警抽，一包递给大组长们抽，一包递给小组长和关系好的同犯抽，一包自己抽或递给一般犯人抽。大家听了哈哈大笑，在笑声中结束了本次团体活动。

团体活动结束后,方某勇问带领者针对老年犯有没有什么特殊政策。带领者回应说要问有关学法律的老师才能回答。

(7月19日整理资料时与学院陈教授沟通,他回答说,老年罪犯,限减的,假释不可以,但没有规定说不可以保外就医。然后,在监狱里,老年罪犯的习艺劳动要根据其生理、身体状况作调整,考核分及考核标准可能会不一样。)

感受:
1. 带领者在团体活动中是否过于强调来访者的公民身份,过于淡化其罪犯身份?对此有点疑惑。或者是带领者为了搞好与组员的关系,促进团体氛围,过于迁就组员?
2. 带领者是否过于敞开?就是把一些可能本不应让服刑人员掌握的信息向他们讲述?比如社区式服刑的设想。
3. 团体活动结束后与监狱研究所李所长沟通,一是是否与监狱主管领导就团体辅导开展情况与进展情况汇报沟通一次?李所长同意他先联系一下监狱领导,约个时间谈一谈。二是监狱能否对限减服刑人员的服刑加以创新,开展社区式服刑的试点?李所长认为,即使创新也要到9月G20会议之后。现在还是保安全。同时,李所长又谈了前几天与监狱政委下去调研,政委知道限减服刑人员团体辅导后指示,此事他不知道、不了解,这个工作是好的,要加强宣传报道。
4. 今后团体辅导时是否可以提出一个讨论主题。比如,怎样认识"人"?是否对自己为何走上犯罪之路有困惑需要解答?对监狱的期待是什么?对自己今后的打算是什么?服刑生活中最大的困惑、困难是什么?等等。

- 第五次:2016年7月25日,星期一,8:56—10:28

以带领者邵晓顺为起点,顺时针方向依次是:李某彬、彭某才、程某东、徐某昊、孙某亚、方某勇、张某攀、洪某富、周某伟、柳某浪、王某园。

经询问,郑某泽因学跳舞不能参加,这是监狱组织的舞蹈团。第四次团体活动不能参加的原因同样是这个。

带领者首先说明下星期团体活动停一次,因为要参加单位组织的疗休养。当带领者进一步说明单位的疗休养情况时,发现组员不感兴趣就停止了进一步的说明。

带领者问大家谁愿意谈点什么。随后想起方某勇在前次团体结束时问的问题,告诉他已经问了学院的陈教授,他因在机场候机手头没有资料,但根据记忆回答说,限减服刑人员假释不行,但没说保外就医不可以,同时在劳动及考核方面可以有些照顾,有些不一样。带领者以为方某勇等人关心保外就医,但其实他关心的是考核及劳动方面的差别性。这样团体活动就转到考核分情况上来。

方某勇:每月能拿考核分 7 分。思想分 5 分,劳动 1.5 分,超产加 0.5 分。6 月份超产然后总共得了 7.5 分。

方某勇说,因为限减服刑人员无期徒刑改有期徒刑的考验期为 4 年,而且分数要达到 480 分,这样算下来每月的考核分要达到 10 分。如果像目前这样的考核得分,那么考验期要近 6 年,那样的话就相当于延长刑期了。方某勇说,从 2014 年 9 月 18 日从死缓改判无期到现在,他的考核分为 168 分。

就限减服刑人员无期徒刑改有期徒刑的考核分为 480 分,多名组员参与进来做了讨论。

洪某富:监狱给多少分就多少分,6 月考核分为 5 分。监狱给监区的考核分平均分是 10 分,那些考核分多于 10 分的,等于是他们(考核分拿不到 10 分的人)买了分数送给他们(那些每月考核分高于 10 分的)。程某东说,洪某富这个说法好、这个说法对。周某伟也同意洪某富的说法。洪某富说,他想不要考核分,每月来签考核分的单子时,他不想签,但不签也不行。带领者说,不签确实是不行的,这样的案例在其他监狱遇到过,因考核分单子不签,服刑学员受到被送学习班 3 个月的处罚等。带领者对不签考核分单子,民警可能的考虑作了分析,如不签字作为一项工作民警就没有完成;同时,签字后考核分有效,目前虽然洪某富认为考核分没有用,那万一今后这个考核分有用了,那到时再补就来不及了。程某东说,不签字是违规行为,不签也是不行的。洪某富说,他也是这么说说,不会为难民警的。

在随后其他人的考核分讨论中,洪某富有多次参与或带领者以洪某富的观点来作讨论或对比。在这些交流中,洪某富还说到了其他一些内容。一是人要相信迷信(带领者听后说,相信命运),现在这样的情况都是命里注定的。同时,那些考核分高的人,早减刑(早改有期徒刑),那到时只能减 3 年刑期,因为最低刑在那儿。而晚减刑(晚改为有期徒刑的),可能可以减 6 年刑期,所以,最后都是一样的。大家被洪某富的说法给逗乐了,带领者也肯定了洪某富的乐观精神。同时指出,人有"落袋为安"的思想(举了炒股票的例子),早点改"有期",总比迟改心中感到安稳些。

带领者对洪某富开展了团体工作,就是反馈给他带领者的感受。首先,带领者明确洪某富在团体中这样的表现，与在监区的表现是否是差不多的。在得到肯定回答后，带领者说，如果带领者是监狱民警的话，会对洪某富这样的表现感到一些担心。比如，考核分无所谓，考核分都不要了，为什么会这样？在想些什么呢？是对自己的前途不抱希望吗？洪某富说，对前途确实感到有些没希望。带领者说，那么民警就会有担心，是否是自暴自弃。洪某富似乎也给予了肯定的表示。

在团体后来再次讨论洪某富不要考核分时，面对带领者的问询，洪某富说那是多种因素共同作用下才有的想法。

洪某富及其他组员都说，平均分是拿不到的，劳动不超产的话只能拿到平均考核分的60%—70%。带领者首先说，大家要说真话，是确实如此吗？因为如果要向上（监狱领导）汇报，要确定是事实。大家都说，这个肯定要说真话，确实如此。带领者随后说，那要把这个记下来，看看是怎么一个情况，并跟监狱相关部门汇报一下。带领者认为，从逻辑角度说，平均分大家要拿得到。当讨论到这个问题时，多名组员参与了讨论。徐某昊说，这说明制度设计有问题。

周某伟：6月考核分9.5分，以前6.5分到7分。现在有一个公益岗位（一月1分），还要跳舞加0.5分，超产分数达（可以拿到）3分；还有思想分5分。

李某彬：2014年12月裁定后就开始记分，到现在19个月，总共分数是151分。因为自己干活干不过人家，劳动任务完不成。主要原因是手脚慢，眼力不好，目前是在缝衣服，做冬天的大衣。（李某彬在方某勇说的时候参与了讨论，说了裁定的事。而上述有关劳动方面的内容，是按讨论顺序在王某园发言后轮到他时才说的）

柳某浪：每个月7—8分，差的时候7分，好的时候8分。

王某园：保底10分，加分至12分。这是因为他是事务犯。一般11—12分。主要是责任分，原来要干七八项工作，现在少一点了。主要是值班点名，周一至周日早上7点到晚上6点，每半小时点名一次。组员们就事务犯的分数等作了些讨论。

带领者想到孙某亚一样是事务犯，就先请孙某亚说一下他的考核分情况。

孙某亚：每月考核分11—12分。主要是管剃须刀（两天剃一次），理发（两个星期一次），监区消防、洗衣房、出收工报告。

在王某园和孙某亚说他们的考核分及工作时，其他组员也参与进来作了讨论。

孙某亚在说了自己的情况后，最后说，加扣分、考核分没有公开，就去年9月公布了一次。劳动报酬也是这样，说某某人来拿，拿完走人，干什么都神神秘秘的。带领者与大家就此作了讨论，根据狱务公开的要求，每人的考核分这些是否要公开？并且在公示期上还有要求。

彭某才：6月考核分7.8分。之前几个月是8分。带领者疑惑于0.8分。程某东说0.1分都有的。带领者也马上意识到是有的。彭某才具体算了分数情况：思想分5分，劳动分3分，这样是8分。但最近换了工种，劳动分是1.8分，已经换了有两三个星期了。

程某东：6月考核分8.3分，具体是：思想分5分，公益劳动1分，2.3分是因为超产。平时一般是8分。带领者问有哪些公益劳动，程某东回答：看剩饭菜，看洗衣房。但最后与大组长在这些公益劳动上产生矛盾，所以不想干了。要干的人很多的，给其他人干好了（似乎有点舍不得）。

徐某昊：6月考核分6.8分，差不多都是这个分。这是在无形中加刑了。徐某昊随后解释说，前面说的制度设计有问题，也是这么说说，并不是说反对监狱的做法。程某东说，在这儿说说没事的。带领者给予肯定。王某园说，徐某昊善于思考，用的词也到位，有学问。带领者开玩笑说，那是教授了。王某园说，徐某昊在参加自学考试。带领者问考什么，徐某昊回答说：金融专科。

带领者说，今天时间又到了，并且已经超时2分钟。洪某富说，大家都愿意在这儿多坐会儿，多人表示同意。程某东说，团辅的时间是过得越来越快了。

最后，带领者再次说明，下星期停止团体活动一次。

感受：

1. 团体进展到现在，基本的安全感已经建立，组员能够说他们的真心话。这在本次团体活动中至少从两个地方体现出来。一是当徐某昊表示对自己的说法感到担心时，程某东给予了反馈：在这里说说没事的。二是有的组员的话，如洪某富一开始说的，相当于是他们用钱买来的分数给了那些得高分（超过平均分）的人等，在监区里不一定能说这样的话。

2. 团体凝聚力有所加强，一个半小时的团体活动时间，似乎是在不知不觉中就度过了。不像去年的团辅，组员们等着到点结束；甚至有的组员盯着团体辅导室的钟表，到时间就提醒带领者时间到了。

3. 团体在讨论时，出现有人发言，其他人也自说自话，或者不顾他人发言，邻座的人自顾说话（似乎形成了小团体）。在带领者制止后，组员能够遵守这个规则，注意倾听他人发言。

4. 本次团体活动有两点可能需要向监狱相关部门汇报。一是许多"限减"服刑人员拿不到基本考核分的问题,二是考核分是否要公开?

(因举办 G20 会议,监狱通知带领者暂停团体辅导活动。这一暂停就没有再恢复开展起来。限制减刑服刑人员团体辅导活动总共做了上述五次,有些遗憾。)

二、研究报告

运用团体辅导技术矫治罪犯的实验研究[①]

摘要:运用结构式和非结构式团体辅导技术、采用经典实验设计,对 24 名罪犯进行了为期一年的团体辅导实验干预。经过持续的团体辅导干预,接受辅导的限减罪犯和老病残罪犯认知得以改善、情绪得到调整、监狱日常服刑行为得以改良,与民警及同犯的关系变得和谐;同时,对自身的认识得到深化,对曾经的犯罪行为作出反思,从而建立起正确的自我认知以及如何有效地处理与他人和社会的关系,为刑满释放后走向社会适应良好和做一个守法公民打下内在心理、思想基础。这些矫治效果的取得,表明团体辅导技术可以作为矫治监狱高危罪犯优先选择的技术与方法之一。

关键词:罪犯;心理矫治;团体辅导;实验研究

团体辅导技术运用于罪犯教育矫治活动,国内外都有开展。本研究采用结构式与非结构式团体辅导技术,对某监狱特殊类罪犯进行了为期一年的团体辅导干预,以探索团体辅导技术在罪犯心理矫治工作中的效用。

1 研究对象与方法

1.1 研究对象

某监狱八监区和九监区罪犯各 24 人。两个监区根据改造表现与心理测评结果各选择 12 人作为实验组,另随机选择 12 人作为对照组。

1.1.1 八监区(老病残监区)12 名实验组罪犯情况是:全部为男性;年龄最大

[①] 对限制减刑罪犯与老病残罪犯进行团体辅导心理矫治工作,是由浙江省第二监狱与浙江警官职业学院联合承担的,浙江省监狱工作协会 2015 年度重大课题"心理矫治技术在罪犯改造过程的循证应用研究"而开展的。团体辅导工作由邵晓顺与马立骥两位教授主持。本文由邵晓顺与马立骥共同撰写。

71岁，最小26岁，平均年龄41.6岁；浙江籍7人，江苏、安徽、江西、陕西、湖北省籍各1人；罪名为故意杀人4人，抢劫、盗窃3人，抢劫、强奸、盗窃1人，绑架、抢劫、非法拘禁1人，盗窃、贩卖毒品、非法持有枪支、非法持有毒品1人，贩卖毒品1人，合同诈骗、票据诈骗1人；原判刑期死缓3人，无期徒刑5人，20年1人，18年1人，15年6个月1人，15年1人；5人为精神疾病康复期，1人为残疾犯，2人为老年犯，其余为病犯。

对照组为在八监区服刑的另外12名罪犯，对照组与实验组在年龄与刑期方面进行了匹配。

1.1.2 九监区12名限制减刑罪犯（实验组）情况是：全部为男性；年龄最大52岁，最小23岁，平均年龄38.4岁；罪名为故意杀人7人，故意杀人、放火1人，故意杀人、强奸1人，抢劫2人，贩毒1人。原判刑期都是死刑缓期两年执行并处限制减刑。

对照组为在九监区服刑的另外12名限制减刑罪犯，对照组与实验组主要根据年龄进行匹配，个别对照组罪犯在年龄匹配基础上还根据案由作了匹配。

1.2 团体辅导设置

24名罪犯分成两组，12名老病残犯与12名限制减刑罪犯分别实施非结构式与结构式团体辅导。12名老病残犯入组访谈后实施非结构式团体辅导；每周一次，每次90分钟，一般安排在周一下午进行；在2015年6月至11月期间共开展了19次团体辅导活动。12名限制减刑罪犯入组访谈后实施结构式团体辅导，每周一次，每次90分钟，一般安排在周一下午进行，在2015年6月至11月期间共开展了12次团体辅导活动。

在2015年开展团体辅导6个月后，2016年6月至8月对两个实验组再次进行团体辅导。12名限制减刑罪犯改为进行非结构式团体辅导，而12名老病残罪犯则进行结构式团体辅导，以进一步观察团体辅导技术对特殊类罪犯的实验效应。

1.3 测评量表

1.3.1 情感量表（AS）：用于测查一般人群的心理满意度。正性情感5个项目，得分越高正性情感越强；负性情感5个项目，得分越高负性情感越强；整个量表共10个项目，总分范围为1—9分，得分越高，表示情感平衡能力越强。

1.3.2 孤独量表（UCLA）：用于评价对社会交往的渴望与实际水平的差距而产生的孤独。共20个项目，总分范围为20—80分，得分越高，表示孤独程度越强。

1.3.3 自尊量表（SES）：用于评定个体关于自我价值和自我接纳的总体感受。共

10个项目，总分范围为10—40分，得分越高，自尊程度越低。

1.3.4 匹兹堡睡眠质量指数（PSQI）：用于评定个体的睡眠质量。量表共有18个自评条目。18个条目组成7个成分，分别是睡眠质量、入睡时间、睡眠时间、睡眠效率、睡眠障碍、催眠药物、日间功能障碍，每个成分按0—3等级计分，累积各成分得分为PSQI总分；总分范围为0—21分，得分越高，表示睡眠质量越差。

在首次团体辅导前以及最后一次团体辅导结束时实施团体测量。

本研究采用经典实验设计，即对实验组与对照组罪犯做前测，然后实施团体辅导干预；干预结束后对实验组与对照组再做后测，对比前后测结果以确定干预效果。

2 结果与分析

2.1 非结构式团体辅导结果报告

2.1.1 量表测评结果与分析

2.1.1.1 情感量表测评结果分析

表1 情感量表前后测结果

组别	前测	后测	后测-前测
实验组（12人）	3.92	3.42	-0.5
对照组	4.42	3.22	-1.2

从表1可知，实验组的情感平衡能力在团体辅导干预后得分平均减低了0.5，而没有团体辅导干预的对照组平均减低了1.2。

2.1.1.2 UCLA孤独量表测评结果分析

表2 孤独量表前后测结果

组别	前测	后测	后测-前测
实验组（12人）	42.83	39.25	-3.58
对照组	48.17	49.57	1.4

由表2可知，实验组的孤独感在团体辅导干预后平均下降了3.58，而没有团体辅导干预的对照组则平均上升了1.4。

2.1.1.3 自尊量表（SES）测评结果分析

表3 自尊量表前后测结果

组别	前测	后测	后测-前测
实验组（12人）	23.25	23.00	-0.25
对照组	24.42	23.78	-0.64

由表3可知，实验组的自尊水平在团体辅导干预后平均上升了0.25，而没有团体辅导干预的对照组则平均上升了0.64。

2.1.1.4 匹兹堡睡眠质量指数（PSQI）测查结果分析

表4 睡眠质量指数前后测结果

组别	前测	后测	后测-前测
实验组（12人）	6.83	6.17	-0.66
对照组	9.75	7.00	-2.75

由表4可知，实验组的睡眠质量指数在团体辅导干预后平均减低了0.66，而没有团体辅导干预的对照组则平均减低了2.75。

2.1.2 组员自我报告

组员们在团体辅导结束时报告了他们参加团体辅导的收获与感受。比如，组员蒋某某：自参加由心理咨询老师主持的心理辅导活动以来，有所收获，也有感受：（1）几个月的活动中，自己认为这是一个同犯与老师、同犯之间互相交流的平台。（2）可以说自己想说的话，可以讲自己的过去、现在和将来的打算，交流是开放式的。（3）有些问题可以与大家共同探讨、分析，听取有益的指导和意见，也分享别人的教益。（4）通过活动，使自己在改造的路上更踏实。组员刘某：此次心理辅导是我人生中第一次参加心理辅导，它给我的感受非常好，我很愿意参加这样的活动。在这样的团体活动中我们可以说出平时不愿意说的话，和团体的学员们还有老师进行掏心窝子的交谈。这样的交谈可以互相帮助解决心中的疑惑，释放心中的郁闷，在交谈的过程中还可以提高语言表达能力，同时他们也是我们倾诉的很好的对象。组员叶某某：（1）投改十多年，第一次参加团体心理辅导，同犯之间相互交流，与老师面对面交谈，气氛随意，不设主题，相互之间没有压力感。（2）同犯们可以交流各种想法，以及社会上各种生活的感受、亲身经历。(3) 有了一次对自身错误忏悔的机会，表达对入狱后改造的一些感受，也表达了忏悔之声。(4) 与同犯之间交流感受较好。平常同犯之间也能够相互交流，但在老师的指点下，能够把自身的缺点逐步改正。

2.1.3 带领者观察结果

带领者观察组员们在团体辅导进程中的言行，看到了他们身上发生的变化，认为在诸多方面取得了进展与成效。

首先，罪犯对所受刑罚以及刑罚执行过程中的一些消极情绪可以在团体中得到宣泄。这方面较为典型的是老年犯朱某某，他由于属于"三类罪犯"，减刑受到严格限制，在2015年度呈报减刑的时间段也正好是团体辅导干预活动期间，而减刑呈报上去之后法院最终没有给予减刑。同时，朱某某身患多种疾病，社会支持系统不良，并由此造成诸多消极情绪。在团体活动时，朱某某每次发言基本上都是在宣泄其消极情绪。这虽然给团体发展带来一定阻碍，但对他本人是有较大帮助的。团体以及带领者容忍、接受了他的表达，团体成为他释放消极情绪的容器。该名组员在团体容器中对消极情绪的宣泄，在一定程度上放下了积存已久的负性情绪，从而能够轻装上阵，更好地投入到监狱日常改造生活中去。另外，组内的其他组员也多少存在负性情绪，虽然不如朱某某那样严重，但通过团体辅导活动，他们的消极情绪都得到了较好的缓解。

其次，团体传递了许多正面信息，使得组员们得到一定程度的成长。带领者和组员们在团体中发表了许多有用的信息，团辅成员收到了这些信息，从而帮助他们去更好地处理监狱内的人际关系以及自身各种社会关系。比如，带领者在团体活动中传递了如下信息：作为父母，应当如何与子女沟通、如何更好地去教育小孩。组员王某某与蒋某某在后来的团体活动中多次提到这些话题，认为这给他们带来收获。这两个组员在被判刑前都有小孩，然而在教育子女上不知如何做才好。通过团体中带领者的信息传递，他们都以写信方式提醒家人注意对小孩的沟通教育，同时也促进了与家人间的沟通，对他们小孩的成长也能带来许多帮助。

再次，在团体中开展了心理健康教育，帮助组员心理成长。比如，组员周某某在团体咨询中问带领者：什么是心理咨询？因为监区同犯看到他们来做团辅，所以就问他了。他回答不了，就问带领者。带领者在请组员讨论后给出了准确的概念以及它的作用等。这样让组员知道有心理咨询这样一个可以帮助到人们解决心理问题的途径，使得多名被诊断为精神障碍的罪犯更加清楚这样一个救助途径。另外，在团体辅导活动中，带领者还回答了组员提出的心理正常与异常的概念与简易判断标准，以及如何面对心理异常？心理异常与犯罪之间的关系等。这些心理健康知识，对精神病犯组员具有较强的指导意义，将对他们今后生活起到帮助作用。

最后，对组员犯罪心理的矫正作用。绝大多数组员在团体活动中都检讨了他们的过往经历，认为正是自己在社会上时不懂法律、不懂道理、是非不分、所交朋友非正道、做人没有底线、行为习惯不良有恶习等才走上犯罪道路的。通过刑罚惩罚，以及监狱的教育，然后是自己的回顾反思，懂得了许多道理。然而，从团体辅导中组员的言行分析，他们所谓的懂得了道理，其实并不深刻，比较肤浅。因此，带领者主动发动组员通过相互讨论、辩论，所谓的"道理越辩越明"，促使组员逐步理解做人道理、行事规则，以及掌握人际互动的技能（特别是其中的个别精神病犯，这个技能特别缺乏）。另外，带领者也加强对组员的指导，通过运用案例讲解、事实与理论分析、深入浅出的理论讲授等方式方法，教给组员正确的认识，纠正他们的犯罪心理与不良认知，实现教育矫治的目标。

2.2 结构式团体咨询结果报告

2.2.1 量表测评结果与分析

2.2.1.1 情感量表测评结果分析

表5 情感量表前后测结果

组别	前测	后测	后测-前测
实验组	4.73	4.91	0.18
对照组	4.27	4.09	-0.18

从表5可知，实验组的情感平衡能力在团体辅导干预后得分平均提高了0.18，而没有团体辅导干预的对照组平均减低了0.18。

2.2.1.2 UCLA孤独量表测评结果分析

表6 孤独量表前后测结果

组别	前测	后测	后测-前测
实验组	46.73	44.18	-2.55
对照组	45.55	41.91	-3.64

由表6可知，实验组的孤独感在团体辅导干预后平均下降了2.55，而没有团体辅导干预的对照组则平均下降了3.64。

2.2.1.3 自尊量表（SES）测评结果分析

表 7 自尊量表前后测结果

组别	前测	后测	后测-前测
实验组	26.91	25.00	-1.91
对照组	23.45	23.45	0

由表 7 可知，实验组的自尊水平在团体辅导干预后平均上升了 1.91，而没有团体辅导干预的对照组没有变化。

2.2.1.4 匹兹堡睡眠质量指数（PSQI）测查结果分析

表 8 睡眠质量指数前后测结果

组别	前测	后测	后测-前测
实验组	9.91	5.27	-4.64
对照组	10.09	6.89	-3.20

由表 8 可知，实验组的睡眠质量指数在团体辅导干预后平均减低了 4.64，而没有团体辅导干预的对照组则平均减低了 3.20。

2.2.2 组员体验到的收获

参加结构式团体辅导的 12 名限制减刑服刑人员，在最后一次的告别活动中都谈到此次团体辅导活动收获很多很大。他们说：首先是感到心理压力得到很好的改善。在活动中大家能想讲就讲，以前对一些健康方面的问题有时不敢问，有时也不方便问，因为绝大多数干警也不了解，现在马老师为我们做团体辅导，他既懂医学，又懂心理学，我们问他这方面的问题就没有那么多顾虑。其次是与一些同监犯之间的关系有了改善。以前互相交往时对对方提防心理较重，通过几个月的团体辅导，彼此更加了解与熟悉了，之间的关系比以前好多了，现在我们之间交往讲话不再考虑那么多了，彼此之间关系变得简单多了。再次是通过"感恩活动"，对家人尤其是父母理解多了。以前换位思考不够，现在感觉对他们亏欠得太多了，今生都难以弥补，我们今后还是要尽可能地好好改造，一是少让他们为我们操心，让他们尽量能安稳点；二是还要争取早日出去，待在这里确实不自由，很难受。又次是忏悔心理强了。以前很少真正从被害人角度出发反思自己的过错，通过"你说我撕""心有千千结"等活动，让我们能更多地换位思考，虽然我们坐牢受苦，想想人家因为我们而丢掉生命，他们亲人由此遭受的痛苦可想而知，而我们毕竟还活在世上，他人才是最大的受害者。最后是认识到心理健康的意义，情绪与健康以及心理与行为之间的关系。以前做事或处理人际关系，几乎没有考虑到对方感受，完全凭自己的感觉来，做事说话几乎不经过大脑思考，也不会处理自己的不良情绪。现在想想，如果以前的事情发生在现在，应该肯定不会完全按照以前的思路了，至少要吸取现在的教训，其实现在是没有赢家的，我们都是失败者等。

2.2.3 带领者的体会

在团体辅导进行的全过程中，带领者的问话技术都围绕解决他们"内心实际需要解决的问题及改善其不良情绪"的方面来进行。例如，团体一开始就以一般化的态度回应成员所提出的困难，同时还引导每位成员从抱怨转为陈述个人正向可行的目标，如询问成员："你不喜欢自己现在这个样子，那能和大家分享一下你希望自己变成什么样子吗？"用预设性询问引发成员思考："如果问题解决了，你的情况会有些什么不同？"用例外询问来探索成员问题不发生时的成功经验："当时是发生了什么事让你感觉自己很棒的？"在团体遇到非建设性的沉默或者卡住的时候，就鼓励成员："你觉得我们的团体如果做些什么不一样的事情会对你更有帮助？"另外还不失时机地对成员进行正性的鼓励与赞美。因此，带领者这种不关注问题本身、强调赞美，相信每个人都是成功者的态度使整个团体都会沉浸在赞美、支持和积极鼓励的温暖氛围之下，同时又会引导大家积极地思考指向问题解决的方法，并作出积极尝试。

首先，重视团体开始和结束时的社交性谈话。团体一开始的暖身活动是社交性谈话时段，目的是避免进入问题导向的对话。带领者鼓励成员让他们分享彼此的兴趣爱好等。这是一个发展个人与个人联结的机会，这种联结不是与各自带有的问题的联结，而是与成员本身建立的联结。这种人与人的联结是可以为成员提供相互支持，去除孤独感的，同时也能让成员发现和发展自己生命中的优势部分。

在最后一次的"临别赠言"，目的是让每个组员来对其他组员进行总结，提出对方希望改变的方面，同时再整理下自己的情绪。在分享阶段每个参加组员对他人的留言做了仔细思考，与自己以前的认知相对照，发表自己的感言，借机调整自己的不良认知模式，为今后发展明确努力的方向。

其次，重视和鼓励改变。在第一次团体辅导活动中，带领者就对成员强调改变的重要性，鼓励大家把团体当作实验室，积极尝试自己想要做出的改变。同时，也提醒成员，改变不是一蹴而就的，需要花费时间，要努力从小事做起，不要忽视平时的一点一滴，时间长了，就会有大改变。

另外，在每一次团体活动结束的时候，带领者都根据本次团体辅导的情况向成员说明本次团体活动到下次团体活动之间成员要执行的任务（作业），以促动成员小改变的发生。具体比如：（1）从这次团体活动中，你学习到什么，这是你可能会去尝试的吗？（2）有你会去尝试完成的一些简单的事情吗？（3）你可以将任务分解为较小的部分吗？（4）你可以做些什么对自己有帮助的事情呢？（5）你会如何得知事情因你的努力而有所不同呢？

最后，具体问题的解决。（1）了解人际冲突成因。在这个梯度上，团体辅导的目标是要让组员通过对曾经经历或者目睹过的罪犯之间（或以前的经历）发生冲突事件的回顾，在交流、探讨、反思、分享体验的过程中，领悟到冲突的发生都是有原因和规律的。例如，或起源于"话不投机半句多"，或起源于"说者无意、听者有心"，或起源于"两利相争、各不相让"，或起源于"一怒之下、拳脚相加"，或起源于"为保颜面、决不受辱"等。总结这些引发人际矛盾冲突的规律，就可以了解冲突产生的基本原因，就为减少和消除冲突事件奠定了认知基础；避免今后害人害己的事件再次发生。（2）了解人际冲突反应。在这个梯度上，团体辅导的目标是要让组员通过回顾和交流自己在遭遇冲突时的切身感受，了解人际冲突在自己生理、情绪和行为上引发的各种具体的反应。例如，怒不可遏、满脸通红、心脏狂跳、青筋暴起、手脚冰凉、咬牙切齿、浑身发抖、出言不逊、举止失控、失去理智等。了解这些冲突引起的身心和行为反应，有助于组员即时性地进行自我监控，以便尽可能地克制自己的冲动情绪和非理智举动，就可以为防止冲突升级起到预警作用。（3）学会化解人际冲突。在这个梯度上，团体辅导的目标是要让组员通过团体的互动，分享彼此以往处理人际矛盾冲突的经验、体会、方法、技巧，从而在操作层面上提升组员化解冲突的技能和策略，那就可以依靠他们自己的力量来及时地将人与人之间的矛盾冲突"大事化小、小事化了"，人们的生活环境便自然更加和谐温馨了。（4）学会防范人际冲突。在这个梯度上，团体辅导的目标是要让组员通过对人际交往技巧的有关训练，增进他们的人际知觉能力、合作能力和利他行为，从而有效地提升自己的人际吸引力，并学会处理好与他人交往过程中的各种具体矛盾，以防范人际冲突的升级。在以处理和预防罪犯冲突事件为目的的发展性咨询活动的设计中，可以列出许多不同层级的咨询目标，这些目标必须加以分解，并合理地分布到不同的咨询计划之中。而且，每次活动只能集中指向其中的一两个目标，不可以"大杂烩"，更不能将其统统纳入一次团体辅导活动之中。让他们注意克服不良的交往方式，促进自我认识与他人之间的认识，在交往中树立正确的认识态度，特别是对真正的朋友与酒肉朋友有一个明显的区别；从具体的事例中总结出交往的真正艺术，升华为理论层次，用来指导自己的人际关系。

从12名限制减刑服刑人员参加团体辅导前后的变化来看，他们有不少收获。第一，刚开始开展活动时，很少有人主动发言，发言者往往只有简单几句话；到团体辅导结束时他们大多能主动发言，往往在活动分享时都超时。第二，刚开始开展活动时，他们之间表情淡漠，很少开玩笑；后来他们在团体中相互间交往时少了很多拘束，相互间关系显得亲密多了。第三，刚开始开展活动时，讨论自己的问题非常谨慎，很少从自身去剖析；后来分享时很多时候能换位思考，有忏悔之意。第四，刚开始开展活动时，与带领者的交流也很谨慎，要求很少，显得比较被动；后来时常向带领者提出问题，咨询自己的一些情况，发言显得轻松、主动。第五，刚开始开展活动时，他们之间的关系也比较陌生，相互之间很少有亲昵的语言与动作；后来他们之间关系比以前融洽多了，讲话时的表情显得很放松，等等。

3 讨论①

3.1 对罪犯的团体辅导过程

结构式团体辅导根据组员需要解决的问题设置团体辅导主题，并按照创始阶段、过渡阶段、工作阶段和结束阶段来组织和实现每次团体辅导主题的完成。非结构式团体辅导同样根据组员需要解决的问题来组织整体的团体辅导过程，虽然每次团体辅导活动没有一个明确的主题，但总是围绕组员存在的问题来展开，带领者关注于团体"此时此地"呈现出来的人际关系及互动问题，阐释并引导组员反思，从而帮助组员发展出新的人际关系与互动模式，进而获得心理与人格成长。

3.1.1 创设接纳、共情、理解的团体氛围。不管是结构式团体辅导还是非结构式团体辅导，团体带领者都是与罪犯一起，共同创设一个接纳、共情与理解的团体氛围，以此来帮助罪犯解决其心理问题，并促进他们的成长。

当然，创设这样一个团体氛围，在团体开始阶段要依赖于团体领导者的带领作用，仅仅依靠罪犯自身是难以实现的。团体领导者从入组访谈开始到每次团体活动，对参加团体的罪犯都以理解、尊重、接纳、共情、抱持、积极关注的态度对待他们，使他们感受到领导者的温暖、团体的温暖，从而激发出他们内在的正性能量，并通过成员

---

① "讨论"部分的内容还结合了失亲未成年犯团体辅导的情况。

间的正性互动，促进团体进步和成员的进步、成长与发展。

3.1.2 设置与实施团体工作主题。由于罪犯存在诸多心理问题，同时还存在诸多的犯因性问题，因此，带领者在开展团体辅导活动时，除了创设理解、抱持、温暖、共情的团体氛围，还明确或内隐地设置了系列团体辅导主题，以帮助解决他们的心理问题，促进罪犯的犯因性问题的教育矫正。

系列团体辅导主题的设置，遵循了针对性原则和递进干预原则。一方面，针对罪犯入组访谈时了解、掌握的犯因性问题、相关研究资料已经阐明的犯因性问题以及在团体辅导过程中表现出来的犯因性问题来设置团体工作主题。另一方面，设置的团体活动主题前后有一定的联系，而且这种前后联系存在一定的递进关系。比如，在参加团体辅导的罪犯"相互认识"之后，接下来的团体主题是讨论各自的"团体目标"，再接着是对服刑人员"自我探索"的讨论，随后是对"自我开放"的讨论，等等。这些团体主题具有一定的前后连接递进关系。

结构式团体辅导的主题主要有："相互认识"、"团体规则与目标"、"自我探索"、"自我开放"、"认识他人优点，激励自己"、"责任与规则"、"团队意识"、"自我价值"、"挫折与抗挫能力"、"拥有与失去"、"理解与学习感恩"、"希望与信心"、"欲望与控制"、"向生命致敬"、"就业、择业"、"接受现实，积极改造"、"服刑生涯规划"、"团队协作"、"人际信任"、"分离、回顾与总结"。每次团体辅导主要围绕上述的一个主题来开展团体活动。

团体活动的主题，有的在一次团体辅导后不再在今后的团体活动中再行讨论，但许多主题，如愤怒控制、希望与信心、欲望与控制、恋爱婚姻、犯罪原因等，会在多次团体辅导活动中反复提起并进行一定的讨论，以加深罪犯对它们的理解、掌握，实现入脑入心，从而有效地建立起合理的认知与正确的思想观念，实现教育矫正之目的。

3.1.3 带领者、组员间的互动过程。团体中的人际互动与言语交流不仅创制出团体接纳、理解、共情氛围，而且是帮助团体成员改善认知、调整情绪、转变行为模式以及解决心理问题的主要途径。在罪犯团体中，主要有三种互动过程。

首先，带领者之间的互动——商讨。带领者在团体开始之前以及团体活动之后，经常需要进行深入的讨论与交流，就团体成员的心理与行为特征，他们存在的心理与思想问题等展开研究讨论，设计或调整更有针对性的团体辅导主题，以及具体的团体工作计划。特别是每次团体活动结束后都会对本次团体辅导的进展情况进行回顾与总结，以使接下来的团体辅导更有效地进行。

其次，带领者与组员之间的互动——指导、共情、接纳。这种互动类型主要表现在三个方面，即每次团体活动前、团体活动过程中以及团体活动之后，但最主要的是表现在团体活动过程之中。由于监狱心理健康指导中心没有专门的接待人员，因此，罪犯到达心理健康指导中心参加团体辅导时，都由带领者亲自接待。而带领者接待时都以平等、关心的态度和礼貌、热情的语言与他们交往，使他们感受到带领者的温暖与积极态度。在每次团体辅导之后，罪犯离开心理健康指导中心时，需要警官来带领他们离开，因此在每次团体活动结束到带离心理健康指导中心这段时间内，带领者也是常常与他们作些简短的交流互动，态度仍然是和蔼可亲，积极鼓励。而在团体辅导过程中，带领者始终抱着理解、尊重、共情、抱持、积极关注的态度与组员进行人际互动；对罪犯表现出来的困惑、疑虑，以平等沟通的姿态进行有针对性的解释与指导，从而促进他们心理成长。

最后，组员之间的互动——支持、共济。团体辅导中罪犯之间的互动突出地表现为相互支持，共同面对服刑生活中的困难；或者是当有成员取得进步时，都给予真诚祝贺或良好祝愿。这样的情景在团体活动中经常出现，给面对困境的罪犯带来很大的心理安慰；给取得佳绩的组员以更多的信心与前进动力。比如，老年罪犯朱某某，不仅年龄已经70多岁，而且由于身患多种疾病，剩余刑期又还有十多年，能否活着走出监狱对他自己、管教干部以及共同参加团体的服刑人员来说，都是存在于心中的一个问题。因此，朱某某在团体活动中常常情绪消极、认知偏颇、行为控制性差，对此，组员们和带领者都抱着包容的心理，设身处地地为他考虑。当他的情绪表现得消极、急躁时，成员都给予安慰、支持与鼓励，对他的一些消极表现与表达，都能给予理解并提供积极观点供他参考。在组员和带领者的共情、支持、理解和安慰之下，朱某某的整体心理状况得到了一定的改善。

3.2 团体辅导效果

3.2.1 已显现的效果。(1) 认知改善。认知既是指个体认识外界事物的过程，也是指人们对周围事物的一系列观念、态度和看法。罪犯通过参加团体辅导，他们对周围世界的认知发生了改变，变得更合理、更全面、更加符合客观事实。某组员在团体辅导后的感想中说："就像邵老师说的，在外面打工钱不能乱花，要为自己以后做打算，要为自己以后老了做打算。谢谢你邵老师！"有组员说："心理辅导不是一篇文章，搞走过场，而是实实在在左右和转变了我原有固执易暴的扭曲思想。值此心理辅导告别之际，我发自内心地表白，感谢马教授对我们的真心真切的心理辅导。"(2) 情绪改善。监区民警反映,参加团辅的某组员抑郁情绪严重。确实地,在团体辅导的前期,该名组员表现出内向、不善言语、与组员交流沟通差等情形。经过若干次的团体辅导,特别是到团体辅导后期,该组员的表现非常突出,不仅能较好地参与到团体讨论中来,而且所发表的看法、意见常常中肯、有见地。他在感想中也写道:"进入监狱最高兴的事,就是能参加这个团体,还有这么多的朋友,我觉得好开心。"有组员说:"每次辅导完回来,之前的烦躁一扫而空,心情轻松愉悦。"另有组员说:"入监之初,一度心灰意冷,背负漫长刑期认为一切都完了,所以对待什么事情都是带着消极的态度,每天得过且过,混刑度日,意志十分的消沉。是团体辅导让本犯看到了生活的美好,重燃新生的希望。"(3)行为改善。某组员说:"在这个团体里,我学会了自我表达。这也是让我走到社会中能和别人沟通的方法。"另有组员说:"一次次(团体)活动下来,我学会了一些可能在外面从未学过的东西。在这个小组里说的话,可能是多年以来说得最多的。"(4)犯因性问题矫正。造成个体犯罪的原因很多,从其内在角度分析,既有某些生理因素的影响作用,如神经系统的缺陷与失调、脑损伤等,也有不良行为因素的促进作用,如说谎、赌博、好逸恶劳等,但更主要的是犯因性心理因素的影响作用,如低级需要和兴趣、贪利动机、攻击性与敌意、冲动性和追求刺激、不良思维模式,等等。[①] 团体辅导能够矫正服刑人员的这些犯因性问题,正如某组员说的:"通过团体辅导在某种程度上充实了自我的内在容忍度,让自己不再像过去那样易于冲动,看待人与物多了几分正面、包容、和谐,减少了相互间的仇恨、敌对、质疑。"在对罪犯的团体辅导中,我们广泛讨论了诸如哥们儿义气、愤怒控制、侥幸心理、欲望(需要)与能力、冲动性等话题,使参加团体辅导的罪犯得到了正确的引导,矫正了他们的错误观念。比如,在"朋友与哥们儿"主题讨论时,几乎所有参加团辅活动的罪犯在讨论中都认为"哥们儿义气"是好的,是正确的。带领者对此进行了纠正,明确指出"哥们儿义气"是不正确的,是错误的。哥们儿义气是不管"是非"去帮助他人,这个非常容易犯错误甚至引发犯罪行为。我们在帮助他人时,首先要明确"是"与"非";只有明确了对方所做的事情或者所要帮助的事情是正确的,才能动手去帮助他人,这也才是真正的朋友。

3.2.2 可能带来的长期影响。(1)认知改善所带来的长期影响。对罪犯结构式和非结构式团体辅导所产生的认知、思想改变与进步,不仅对他们在服刑期间的心理、

[①] 吴宗宪:《罪犯改造论——罪犯改造的犯因性差异理论初探》,中国人民公安大学出版社2007年版,第127—198页。

行为产生影响，而且必将对他们今后的生活产生正性影响作用，给他们今后走上正确的人生道路以帮助。（2）可能产生的人格改善。许多罪犯早年家庭环境与家庭教育有缺陷，给他们的早年成长带来了诸多不良影响。在他们后来的人生发展中也遇到许多不良诱因的影响，并因此影响到了他们人格的健康成长。而在团体辅导中所建立起来的彼此抱持、理解、共情、真诚的团体氛围，给他们以温暖，给他们以关怀，体验到"家"的温暖感，能够在一定程度上弥补"原生家庭"缺损所留下的消极印记，以及早年家庭环境不良和成长环境恶劣所带来的消极影响，促进他们人格的完善。（3）建立起心灵上的"美丽花园"。每个参加团体辅导的罪犯心中，都留下了对团体的美好记忆。正如组员说的："在这短短的几个月中，自己感到有您们陪伴着，使我度过了一个轻松而快乐的夏天。""我在这里真心地感谢马教授给我带来快乐、轻松、真诚、和谐的环境，虽然是短暂的但永远留在我的心里。"在罪犯心中建立的这样一个"美丽花园"，能够陪伴他们一生，并给他们以心灵支持。

第三部分 早年失亲未成年犯团体辅导操作实务

2013年和2014年,笔者与未管所蒋小霞老师一起开展了对未成年犯管教所顽危犯的团体辅导工作,取得了良好效果。在此基础上,蒋小霞邀请笔者再共同主持一期对早年失亲未成年犯的团体辅导工作,并明确本期团体辅导共开展团体活动20次。

一、入组访谈

入组访谈由邵晓顺与未成年犯管教所心理健康指导中心主任蒋小霞共同完成。由邵晓顺与蒋小霞各自记录,最后由邵晓顺整理完成。

访谈地点一般是在监狱心理健康指导中心,少数未成年犯的访谈在管区阅览室进行。

1. 李某民

谈话时间:2016年3月16日,9:55—10:40

(1)基本情况。

李某民,男,1999年2月9日出生,贵州铜仁人,盗窃,刑期1年零2个月,2015年7月被捕,2015年10月入未管所。

小学文化。读完小学六年级,没有小学毕业证。

父母健在,母亲(应该是)初中毕业,父亲小学没毕业。(来访者说话态度似乎表现出对母亲的敬重和对父亲的些许不满、不屑。)父母靠踩缝纫机谋生。有一个弟弟,约15岁,现在在温州。

(2)成长经历。

3岁之前在老家由老人抚养。3岁后到温州苍南,与父母在一起生活。在温州念书。到13岁时,父亲因盗窃坐牢(判刑4年),由母亲一人打工养活兄弟两人。李某民认为父亲不管他们，对父亲有怨气或者说怨气大。父亲从牢里出来后带他到老家上初中，他不愿再学习，想挣钱就去打工。他开始是修车，然后学做纸箱，做服务员等。钱没赚到就认识了一些人。

小时候父亲对其教育严厉，打骂。母亲管教不严，只是骂，不打。

上学期间没有逃学，放学回来就看电视。打游戏是在6年级以后才开始的。钱向妈妈要，14岁后妈妈一天5块、10块的给。

没有吸毒。有抽烟习惯，通宵上网吧而且经常上网吧。在网吧里以聊天为主，跟朋友聊，都是认识的。

先交了一个朋友，通过他认识了其他人，总共有二三十人，年纪都比自己大。朋友中没有人犯罪。

与这帮人就是在苍南街上逛，没有其他违规行为。

有交女朋友，都是持续几个月，没想以后的事。女朋友大约交了有10个，比他大一二岁或差不多年纪。

干过几个工作，时间都很短，最短的一个星期，最长的有一年。一年的这个工作是理发，是在16岁的时候。

（3）犯罪情况。

2015年6月晚上11点，4个人从宾馆出来，砸汽车，一个晚上砸了20多辆，总共偷了2万4千块钱。有一辆车里有2万元，其他车拿的钱加起来才4千多。犯罪就这么一次。

李某民说自己当时认为这根本不是犯罪，同时认为自己在其中不是起主要作用。自己就是砸车，然后站旁边看，其他人爬到车里拿钱。

偷钱后逃了一些天，在杭州萧山机场边的出租房里待了几天，自己认为没事了，在萧山机场上飞机时被抓了。

（4）犯因性问题分析。

①咨询者问：李某民，有没有去想一想人生的目的、意义、价值？

答：有想过，但想了头痛。

对今后（出狱后）的打算，有想过，如果有钱，开个超市。因此，李某民的人生价值观念可能存在不全面和较为肤浅的情况。

②咨询师要求他回去后写个自传作为作业。李某民不愿写，认为太累，不想写。咨询师要求若干次，都被他拒绝了。可能是因为文化程度低的原因，因此其认知能力

方面存在问题。

③咨询师感到，李某民对判决可能有不满，因为他认为其他人都没判，被民警抓起来后赔了钱就都放了，偏偏只判了他。而他认为自己在犯罪过程中不是主谋，不起主要作用。因此，他罪与非罪的概念以及法制观念存在问题。

④是非观念也有进一步清晰的必要。

⑤交友方面也可作进一步指导。

⑥该服刑人员的特殊问题：因父亲判刑不能抚养自己和弟弟而对父亲产生的怨恨情绪。

⑦早年家庭教育中父母的粗暴态度对其的不良影响。（是否存在暴力传递现象？）

谈话感受：反应有点慢，问话后有回应慢半拍的感觉。不知是否有智力受损或认知能力发展不良的原因？

2．王某津

谈话时间：2016年3月23日，9：35—10：17

（1）基本情况。

王某津，浙江人，男，1998年6月8日出生，台州临海人，故意杀人罪、猥亵儿童罪，被判无期徒刑，2015年11月27日来未管所。

初中文化（初二读了一个学期）。

父母健在。父亲50多岁，初中毕业；母亲40多岁，文盲。父母分居。父亲在家种农作物（种杨梅等），母亲现在家照顾外公。外婆在王某津没出生前已过世。

有两个姐姐，大姐快30岁，与他同父异母，文化程度不清楚；二姐24岁，与他同父母，读到初二。

（2）成长经历。

父母从记事起就整天吵架，吵厉害起来就相互打架，总是母亲打赢。

小学二三年级时母亲出去打工，自己由父亲带，常没饭吃，因为家里没米，有米自己会烧起来吃。小学6年级后跟母亲过，才有饭吃。

犯错误时父亲就是打，母亲能说理，说了不听再打。原先母亲脾气也很暴躁。

父亲经常赌博，带着他一起去。赌博常常要很晚回家，因此就自己先回家，但也没有饭吃，所以常常饿肚子。

现在不怎么见到父亲。

小学成绩还行，是指主课（语文、数学）能考及格，有几门不及格，如英语。学习不好，是因为心思不在学习上，整天想玩，到处玩。初一成绩不好，太贪玩，有时每天出去玩，有时一星期两三天出去玩，但回家不超过晚上 12 点。

初中阶段母亲把自己送到武术学校读书，半天练武，半天学习，学过计算机。

小学没上网吧，打架不多，没赌博（因爸爸赌博所以觉得不好），没抽烟，没吸毒；酒经常喝，因为从小与父亲一起喝，一家人在园子里摆点吃的然后一起喝酒。

父母分居，母亲在学校边租房子住，打工挣钱够自己及二姐生活。

朋友有的，都是学校同学。小学时朋友挺多的，到初中同班的、隔壁班近一点的都有。有几个关系紧密，一起玩，比较固定。朋友中男的多，男女朋友关系不明确。

初中阶段与女同学有发生性关系的，在宾馆或同学家里。这个情况双方父母都不知道，年龄在 15 岁左右，自愿的。

（3）犯罪经历。

杀人、猥亵是同一个，是小孩，是自己一个人做的，当时太冲动了。进看守所后对自己挺失望的。

因所犯罪的特殊性，对犯罪不愿多谈。在管区里，他人（同犯）问多了，就说一点。

咨询师对"罪"的问询似乎也有顾虑。

（4）其他。

接见情况，父母都来接见过，二姐也来过。

最近一次接见是前个月，是父母与奶奶一起来的。问接见时说了些什么，回答说忘了。

对父亲的怨恨倒没有。现在跟母亲了，心里跟没他差不多。路上遇到就叫一声爸爸这样子。

（5）犯因性分析。

因犯罪情况不愿多谈，犯因性问题有些不清楚。根据掌握的情况，主要的犯罪原因或犯罪影响因素有：

①早年经历中父母吵架对王某津的恶劣影响。

②父母主要是父亲的教养方式是打骂的不良影响。

③后期成长经历中父母关系不良对王某津带来的不良影响。

④父亲赌博对王某津的不良影响。

⑤父亲缺乏责任心（不管王某津肚子饥饿，经常饿肚子）对王某津的影响。

谈话感受：每次回答问题或问话时，总是以"报告警官"开头（刻板行为）。咨询师没有去阻止或提醒这一点。

有负罪感，对犯罪感到有些压力。认识到犯罪行为是错误的。

3. 张某飞

谈话时间：2016年3月23日，10：17—10：59

在与王某津谈话时，张某飞坐旁边。同样，在与张某飞谈话时，王某津在旁边坐着。

（1）基本情况。

张某飞，男，1998年4月30日出生，贵州铜仁人。贩毒罪，判刑9年。2015年4月9日来未管所。

小学文化，小学4年级没读完，4年级第二学期读了几个星期后就不再读书。

父母离异。

六七岁时父亲坐牢，然后母亲再嫁人，并有了孩子。

父亲坐牢是因为赌博、贩毒。坐牢6年多一点，在大西北服刑，快出来时打架加刑4个月，现在出来四五年了。

（2）成长经历。

父母离异，自己和妹妹都判给父亲，他从小跟奶奶。父亲坐牢时，妹妹1岁多（现在13岁了），由母亲带，母亲后来又有了新家。跟奶奶和姑姑过，奶奶管不住自己。

辍学，贪玩，经常不上学，老师也管不住。

没人管，是自由发展。

咨询师问：看到其他朋友有人管，觉得自己怎么样？

答：感到很自由。

小学时朋友很多，主要有七八个，一起玩，到网吧玩为主，对此也没人管。上网吧的钱是干坏事来的钱，比如到工地偷东西卖。

从小不良行为：偷东西、通宵上网吧，经常睡网吧，喝酒（偶尔）、抽烟（七八岁开始，到十一二岁经常抽）、赌博（玩一下有的，到宁波后开始赌，网上赌、赌场去赌）、经常打架，吸毒（吸了一年半了，十三四岁吸毒，15岁坐牢，吸冰毒）。

奶奶管不住，叫父亲管，来到了宁波，因父亲在宁波做事。但父亲也经常找不着他。电话中不告诉父亲自己在哪儿。

(3) 犯罪经历。

十二三岁经常去派出所。在余姚某看守所认识一个贩毒的，出来后联系他开始贩毒。一开始是帮忙打下手，帮助贩卖，后来那个人被抓后，那些上家、下家（客户）都认识，就开始自己组织贩卖。

被抓时身上有500多克毒品。

一起判刑的有好几十人，是一个团伙，共同犯罪的。有的判死刑，有的判死缓，有的判无期，还有的也判得很重。另外有的人到现在还没判下来。

认为自己年纪小，16岁不到，贩毒即使被抓也不会被判刑。现在认识到错了。

来访者说：现在长大了。然而，咨询师认为，他的是非观念，对如何正确认识自己和他人、如何以技能去生存等问题并不清楚。

(4) 犯因性分析。

①早年不良行为很多，是造成犯罪的重要因素之一。

②亲子关系存在严重问题，给其成长带来重大影响。

③父母、长辈管教缺乏，让其自由发展。

④学校教育缺失严重，无针对性措施。

⑤父亲犯罪的影响作用。

⑥本人是非观念颠倒，缺乏人生目标，自我认识严重不足，同时也缺乏有效的生存手段与技能。

⑦法制观念错误，法律知识缺乏。

咨询师认为，对张某飞的是非观念、人生目标与自我意识培育是关键，同时加强法制教育。深层次是对早年亲子关系缺失的重建。

谈话感受：来访者反应快，适应能力很强，善于迎合、揣摩警官或权威人士的意思。表达与内心可能会常常不一致，是今后教育、辅导中需要重点关注的。

4. 赵某龙

（因夜值班白天需要休息，参加团体辅导活动不规律）

谈话时间：2016年3月29日，9：00—9：49

(1) 基本情况。

赵某龙，男，1998年5月20日出生，贵州遵义人。强奸罪，判刑3年。大概2016

年 7 月能假释回去。

读完小学一年级，2—5 年级未读，6 年级读了几周。能识字，能看懂报纸。

父母从小就没见过，是否在世不清楚。

爷爷在自己未出生前已去世，奶奶在自己两三岁时去世。

姑姑（父亲的姐姐）生有三个表姐，两个表哥，最小表哥大自己两三岁。最小表哥读书到初三。

姑夫在自己没出生前就摔死了，是村干部，带人上山干活时摔死的。

有两个叔叔，没有来往。

（2）成长经历。

一直由姑姑抚养长大。听说父母经常吵架，在自己 6 个月大时出走后再也没回来过，不知父母生死。

6 年级读书是在姑姑要求下去读的。读了几周，表哥从遵义回来，自己要求跟他一起走。表哥不带，就自己走路到遵义。在遵义遇到几个小混混，此时自己 14 岁，后来与他们分开了。有人发现自己孤身一人就打电话给派出所，再打电话给表哥（26 岁），就这样从家乡出来了。

刚开始在遵义做餐馆服务员，做了两个多月。后到工地上做钢筋工，做了 6 个多月，天太热，坚持不下去，就跑出来了。刚开始七八十元一天，后来 200 元一天，工地上的活如果自己包过来做，可以达到三四百元一天；总共上班 5 个月，收入有几万元。因为有了这些钱，在工地上不想干，想去学理发，表哥不让去，他就生气自己跑走了。但这些钱一个多月就花光了。

后来到贵阳的工地上做工，然后跟叔叔的一个孩子一起来到浙江，是 2014 年，自己 16 岁。到浙江永康，上班半个月。

因为叔叔当厂长（在永康），叔叔孩子懒，都是自己做饭，他想想就搬出去住，这样就认识了一些不想上班的人一起玩（一些小混混），总共四五个人，年纪差不多，有的小一点（14 岁）。其中两三个人身上没有钱，另有一人是一起上班的（14 岁），他有钱。通过这个人认识了其他人。玩的人中有两三个是成年人，年纪具体不清楚，都是男的。

搬出来住时身上有 2100 元，半个月花光了。要买东西，还要玩，就花光了。

做饭等能力是因为从小跟姑姑一起生活，她也教会了自己做饭什么的。

姑姑偶尔有打骂，平时有交流，常常说说他，一直很关心他。

当时姑姑管的时候，想爸爸妈妈都不管，你管我有什么用?!

身上穿的衣服都是姑姑省吃俭用省下来的，都是新的。（说到这些时开始哭）

从小与小孩去玩，有被排斥的感觉。看到其他小孩有父母来接，心里会很难受。

来访者认为，自己以前在外面糊里糊涂地过，上班也不认真。刑满回去好好找个工作，好好上班，如能挣到钱，开个小店，报答姑姑他们。又说，回去到遵义，表哥在遵义做厨师，跟他学，做厨师。

（3）犯罪情况。

有一天，几个人一起去看电影，然后吃东西到晚上十一二点，一个人回去后听到自己住房隔壁有声音，原来是住了一个女的。就把女方骗出来并强奸了她。女方有二十三四岁。

（4）其他。

没有接见，日常用的钱是打卡过来的。平时跟表哥打电话。

老家表哥住院花了20多万元，自己不仅帮不上忙，还添麻烦，所以很内疚。

在看守所时表哥从贵州寄衣服过来，很感动，认识到错了，要改好。

谈话结束离开时，来访者向咨询师深深地鞠躬。

（5）犯因性分析。

可能存在以下犯因性问题：

①文化程度很低，认知能力存在问题。

②早年父母的"坏客体"印象，以及6个月后父母消失造成的严重影响。

③不良朋友的影响。

④缺乏人生目标。

⑤欲望与能力平衡问题，如乱花钱。

⑥自卑、贬低自己心理，像浮萍没有根，以及对父母抛弃自己的恨。

⑦蒋老师与来访者交流提到：来访者勤劳、感恩，对今后生活有打算，如想去学技术，并想用心去做。但也有两个问题，怕苦、意志力弱。

5. 雷某俊

（参加了第一、第二次团体辅导活动后刑满释放）

谈话时间：2016年3月29日，9：50—10：20

（1）基本情况。

雷某俊，男，1998年10月27日出生，贵州遵义人。盗窃，判刑6个月。2016年1月27日到未管所。

父母离异。

有一个哥哥（同父异母），21岁，初一后去打工；一个姐姐（同胞），19岁，初二后去打工。

文化程度，初中，读到初一（只读了上半学期）。

（2）成长经历。

4岁时父母离异，母亲走了后没再联系，也没再管过。记不清母亲的模样了。

五六年级时父亲出去打工，6年级时一个人在家。平时由父亲兄弟的老婆管我。

在家不听话，父亲管教方式是打骂，这样就不想在家待。给姐姐打电话，就这样出来打工了。

小学成绩一般，初中成绩不行就不想读了，跑出来到这儿打工。

十四五岁一开始从贵州到温州，在堂哥的民族加工厂里打工，做了一年多，不给发工资，每月给一二百零花钱，说是存起来，就离开堂哥的工厂了。

跟厂里认识的几个人，一起出去找工作，一起玩，总共在一起几个月的时间，在外面认识了那些人，就出去干坏事。

（3）犯罪经历。

在外面认识的那些人，游手好闲，经常上网。

比较熟的就15人左右，全部是男的。年纪都在十五六岁。

饿了吃点东西，困了就睡，醒了上上网（家里或网吧），有时去酒吧喝点酒。

问：平时做些什么？

答：有些人有工作，有些人没有工作。有的小偷小摸，但没抢劫的。

（4）其他。

接见是姐姐来的，她在杭州打工。

刑满回去后要好好工作。家人都知道他来坐牢，回去后不知怎么去面对他们。老家认为做违法的事是很"那个"的事。

姐姐愿意带我的，但我不愿意，不喜欢身边有人管。

蒋老师：坐牢是一个经历，家里人主要是看你今后怎么做。

答：不知道以后做什么，有点迷茫。

问：那喜欢做什么？

答：喜欢做服装生意。

（5）犯因性分析。

①早年父母离异产生的不良影响。

②母亲缺失的不良影响。

③父亲养育方式打骂的不良影响。

④不良朋友交往产生的不良影响。

⑤自我同一性不足。

⑥是非观念等存在问题。

6. 卢某香

（参加了第一至第八次团体辅导活动后刑满释放）

谈话时间：2016 年 3 月 29 日，10：21—11：00

（1）基本情况。

卢某香，男，1998 年 5 月 17 日出生，云南昭通人。彝族。盗窃，判刑 11 个月。2015 年 11 月 17 日到未管所。

文化程度初中，读完初二。

父亲大概在自己 5 岁左右时去世。母亲 49 岁，是在判决书上看到，以前不知道她的年龄。

有两个姐姐，一个弟弟，一个妹妹。

姐姐：大的姐姐年龄记不得了，20 岁左右，已出嫁，有两个孩子；二姐 20 岁吧，还在读书（高二），上学晚，在市里一中读，年纪大不想读，妈妈不准她不读，借钱去读。弟弟年纪不知道，属羊，在读书；妹妹年纪也不知道，在读书。

（2）成长经历。

自己从小比较依赖妈妈。父母经常吵架，爸爸有家暴。在大概 5 岁左右时父亲去世，因为爸爸一喝酒就打妈妈、打姐姐，所以觉得他死了清静。父亲比较喜欢喝酒，冬天上街，与大姐（14 岁时）一起，父亲喝酒回来走不动，躺在街上，大姐就回家了，第二天再去找父亲已冻僵。

小学成绩好，老师对自己好，逃课的话老师要告诉家人，妈妈要讲（批评），读书不想读。姐姐特别凶，管我，特别害怕姐姐，所以上课认真。后来姐姐读书好考到其他地方，自己考不好考到另外一个初中读，同堂弟一起玩，老师也不管。

小学逃学一次，老师打电话给母亲，还被打了一顿，后来小学就没有逃学了。小学成绩还可以。

初二，成绩不好，觉得没面子，两次要求不读，妈妈叫我回去读。最后一次吸取"教训"，向妈妈要了200块钱，逃到昆明。妈妈打电话给舅舅，叫他管。他上班不管早饭，跟舅舅小孩（弟弟）一起玩。后来想家了，就回家了。回家待到过年，跟着同学就出来了，到了江苏。

平时没做错事，妈妈不会管。自己跟邻居家小孩打架，妈妈当人家的面打我一下，回家后就跟我好好讲道理。

妈妈对我们读书很有信心的。姐姐读书好，中学2000多人就她获奖。

初二逃课，睡觉或者去学校旁边的风景区玩。是几个人一起去的，一般五六个人，同村的，都是堂哥堂弟。

上网、抽烟、喝酒、吸毒都没有。

（3）犯罪经历。

跟同学到江苏，做服务员，待了十几天，悄悄走掉了。江苏不好，到浙江来，在浙江嘉兴，去见同案犯（以前一起读书的），一起去玩，卡拉OK、喝酒等，上班不想上了。晚上一起玩，早上起不来，老板就不要他们去上班了。

他们去偷，叫我一起去。偷了几次，后来一次被公安机关抓住了。

（4）其他。

接见没有，给家里打电话，每次妈妈都哭。

蒋老师问：出去后有何打算？

答：没什么打算。妈妈叫舅舅接我，但我不想跟他回去。想回去陪陪妈妈，但给家人丢脸了，所以不想回去。回老家就在城里办好手续（要到当地派出所报道），今后怎么做？听听妈妈意见，或在家帮帮忙。家里就妈妈一人在家，挺孤单的。旁边人家都是四五个人在田里干活，我家就妈妈一人。在家里干活也可以把打工的钱挣回来。

我出来打工，因为姐姐要上大学，一年至少也要一万块，也想帮助家里，帮妈妈分担一点。弟弟妹妹在老家读书不要什么钱。弟弟走读，给一块两块就很高兴了，妹妹给个20块就好了。

但出来干，文化低，找不到好工作，跟家里时想象的不一样。干重活也不愿意，从小虽然没老爸，但妈妈不让我们干重活的。

蒋老师问：是个孝顺、懂事的人。

答：姐姐书读得好，有事跟她多沟通。

（5）犯因性分析。

①早年父亲的不良影响，以及父亲过早去世的影响。

②母亲的控制性对其的影响。

③读书较少的影响。

④不良交友的影响。

⑤是非观念与人生目标的缺失。

⑥家庭关系更深层是亲子关系可能存在问题，如连家人年龄都不清楚。

7. 刘某广

谈话时间：2016年3月30日，9：07—9：45

（1）基本情况。

刘某广，男，1999年6月出生，浙江金华人。抢劫罪，判刑1年零6个月。2016年2月14日到未管所。

文化程度高中，但就读了高一半个学期。

母亲三十八九岁，父亲49岁。

爷爷奶奶健在，有一个同一奶奶的哥哥，是伯伯的儿子。

（2）成长经历。

父母关系很僵，母亲从4岁开始不理我，一直在外面打工、不回来，过年回来两三天。回来也是跟父亲吵架。

爸爸不让我打电话给妈妈，原因不清楚。

父亲陪我时间多点，也经常出去打工，平时爷爷奶奶管。爷爷奶奶就是农民，说不了什么道理。

犯错误时，爸爸小时候会打。初中就不怎么管了。

爸爸已组建家庭，有了一个女儿。

初中一起玩的朋友五六个，学习不怎么样。

不良行为：打个牌（打钱的，其实是赌），上个网，经常上网，通宵上网，学校不怎么管（住校的），喝酒、抽烟。没有吸毒，没有女朋友。上网的钱向父亲或爷爷奶奶要。上网的钱大家平均出。

打牌、上网、喝酒、抽烟，这些大人不知道，老师应该也不知道。

朋友中没有偷抢的。

读职高时被开除是因为晚上上网，爬楼去上网，有好几次，为此学校找他谈过话，也告诉了父亲，他也答应不再去上网但又违反了。还有几个人一起去打架，校内外都有，主动的、被动的都有，被动为主。那时是认为讲义气，朋友帮忙（同一批人）。

爸爸说等他出去（刑满）必须与妈妈离婚，妈妈说等他出去再说。

（3）犯罪经历。

抢劫：打工（饭店）是在金华某地的县城，没钱买香烟，打工没什么钱，向父母要又不给，就去抢。没有想到会是犯罪。随意找人抢，没预谋，抢一个女人的，其实没抢到钱。

一开始是想抢了跑的，但对方反抗了，所以自己拿出了刀（一把小的折叠刀），划伤了女人的脸，有点怕了就跑了。有人报警，警车从身旁开过（有点怕了），就回家换了衣服去自首了。

（4）其他。

母亲在上海打工，来接见过两次。接见时说你爸要上法院离婚。接见时觉得妈妈很陌生，她说什么也听不下去。

蒋小霞对来访者说，犯罪的事是要付出代价的，从代价中获得成长，这很关键。

邵晓顺跟来访者谈了边界问题，规则意识与法的意识，以及内在标准问题。

问来访者：父母不给钱去抢，是否有自我毁灭、惩罚父母的意思？

答：有一点。

8. 向某家

谈话时间：2016年3月30日，9：45—10：17

（1）基本情况。

向某家，男，1998年6月出生，湖南怀化人。土家族。强奸罪，判刑3年。

初三读完，有初中毕业证。

父亲50岁，刚去世不久。母亲去世时37岁，当时自己是十四五岁。

是独生子女。

奶奶快80岁，爷爷已去世。

还有伯父、伯母，姑姑，奶奶住姑姑家。

外婆还在，很少去。

堂哥堂姐年纪都比他大很多，最小的也大六七岁。

（2）成长经历。

父母在自己六七岁时出去打工，很小时就跟奶奶。见到父母是过年时，很少时间能见到，是个留守儿童。

父母在湖南长沙打工，小时候曾经去过一次。

在家时跟奶奶关系较好，现在想起来觉得奶奶对我挺好，当时没认识到奶奶的好。（这个表述似乎有矛盾。）

奶奶就管他一个人，因为堂哥堂姐年纪大很多。

堂哥很早就辍学去打工了。

外婆家很少去，因为读书和路远。妈妈也不让去。

小学三年级成绩就不好，因为玩心重。三四个人一起玩。玩什么？到处逛，有时去网吧。偶尔去，没有通宵上网，奶奶不准他晚上出去。他就是晚饭后有空时去玩一下。

14岁初中后到父母这边，在杭州临平。

一开始在餐厅里找个工作做一下。刚到父母身边时很听话，一直到过年回去，然后又到这边来。换了一个工作，在汽车店修理汽车，和一个朋友一起去的。在汽车店做了半年。

收入在做服务员时，都给父母，再由父母给几百元零花钱。在汽车修理店时，工资给父母，自己留一点。此时，喝酒、抽烟、打牌玩（就是玩玩，没赌）。因父母反对，抽烟不是很上瘾。偶尔上网，很少通宵上网。

在一起的朋友中没有偷的、抢的，平时也不问这些。

后来，母亲去世，奶奶叫我陪父亲。父亲难忘记母亲，会跑去母亲的坟头哭。

自己不听话，跟朋友到处跑。

父亲来接见几次，2015年4月14日接见回去后，身体不好，胃癌，去世了。

（3）犯罪经历。

跟朋友到处跑，从富阳到义乌。这边（杭州某地）朋友打电话叫回来，就回来了。几个朋友一起吃烧烤、喝酒，又叫了朋友来。晚上12点到1点的时候，送一个朋友回去，然后再到朋友租的厨房，他们叫我去做这个"事"。

朋友一开始想私了，私了要50万，太多。第二天报的警。

判决书排第二，6个人全部未成年。排第一的判了3年零6个月。有的判缓刑。其他人是参与，强奸行为就两人。

被害人当时十八九岁。

跟被害人不认识，她的情况也不了解。

（4）犯因性分析。

①留守儿童，即亲子关系受损所带来的影响。

②小学学习不好，教育不力的不良影响。

③心理逆反期，母亲去世所带来的不良影响。

④喝酒造成自控力减弱引发犯罪。

9. 毛某波

谈话时间：2016年3月30日，10：17—10：37

（1）基本情况。

毛某波，男，1998年8月22日出生，贵州安顺人。盗窃罪，判刑1年。2016年1月26日到未管所。

文化程度初中毕业，有毕业证，高中读了半年。

母亲，应该40岁，小学文化。父亲，2010年因交通事故去世。

弟弟，10岁，在读书。

（2）成长经历。

从小一直由父母管，父母一直在身边。

从小犯错，罚跪，让跪在地上，他们用吃饭的筷子打一下。父母对两小孩都这样。教育有的，就是别跟其他小孩玩了，说道理的时候没有。

高中读书成绩不好。初中成绩也不是很好。初中到外面（乡里）读书，住校，贪玩，逃学上网，不想听老师上课。对老师很反感，不喜欢听课。

抽烟，老爸去世后一直抽，是老爸去世后才抽，一天抽几支（两三支）。

跟一个哥哥来的浙江，他给我找了这个饭店。他家里有事，安排好我的工作他就回家了。

（3）犯罪经历。

到浙江打工，老板两个月不给工钱，跟老板要了后给了三百，寄回去二百，剩一百，没钱再要，老板推三拖四地不给，他叫我去偷东西，偷电脑主板。老板威胁我，要我去偷。

偷网吧里的 CPU 与内存条。晚上以上网的名义进网吧后再偷。偷了 16 次。

老板也判了，不知道判多少年。

老板以前犯这个罪（教唆罪）判过刑。

（4）其他。

没有接见，就是打电话给母亲。来未管所已经打了 3 次，每月一次。

（5）犯因性分析。

①虽然文化程度在犯罪人中间不算低，但似乎对事物的分辨能力较低。可能身处较封闭的环境，见的世面不多。

②是非观念仍存在不足。老板不给工钱教唆盗窃以及威胁就会去偷。

③思维灵活性不足。在一家饭店工作，老板不给工钱，没有去想另换一家。

④家庭教育有缺陷，粗暴方式为主，教育性不足。

⑤对老师的反感可进一步探究，是逆反心理还是其他原因。

谈后感受：个子很小，感觉年纪很小。

10. 孔某军

（参加了第一至第十九次团体辅导活动后刑满释放）

谈话时间：2016 年 3 月 30 日，10：37—11：09

（1）基本情况。

孔某军，男，1999 年 7 月出生，江西上饶人。盗窃罪，判刑 10 个月。2016 年 2 月 16 日到未管所。

小学三年级文化（念到 14 岁）。

父亲去世，母亲改嫁，父母都是文盲。

奶奶 60 多岁。

有两个妹妹，在上学。

（2）成长经历。

父亲不让读书，村长跟父亲说后才去读的书，因此到 11 岁才读书，14 岁读到小学三年级，因父亲去世就不读了。家里条件不好，穷。

父亲去世后母亲改嫁，就不管他们了。

父亲挖煤，被石头砸了，没钱治，烂死的。

跟朋友一起过来，到浙江一年多，在眼镜厂里做工，在温州某地。工资 2300 元一月，包住不包吃。一个月的花费，多的时候花一千多，少的时候花 900—1000 元。剩下的钱过年时候带给奶奶，有一万两千多。

（3）犯罪经历。

16 岁时犯的罪。

在厂里做工，因身份证在上网时丢了，来检查时没身份证就自己辞职了，跟网吧里认识的人一起去了。没钱，偷现金，偷出租房的人，偷了 7 次。5 个人一起偷，两个判刑，总共价值不超过 1 千元。

（4）其他。

接见情况：无接见。母亲没联系上。打电话给奶奶。奶奶讲好好改造，过几天来看他，让他今后不要犯同样的错误。

问：每个月生活费怎么样？

答：没开过账，个人账户上没钱，日常用品是组长给的。

劳动是有报酬的，有听同犯说过，可用于买生活用品。

到目前为止在监狱里劳动了一个多星期，还没有拿到报酬。

（5）犯因性分析。

蒋小霞：遇到不好的朋友，自控能力差，另外没有吃苦耐劳的精神。这些都是诱因，犯罪本质上说是内因造成的。判刑 10 个月付出了代价，要从中吸取教训。

①父母早年教育缺失的不良影响。

②文化程度低造成的认知能力差。

③是非观念似乎没有建立起来，人生目标缺乏。

谈后感受：反应较慢，是认知、思维能力低造成的吗？另外，似乎精神上有点麻木，木讷感。

11. 俞某涛

谈话时间：2016 年 4 月 20 日，9：11—9：18（在后来的团体辅导前再次作了谈话）

（1）基本情况。

俞某涛，男，1998 年 7 月 9 日出生，浙江人，抢劫、聚众斗殴、交通肇事罪，判刑 3 年零 10 个月。2015 年 2 月 5 日到未管所。

父母离异，父亲现年 50 岁。

母亲再嫁，再育有一子一女。

（2）成长经历。

父母在自己两三岁时离婚，自己跟父亲，父亲一直没结婚。

父母不联系。

自己跟母亲也不联系，母亲想自己时才来联系。她的电话经常乱换，不知道怎么联系。

十一二岁时去母亲家玩了一次，待了半个月。

小学读了一两年，没怎么读，不想读，所以现在报纸看不懂。

体育好，所以后来去了体校，读了好几年。主要练的是赛艇。最好成绩是绍兴市团体第二名。

（因俞某涛是第一次团体辅导前才决定请他参加，谈完上述内容，第一次团体活动开始了，入组访谈就此中断。下面内容为后来团体辅导活动前所谈。）

（3）犯罪经历。

第一次，2014 年 8 月，抢劫罪，三个人共同犯罪，判缓刑，判刑一年四个月，缓刑两年。

在缓刑期间再犯罪，是第二次犯罪，犯聚众斗殴、交通肇事罪。具体犯罪行为是打架，与朋友一起去的，好几十个人，加起来有上百人，打群架。

（4）其他。

接见情况：爷爷、奶奶来接见，差不多半年来一次，平时也不打电话，想接见时打个电话给爷爷奶奶。父母没有来接见过。

（5）犯因性分析。

①早年家庭结构缺损的不良影响。

②早年母爱缺失对其的不良影响。

③父母关系不良对其的消极影响。

④教育不足（文化程度低，认知能力低下）带来的不良影响。

⑤是否是留守儿童？

12. 范某义

（团体进行到第三次辅导活动时参加进来，第十二次团体辅导活动后刑满释放）

因为是在第三次团体辅导活动时才被选来参加团体辅导的，所以对他的入组访谈分几次完成，有些情况也就没有访谈到位。

（1）基本情况。

范某义，男，云南人，故意伤害罪，判刑 10 个月。（因雷某俊刑满释放，要求其所在管区再选一人来参加团体辅导，也要求是早年失亲的，管区就选了范某义前来参加）

父母、家人情况不清楚。

（2）成长经历。

小学一二年级成绩好，摔断手后没有补课，从此成绩差了，初中成绩也一般。初三上学期念完不再读书，没有初中毕业证。

小学不良行为基本没有。初中经常上网，抽烟、喝酒，还有赌博。

（3）犯罪经历。

本次犯罪是其第一次犯罪，一个人犯的罪。具体是：与人冲突，砍了对方一刀，造成对方轻伤（二级）。被害人 20 岁左右，男，与范某义在同一个饭店工作，虽然认识但不熟。因工作事情吵起来，对方是两个人，他们先动手，就是抓住范某义的衣领并踹了他一脚，然后范某义就冲到厨房拿了菜刀，砍向对方。

（4）其他。

服刑期间家里没人来接见。

（5）犯因性分析。

①早年不良行为的影响。

②文化程度低的影响。

③年纪轻、冲动性强所产生的影响。

13. 李某平

（第十一次团体辅导活动时参加进来）

因在团体辅导过程中参加进来，对他的入组访谈未能开展。其基本情况来源于团体辅导活动时的自我介绍。

李某平，男，1998 年 6 月 22 日出生，浙江人，抢劫罪、聚众斗殴罪，判刑 7 年零 2 个月，2015 年 10 月 27 日到未管所。

二、团体辅导过程：13 名服刑人员，20 次团体辅导

● 第一次团体辅导记录

时间：2016 年 4 月 20 日，9：20—10：50

结构式团体辅导。

带领者：蒋小霞，邵晓顺，以蒋小霞为主。

活动一： 热身（破冰），互相认识。按要求排队，以出生的月和日的大小，从小到大排成一列，先按月从小到大，然后同月出生的按生日从小到大排列。排队时不许说话。在组员排好队后，带领者要求每个组员写下出生日月。结果 3 人排队出现错误。组员们讨论了如何处罚出现错误的组员。结果是 3 个人每人做 15 个俯卧撑作为惩罚。

活动二： 自我介绍。组员与带领者坐成一圈，顺时针方向依次是：蒋小霞、俞某涛、向某家、毛某波、雷某俊、孔某军、王某津、李某民、张某飞、邵晓顺、卢某香、刘某广。

要求每个人用一分钟时间做自我介绍，并用三个形容词概括自己的优点。

俞某涛介绍自己的基本情况后，在带领者反复提示下用"帅"来表示自己的优点。接下来的多名组员觉得自己没有优点。这个值得今后进行团体工作。

向某家的优点是帮助人。

毛某波的优点是进步快。

雷某俊的优点是幽默。

孔某军的优点是游戏。

王某津的优点是直率，还有打架、游戏。

李某民的优点是下棋，还有好学——别人的东西会去学一学，这是他的习惯。

张某飞的优点是善于从别人身上吸取教训。

卢某香的优点是打篮球好。

刘某广的优点是帮助别人，讲义气。

两位带领者在介绍自己的基本情况后也分享了自己优点。

带领者蒋小霞讲了这个活动的目的：一是通过自我介绍，学会倾听；二是自我介绍有没有抓住重点，而这一点今后工作、事业中都要用到。

活动三： 心有千千结。活动后带领者总结大家在活动中的优点：大家很聪明，共同用心做，努力、天真、合作，体现了智慧，也表明语言交流的重要性。

活动四：自画像。 在一张 A4 纸上要求组员进行自画像，任何形象、词都可以。然后在这个自画像边画弧线，写一个对自己最重要的人或事；自画像附近再画一条横线，写出影响、帮助自己最大的人（好、坏都行）；之后自画像边上再画线，写出自己印象最深的一件事（开心、不开心都行）；最后再画一条线，写出最满意、最喜欢的一个地方或写上一样自己最喜欢东西。

画完后要求组员首先展示自己的画作，然后选一个点来分享。具体情况是：

王某津： 画虎，因为自己属虎。最重要的人：姐姐。影响最大的人：妈妈。最喜欢吃的：妈妈做的东西。

李某民： 画太阳，因为新生的日子快到了，出去重见天日。重要的人：弟弟。影响大的人：跟我年龄差不多的人。最喜欢吃的：巧克力。

张某飞： 自己的画，代表不管遇到什么都要去面对。影响深的：同案犯。记忆深的：被抓住。最喜欢吃的：开心果。

卢某香： 画"球"，代表自己，以前逃课去打篮球。最重要：母亲。影响大：科比。喜欢吃：面条。

刘某广： 画"篮球"，乡下没什么好玩的。影响深：老爸。影响大：同学。喜欢吃：红烧肉，自己烧的。

俞某涛： 画龙虾，小时候喜欢钓和吃。最重要的：爸妈。影响最深的：同案，带我去抢。吃：苹果，小时候挺想吃。

向某家： 画"……"。重要的人：父亲。影响大的人：不务正业的人。印象最深的事：父亲去世。吃：香蕉。

毛某波： 画"就是玩"。重要的人：妈妈。影响大的人：同案犯。吃：苹果。

雷某俊： 画"小树苗"，比喻（自己要）慢慢成长。最重要的人：爸爸。印象最深的：没有。吃的：没什么不喜欢。

孔某军： 影响深的：母亲，拉扯大自己。印象深的：刘某某，是朋友的同案犯。吃：巧克力。

带领者蒋小霞要求组员写下名字与日期后，把画交给带领者邵晓顺。

活动五：总结。

两位带领者最后作了总结。从组员刚才分享情况看，大多数人影响大的人是父母，印象深的有的是同案犯。

同时，从第二个活动，大家看到了自己的优点，虽然还不够，大家说得还比较少。

第三个活动，大家表现出了聪明、智慧和活泼。最后的活动，大家提到了父母（感恩），是给自己带来生命的人。同时，同案犯对自己影响大，带给你什么可以再思考，以及相互的影响，你对他们的影响也可思考一下。

- 第二次团体辅导计划

总体活动时间90分钟。

活动一：**棒打薄情郎（热身）**。目的：使初步认识的成员进一步了解和熟悉。操作：（1）所有成员围圈而坐，选一个人手执用报纸卷成的"棒子"。（2）带领者喊出一位成员的姓名，被叫者左右两侧的成员要马上站起来，否则由被叫者给予当头一棒，"棒打薄情郎"。（3）反复做，直到大家熟悉彼此的姓名。5分钟。

活动二：**同舟共济**。目的：培养团队合作精神和创新思维，懂得依靠集体力量，克服困难，达成目的。时间：约20分钟。材料：报纸。操作：（1）带领者将报纸铺在地上，代表汪洋大海中的一条船。（2）把团体成员分成5人一组，让所有成员同时站在船上，一个也不能少。（3）当成功完成任务后，带领者把报纸折半，再让成员同时站在船上。然后再折半，随着难度增加，成员的努力也会越来越加强，团队的凝聚力也会随之增强。（4）活动结束，分享体会。注：行动之前允许充分讨论，拿出最佳方案。

替代活动：人山人海。

活动三：**我们是一家**。讨论团体活动规则、目标。10分钟。

活动四：**假如我是……** 目的：增进自我了解。时间：约40分钟。（1）材料：每人一张"假如我是……"练习表。操作：带领者下发"假如我是……"练习表，并让组员填写。（2）填写完毕，交流分享。带领者注意积极引导。

活动五：**放松训练**。深呼吸放松。10分钟。

最后带领者作总结。5分钟。

第二次团体辅导记录

时间：2016年4月26日，9：45—11：15。

结构式团体辅导。

带领者：邵晓顺，蒋小霞，以邵晓顺为主。

带领者与组员的座位与第一次团体辅导相同。

活动一：棒打薄情郎（热身）。

活动二：同舟共济。把10名未成年犯分成两组，每组5人。组员随机组合，组合后固定不变。两组各自站到一张报纸上面。成功站立后把报纸撕掉一半，再要求组员们站到报纸上。在成功后再撕去一半。前后共活动了3次。

该项团体活动结束时带领者总结：看到了大家相互间的交流以及智慧的力量。

活动三："我们是一家"。讨论团体活动规则、目标。带领者邵晓顺讲解了团体活动的保密原则、真诚反馈原则，以及没有特殊情况一定要参加。

然后重点讨论组员的团体目标。

由于雷某俊将于4月30日刑满释放，带领者请他先发言。

雷某俊：一开始大家都不认识，慢慢开始说话有说有笑，在活动过程中懂得了团队合作的力量。

蒋小霞：目标与希望有两层含义。第一，给自己一个成长；第二，让成员见证自己的成长。

在带领者的鼓励下，张某飞主动发言。后来的组员发言基本上是自己主动的。

张某飞：希望和老师、和学员学到沟通、交流的方法，团队合作的方法，能很快地与他人熟悉起来，培养愿意交流的意识。

王某津：希望在小组里能放下现在的自己，只有真正放下才能把自己打的结解开，希望每次能放下自己。真正融入团队，带着收获回去，就像张某飞说的一样，学会懂得放下。

卢某香：学一些自我表达方法，对家人，很多话都放在心里表达不出来。

张某飞：这和我们的文化水平有关。

卢某香：这应该没有多大关系吧。

邵晓顺：来，卢某香，我们现在就可以尝试一下，雷某俊4月30日就要刑满释放了，你试着说些什么。

卢某香：希望你出去后能一帆风顺，能与家人好好相处。

雷某俊：谢谢你。虽然我和家人的关系比较好，但还是谢谢你。

邵晓顺：刚才雷某俊说他没有这个情况，那你还想说些什么？

卢某香：也希望……

向某家：我觉得自己与他人交通（流）不来，我希望在团体中能与他人多交通（流）沟流（通）。

邵晓顺：很好，目标很明确。那现在我们也来试试。对卢某香说些什么？

向某家：他平时与家人交流少，要学会多想想家人的想法。

邵晓顺：来，再对雷某俊说些什么？

向某家：释放是件好事，毕竟在这里待了一段时间，家人也操了不少心，回去后要好好待他们。

俞某涛：我讲不来唉。我有点小孩子脾气，我希望能成长一点。以前爱和人家开玩笑，整天喜欢笑。

张某飞：开玩笑是要对方高兴。

邵晓顺：以前你指的开玩笑是什么呢？

俞某涛：逗他玩。

王某津：我知道了，你的开玩笑是把自己的快乐建立在别人的痛苦上。

俞某涛：差不多吧。我希望自己成熟一点。

刘某广：我自我表达能力太差，不喜欢说话，我希望在这个团体中能多说。

邵晓顺：不喜欢说，是所有的情况下都这样，还是在特殊情况下？

刘某广：都这样。

邵晓顺：是不善于沟通，还是不喜欢？

刘某广：不善于。

邵晓顺：来，那我们也对着雷某俊说点什么。

刘某广：希望你身体健康，在外面平平安安。

雷某俊：谢谢，也希望你身体健康。

邵晓顺：雷某俊的表达还是很好的。

雷某俊：我也不好，我是有什么说什么的。

邵晓顺：这个不好吗？

雷某俊：应该看场合。有时口头禅比较多，这样容易引起冲突，所以，出去以后要把口头禅改掉。我感觉到，大家正式坐在这儿，说话很少，表达不好。但是老师让我们参与活动时，我们就有很多话，能说得很好。

毛某波：我有个坏习惯，在监房里喜欢一个人躲在一个角落里，不喜欢与人多交流。时而活跃，时而沉默。不分场合。希望能学会表达，出去后能用得上。

也希望雷某俊出去了，也不要再进来"看"我们了，希望他平平安安的，与家人关系好好的，能听家人的话。

邵晓顺：也是善意的提醒。

李某民：我喜欢说话，不分场合但分人。想什么就说什么，所以在管区里关系也不融洽。但这样也挺好的。关系不融洽，这也不一定是坏事。

（对雷某俊说）出去后要过得开心。虽然我也知道自己要做什么，但我知道犯什么不能犯罪，没什么不能没钱。

刘某广：关系不融洽也不是坏事，这听起来是矛盾的。我感觉应该多交流。

邵晓顺：还有孔某军没发言。

毛某波：每次都是你。

卢某香：让你第一个说，你躲到最后一个。

孔某军：人际关系方面。

张某飞：过于压抑。

邵晓顺：你看他都笑眯眯的。

张某飞：笑不一定不压抑。

邵晓顺：来，那对雷某俊说点什么。

孔某军：平平安安（轻声地）。

雷某俊：我建议你回去多看点书，不要看那些小说。可以多看些有关沟通方面的书。

孔某军：这个建议很好，我回去会试着做做的。

俞某涛：我和他是一个小组的，已经和他说过了。

雷某俊：这是一个活动，你要遵守这个规则，多练习。以后你再遇到这样的场合就不会怕了。

俞某涛：（对雷某俊）回去不要打架，安稳些，心态要平静些。在外面打架是很正常的，要时时提醒自己。

蒋小霞：对雷某俊说的话，真诚，在人际交往中，分程度，可分三层，"真"到"诚"再到"真诚"。（结合实例详细具体地作了阐述。）

邵晓顺：我们心理学上有个自我暴露，自我暴露是有层次的。（对如何自我暴露作了阐述。）

活动五：放松训练。 当你遇到焦虑与愤怒时，可以深呼吸。具体教授了深呼吸的方法。（由于时间已经到了11点10分，组员要在11点15分吃饭，所以最后一个活动有些匆忙。）

注：活动四因时间关系没有做。

图　团体辅导现场

感受：

1. 本次团体辅导活动讨论了每个组员的团体目标，这对团体发展来说是重要的。从讨论情况看，每个人都谈了自己的目标，但也发现有的人他的团体目标是在"抄写"他人。这表明这些组员的团体目标不一定是他自己的真实目标或者表明还没有建立团体目标。同时，有的组员的团体目标也可以进一步深化。

2. 思考：接下来的结构式团体辅导主要围绕亲情（与家人：父母及其他亲人的关系）、友情（与朋友的关系及影响）以及犯罪思想、犯罪心理来展开。然后根据进展情况在6至8次或10次后做非结构式团辅。

• 第三次团体辅导计划

总体活动时间90分钟。

结构式团体辅导。

活动一：兔子舞。目的：营造欢乐气氛，打消防卫心理。操作：（1）所有组员围成一圈，后面一位组员双手搭在前一位组员的双肩上。（2）带领者喊出动作指令：左二（左脚跳两下），右二（右脚跳两下），并前（双脚合并，向前跳一下），并后（双脚合并，向后跳一下），并前两次（两脚并立，向前跳两下），等等。注意：可先练习几次，用时5—10分钟。

活动二：**人山人海**。目的：增强组员间的友谊和相互的协调性。操作：（1）两个组员背靠背，坐在地上。（2）两人双手相互交叉，合力使双方一同起立。（3）按此原理，然后多人一起参加游戏，最后全体组员一同游戏，达到全体一齐起立的效果。（4）分享：你能仅靠一个人的力量完成起立的动作吗？你们小组是怎样协作，完成起立动作的？约 20 分钟。

活动三：**我的家人**。带领者解释"家人"的含义，可请组员一起讨论家人的含义。问：你的家人都有谁？你对他们怎么看？对你的影响是什么？每个组员发言，并相互交流互动。带领者据实情指导。用时 45—60 分钟。

活动四：**放松训练**。深呼吸放松。要求组员回去后经常练习，以后遇到烦恼或愤怒的事情时，可以通过深呼吸来平静自己。约 10 分钟。

最后带领者作总结。5 分钟。

第三次团体辅导记录

时间：2016 年 5 月 4 日，9：40—11：17。

结构式团体辅导与非结构式团体辅导相结合。

带领者：邵晓顺，蒋小霞，姚俊翔。

因组员雷某俊刑满释放，要求该管区再选一名"失亲"未成年犯来参加团体辅导。

新参加的组员为：范某义，云南人，故意伤害罪，判刑 10 个月。

团体活动时座位顺时针方向依次为：邵晓顺、俞某涛、向某家、毛某波、范某义、孔某军、王某津、李某民、张某飞、姚俊翔、蒋小霞、卢某香、刘某广。

团体欢迎新成员范某义，范某义先作了自我介绍，然后带领者蒋小霞要求大家用 10 个字以内向新伙伴介绍自己，以相互认识。毛某波第一个介绍，掐手指算字数。其他多名组员也如此。按逆时针方向依次向范某义介绍自己。轮到带领者时也向范某义用 10 个以内的字介绍了自己。

带领者蒋小霞在各人介绍完毕后，向范某义讲解了团体活动原则：保密与真诚原则。

活动一：**兔子舞**。组员在兔子舞的音乐伴奏下跳舞，气氛活跃。

活动二：**我说你做**。一名组员在做一个活动时说出一个活动名称，由他的右手边组员做该项活动。范某义为新组员，由他先开始一个动作，然后说出一个活动（动作）后，由他右手边的毛某波做。毛某波做活动时说出一个动作，由其右手边的向某家做。

依次循环，共做了三轮。

两个活动做完，大家坐到椅子上。

活动三：讨论活动感受。原计划讨论"家人"话题，看到组员还沉浸在活动之中，带领者临时决定先讨论一下对活动的感受。王某津活动后一直在说话，带领者请他先谈谈。

王某津：这让大家很开心。开心就好，游戏以开心为主。

李某民：活动中感觉脑子内存不足，思考太慢了，这是一个费脑力的活动。

王某津：这是因为我们长期没有活动脑子了。

张某飞：在跳兔子舞的时候，大家都比较紧张、害羞，没有放松。

邵晓顺：可能不仅仅是紧张，可能还有个"群体压力"的效应。这与我们以前在社会上，一些朋友在一起，如有人提议喝点酒然后去干点坏事，可能就会群起而做，大家一起去做了。这里就有群体压力在里头。这个是大家今后需要注意的。

卢某香：很好玩，很有意思，以前从没玩过。

邵晓顺：以前从没玩过，是指什么时候呢？

卢某香：从来没玩过。这样挺开心的。

刘某广：我也是第一次玩，挺开心的，感到放松。

邵晓顺：对这样的两个活动，你感觉怎样？

刘某广：我不大喜欢说话，在这十人中我是不大放得开的。

邵晓顺：对，在今后更多的活动中，希望你在这方面能有所改变。

刘某广：好的。

俞某涛：很快乐，放松了一些，活动一下大脑。

邵晓顺：跳兔子舞的时候，我们请你出来带头，有什么感受？

俞某涛：有点紧张。

邵晓顺：除了紧张之外，有没有一点自豪或兴奋？

俞某涛：从小读书不太好，没有这样的机会。

邵晓顺：除了紧张外，我们遇到这类情况，还会有一些积极的体验，比如自豪、兴奋，挺光荣的。

王某津：多了一份压力。

向某家：锻炼我们的想象力与创造力，跳舞时放不开，过于压抑。

邵晓顺：这种压抑，是在社会上就有，还是来未管所才有呢？

向某家：社会上就有。

毛某波：一个星期就这么一两个小时，大家都要开心点。

邵晓顺：我感受到你在这90分钟里，言语、行为是一致的，放开自己，享受自己。

范某义：刚来，做什么事情都放不开。这也是练自己胆量的。在这里学员们在一起，挺开心的。在刚进来时，还有陌生感，怕不协调，但现在挺开心。

卢某香：（卢某香与范某义在同一个小组服刑，因此请他谈一下范某义）下次来，他的话可能就多了，也是很幽默的。和他聊天，会很开心的。

王某津：在一个陌生的环境中，我会自己伪装自己。

邵晓顺：我们说，我们要不忘初心。有些人，当对一个环境熟悉了之后，就会有些放肆。

孔某军：（只笑，用眼睛看大家，不说话。）

毛某波：（话比较多）（面向孔某军）表达能力要好好学一下。

卢某香：太为难他了。

邵晓顺：向某家也是十二管区的，那你说说对他的印象。

向某家：他不太爱说话，自认为沟通能力比较差，只会自己做好自己的事。

毛某波：他人是比较老实的，做事也比较认真，只是不太会沟通。

邵晓顺：那孔某军说说对他们所说的反馈？

孔某军：（还是有些艰难地、轻声地说）他们说的还是比较符合的。

邵晓顺：当他人说的比较符合自己的情况时，被理解时，我们应该是有所表示的，比如谢谢他。

孔某军：谢谢。（笑着说，轻声地）

刘某广：他昨天晚上一个劲地对着我笑。

邵晓顺：孔某军来说说，昨天对着他笑，是一个什么样的情况呢？

孔某军：（只是笑着不说。）

邵晓顺：时间过得很快，已经过去一小时了。

毛某波：还可以有40分钟，就要上班了。

邵晓顺：刚才毛某波说到"上班"，那我们就先来讨论这个问题，你是怎么看劳动这件事的呢？

毛某波：我很享受这个劳动，时间过得快。

王某津：出工有出工的烦恼，有时做得正爽时，机器突然坏了。

邵晓顺：这不是最爽吗？刚好可以休息。

王某津：很急，希望快点修好。

毛某波：是这样的，有时会觉得特烦，着急，看着他们超产。

张某飞：我是超产100%，但也排到十七八名，因为还有劳动快的能超产二百的。

邵晓顺：这是给你压力了，还是……

张某飞：这也没什么压力。我是最后一道工序了，再快也没什么用。

邵晓顺：那你有什么好的建议吗？

张某飞：这也不是我想的事情，是片区组长的事情。

毛某波：有时，劳动时会胡思乱想。想到社会上的事，或怕任务完不成影响小组。这样的时候，就会越想越乱，劳动分心，跟不上其他人。

张某飞：这可能是劳动太快了，后面跟不上，就会乱想。

毛某波：分心了，劳动上不去。

王某津：我一开始劳动，就不会分心。上次分心了，被机器砸脚砸伤了。我知道劳动时不能分心了。

毛某波：我是手指被扎太多都扎麻木了。

刘某广：我觉得我跟他比起来，劳动更惨点。周五周六我胃痛，劳动完不成，警官认为我劳动态度不好，就让我到大堂去静坐反思。

邵晓顺：你和警官说了吗？

刘某广：说了。

邵晓顺：如果身体不好，产量不高，还是可以原谅的。

卢某香：在劳动中想一些事肯定会影响产量。我是觉得无所谓，完不成（劳动）任务的话，组长会补。

向某家：有时组长根本补不过来。

范某义：有时组长计数是不准的。

俞某涛：要看组长想不想补了，现在两条线都欠产了。

毛某波：我心情不好时，就会欠产30%左右。

孔某军：我也是欠产的。

邵晓顺：是什么样的情况呢？

孔某军：想外面的情况，出去后去哪里，上什么班。

毛某波：他9月5日，我9月12日，回去以后刚好过中秋节。

邵晓顺：这不是挺好的嘛，出去以后过中秋，多开心。那其他有想过吗？

毛某波：有想过，我也会想，多做是一天，少做也是一天，我为什么多做呢？

王某津：越想越乱。

邵晓顺：怎么让自己不想，可以给自己下个命令。还可以去想正在做的事情。李某民还没说什么呢？

李某民：我旁观就好了。

蒋小霞（做总结）：活动是开心的事。脑子得到锻炼，做活动左右脑开发，发展协调能力。劳动态度、劳动问题，毛某波、孔某军，胡思乱想，想外面的事情，出去做什么工作，都要去想，会去哪里？漫无目的地想，发散性地想，不行。所以要确定目标，如回去跟家人或朋友一起过中秋节，怎么个心态去面对？成长了什么？跟家人分享什么？接见时，与家人分享，让他们看到成长，可做的准备是什么？要有梦想，目标具体化，可操作。专注于做一件事，把注意力集中到某一件事上。另外一点，分享中认识到自己不足，要去改变。

感受：

团体活动结束，两位带领者蒋小霞与邵晓顺就本次带领过程中的一个现象进行了讨论。刘某广在团体活动中说道，自己胃痛向队长报告但队长仍然要他继续劳动，对此带领者邵晓顺的反应是给予了关注，认为队长这样做不妥。蒋小霞认为，队长当时要求刘某广继续劳动，是因为很可能刘某广存在装病现象。如果在团体中带领者给予这样一个反馈，那么组员下次遇到这样的事情会向队长说，团体老师是怎样怎样说的。这样就不利于监狱的管理。对此，带领者之间经沟通达到初步一致，就是组员出现这样的一个活动表现，带领者可以多角度去思考一下，或者缓一缓了解更多情况后去反映也许更为妥当。

不过，带领者邵晓顺认为，这可能是心理矫治工作与监狱管理工作之间会产生的冲突之一吧。

- 第四次团体辅导活动计划

时间：5月13日上午9：30—11：00。

地点：十二号楼大厅。

活动内容：

大家好！很高兴我们又见面了。上次说，我们这个团体是为了让大家放松、开心、快乐，学会成长。现在让我们一起来重复：今天是一个全新的我。对，让我们一起来说三遍，为自己提升正能量。"今天是个全新的我"，"今天是个全新的我"，"今天是个全新的我"。

好，接下去开始我们今天的活动。这里是一个安全的地方，是一个宽松的地方，除了要遵守我们团体的保密原则、不能伤害团体其他成员外，我们没有那么多的规矩。让我们来搓搓脸、拍拍手，对，让我们给自己一个笑脸，以轻松的心态开始我们今天的活动。

指名道姓：平时我们在作介绍的时候，都是先说"姓"再说"名"的，但是今天我们要换种方式作自我介绍，比如说，卢某香，在介绍的时候，要说"大家好，我叫某香卢"，然后其他人要说"欢迎你，某香卢"。可以吗？

开始自我介绍。

青蛙跳水（练习语言表达能力）：下面这个活动是锻炼大家的注意力与反应力的，叫作"青蛙跳水"。请大家听清楚游戏规则。

我们从左到右，一人说一句话，"一只青蛙""一张嘴"，"两只眼睛""四条腿"，"扑通""跳下水"。就这样，一直往下循环。直到最后一个人胜出。这轮是有奖品的，要加油噢！

《两粒沙》

活动目的：通过故事《两粒沙》，明白个体可以选择对待事物的方式，所用的态度和做法决定了事情将来的发展方向。

活动材料：印有故事《两粒沙》的活动卡。

活动关键词：选择、态度

活动步骤：

1. 阅读《两粒沙》。

2. 思考问题：（1）这个故事让你想到了什么？（2）贝壳和勇士你觉得谁和你更为相似？（3）服刑生活就是你遇到的那粒"沙"，你处理"沙粒"的方式会让你成为珠贝还是勇士呢？（4）其他成员给建议。（5）如果同伴的建议值得你采纳，你当务之急是要做些什么呢？

3. 分享。

4. 总结。

沙粒如同生活中突然出现的挫折和困难，人人都会遇到。你不能决定"沙粒"什么时候到来，也不可能预测它会对你做什么，但你能决定自己用什么样的态度对待它。你的态度决定了将来是望山垂泪呢还是因珍珠而骄傲。

5. 成员总结。

请用一句话提炼你对故事的感悟。

《两粒沙》的故事

第一粒沙

贝生活在海里，平静度日。太阳出来的时候它最高兴了，因为可以在暖暖的阳光下张开壳吐泡泡。这天，它照例在太阳下打开壳，深吸一口气，准备开始度过一天中最美好的时光。突然它感到有东西被吸到了身体里，在软软的身体上有个硬硬的东西，很难受。原来是一粒沙。它想动一动把那粒沙弄出去，可只要一动就疼痛得厉害。它把壳合起来，不敢再动。

贝开始分泌黏液。它想，如果有黏液湿润，沙粒可能会比较容易弄出去吧。可虽然有了黏液，沙粒还是固执地留在贝的身体里，纹丝不动。贝想，也许是不够湿润吧，还有，这些黏液好像让自己不太痛了。于是，继续分泌黏液……日子一天天过去，黏液没有把沙粒弄出，却把沙粒一层一层地包裹起来。每天，贝都分泌黏液包裹沙粒，却似乎忘了当初分泌黏液是为了把沙粒赶出去。渐渐地，被黏液包裹的沙粒越来越像贝的一部分，它的存在不再让贝痛苦。

日子一天天过去。有一天，一位渔人把贝带到岸上，当他打开贝壳的时候，被眼前的一切惊呆了，一粒光彩夺目的大珍珠静静地躺在贝壳里！原来，当初的沙粒在黏液的层层包裹下，变成了珍珠。人们在赞美它光彩夺目的时候，也在思考，什么样的贝才能孕育出这样美丽的珍珠啊！

第二粒沙

一位勇士发誓要排除万难去攀登一座高峰。从良好的身体条件和过人的勇气以及毅力来看，他是最佳人选，于是，在众人期待与敬仰的目光中，他出发了。在登山的途中，险峻的山势没能阻止他前行，疲惫、饥饿和寒冷没能使他畏惧，恶劣的气候没能使他退缩，他仍旧朝着自己的目标努力着。

不知何时，他的鞋里落入了一粒沙子。起初，有时间将那粒沙子从鞋里倒出来的，但是他并没在意。然而，随着路程的增加，那粒沙子钻进勇士的皮内，越走下去越是觉得磨脚。最后，每走一步都伴随着锥心刺骨的疼痛。勇士终于意识到这粒沙子的危害，把沙子取出来了，但脚已被磨出了血泡，伤口很快就感染化脓。最后，为了保住脚，他无选择，只好在成功唾手可得的时候遗憾而归。

因带领者邵晓顺出差，本次团体活动由带领者蒋小霞按上述计划实施。

- 第五次团体辅导活动计划

结构式团体辅导，时间90分钟。

活动一：大海大山。全体站立，两人一组，其中一人为"大海"，一个为"大山"。两人握手问好，然后手松开，但掌心和掌心紧贴着。听带领者口令行动，如果带领者喊"大海"，则"大海"这个人的手要迅速逃脱"大山"的手，而"大山"这个人要迅速地握住"大海"的手。反之，带领者喊"大山"，则"大山"这个人的手要迅速地逃脱"大海"的手，而"大海"这个人的手则要迅速地握住"大山"的手。允许赢的人刮输的人几个鼻子或其他惩罚。约5分钟。

活动二：人山人海。目的：增强组员间的友谊和相互的协调性。操作：（1）两个组员背靠背，坐在地上。（2）两人双手相互交叉，合力使双方一同起立。（3）按此原理，然后多人一起参加游戏，最后全体组员一同游戏，达到全体一齐起立的效果。（4）分享：你能仅靠一个人的力量完成起立的动作吗？你们小组是怎样协作，完成起立动作的？约20分钟。

活动三：我的偶像与我。每个人心中都有一个偶像，试着打开话题：

（1）我的偶像是谁？他有哪些优点或特长？

（2）我有这些特点或优点吗？或怎样才可以具备偶像身上的这些优点或特长。

鼓励学员将崇拜转化为学习和成长的动力。

总结。

第五次团体辅导记录

时间：2016年5月18日，9：20—10：52

带领者：邵晓顺，姚俊翔。蒋小霞因未管所另有帮教任务不能参加。

带领者邵晓顺带领组员做活动一和活动二。组员们对参加两个活动的热情总体不那么高，第二个活动稍好些。

在全体组员坐下后，就新参加团体的组员赵某龙作自我介绍后，每位组员和带领者向赵某龙作自我介绍。

座位顺序是：邵晓顺（顺时针方向）、卢某香、刘某广、姚俊翔、俞某涛、向某家、毛某波、范某义、孔某军、赵某龙、王某津、李某民、张某飞。共11名组员。

带领者问赵某龙为何能来参加了？他解释说夜班不值了，可以来参加了。

带领者组织"活动三"。从毛某波开始谈。

毛某波： 喜欢范晓萱，她很可爱，很搞笑。

邵晓顺： 怎么看出她搞笑？

毛某波： 在"中国好歌曲"里觉得她很搞笑。

向某家： 没有偶像，觉得自己做好自己就好了。

邵晓顺： 成长中对自己影响比较大的人有吗？

向某家： 父亲。

邵晓顺： 愿意谈谈父亲吗？

向某家： 我不想讲。

俞某涛： 汪峰，他的歌好听。

邵晓顺： 他身上有什么特点吸引你？

俞某涛： 就喜欢他的歌。

向某家： 我喜欢范晓萱在舞台上表现的性格。

刘某广、卢某香表示要再想想。

张某飞： 谢霆锋，又会唱又会演又能做菜，长得帅，在"十二道锋味"里做菜。

邵晓顺： 那他的其他什么特点还吸引你？

张某飞： 其他印象不深。

李某民： 小时候崇拜成龙、李连杰、李小龙这样的明星，长大后明白了一些事，就不崇拜了，因为觉得假。

邵晓顺： 对你交朋友有什么影响？

李某民： 没有，不过有去学过武术，因为只爱看打斗的场景。

邵晓顺： （讲解"道德两难"故事。）

毛某波： 小明不对，因为贪吃打破碗。现在的青年连碗都不会洗。

王某津：小时候被迫学习洗衣服洗碗，抓野兽。

邵晓顺：那你的偶像是谁？

王某津：我姐和我爸吧。爸爸勉强算吧。爸爸教我技能，姐姐从小和我在一起。姐姐和我互补。我姐姐早上很早起来洗衣服，一小时就能洗完。

赵某龙：表哥和姑姑。表哥遇事很冷静，教我很多，但我不听他的。打我就离家出走，然后认识了社会上的混混。

范某义：我小时候也这样，骂我就旷课离家。几天再回去，前几次家里人还来找我，次数多了就不找了。回去就写检讨。有重复的错误，就罚干活。三兄妹就我检讨最多。

俞某涛：爸爸骂我，我也离家出走，两三个小时再回去。

邵晓顺：回去后家里怎么做的？

俞某涛：回去后也不处罚。因为我是独生子。

孔某军：母亲对我影响大。

（表达能力差，再问也没说什么，沉默。）

范某义：我朋友。在江苏没钱，是他寄的钱。我去他那，帮我找工作，第一个月完全花他的钱，我还闯祸。他帮我赔了4000块钱。他帮一个老板送货，为人稳重。我不听他的话，然后就进监狱来了。他叫我去做服务员，但我跟店里的人关系处不好，其实里面的活挺好的（打荷、配菜、刀功）。

向某家：在餐厅里干过，但没有强大的决心去学，喜欢玩。

俞某涛：我学了三天就跑了，被开除了，因为喝酒喝醉了没按时上班。

刘某广：偶像是周星驰。幽默搞笑，用生命在表演。从小看他的电影长大。

卢某香：喜欢的明星很多，姐姐对我影响很大。她从小成绩好，管我，和我从小在一起。她比我大两岁，和我读一个年级，会疼我。我和别人打架，妈妈要打我，姐姐会为我说好话。我一直以她为榜样。初中开始任性，不跟姐姐在一起读书了，而姐姐一直在读书。她很懂事，家里的事都她做。我们一家对她又爱又怕又敬。

邵晓顺：谈谈老师的影响。

王某津：我姐在我会好点。我姐不在我就不争气。老师会骂我。

毛某波：我认为被抓进来也是一件好事，不然我这辈子就都完了。在外面就是玩，不干别的。用了家里很多钱，还吸毒。这一年刑期也有好处，至少没犯更大的错误。

邵晓顺（总结）：讲三点。一是关于吸毒。我们说在社会上时要抵制诱惑，主要是指抵制毒品。所以毒品今后出去以后也不要去碰。（多人表示不会吸毒）。二是大家今后出去以后要找正正经经的工作来养活自己。三是今天我们的主题是偶像与我，那么我们要向偶像学习优秀的地方，并转化为自己内在的东西。

感受：

1. 不管是前面的热身活动，还是主题讨论，组员的热情都不高，参与讨论的积极性也不高，有些讨论不起来的感觉，要带领者积极地推动才行。

2. 带领者邵晓顺思考了前面的团体辅导活动，结合入组访谈，并参考有关团体辅导的资料，就接下来的15次团体辅导的15个主题，计划安排如下：

(1) 自信、自尊与自卑；

(2) 控制力、自制力与冲动性（愤怒控制）；

(3) 人际沟通与人际关系（友谊之谜、朋友与哥们）；

(4) 我的角色担当（年龄心理，从出生到死亡）；

(5) 恋爱、婚姻与家庭（合法性行为）；

(6) 利他、合作、分享（亲社会行为）与自私；

(7) 责任（父母以及自己今后当父母的责任）与奉献；

(8) 是非观念；

(9) 欲望与能力（我的金钱观）；

(10) 做人底线（法律与道德）；

(11) 人生诱惑（成瘾行为及危害）；

(12) 犯罪行为解读（包括受害人角度）；

(13) 犯罪的痛（对家庭、自己、他人的伤害与损害）；

(14) 孝与不孝；

(15) 亲情与亲密关系（家、父母、人）。

（"金钱与人生"作为备用主题）

是否按这个主题排列顺序来安排讨论？对此尚不能确定。

同时，每次团体辅导的最后20分钟是否做一下催眠放松？（注：在接下来的团体辅导实际操作中，催眠只做了一次。）

● 第六次团体辅导记录

时间：2016年5月25日，8：50—10：20。

带领者：邵晓顺。蒋小霞、姚俊翔因监狱组织活动不能参加。在未管所挂职锻炼的浙江警官职业学院老师张崇脉博士参加了本次团体活动。

带领者首先对全体组员进行受暗示性测试：手臂升起和落下测验（想象力测验）。具体是：全体组员站立，带领者相向站立。带领者要求组员轻松站立，手臂轻松放在身体两边。然后要求大家闭上眼睛，双手前举，与肩膀同高，左手手心向上，右手大拇指向上。想象左手放着一本很重的书；然后想象右手大拇指上面绑着一根绳子，上面系着一个大氢气球。气球很轻，所以牵引右手往上浮、往上浮。而左手捧着很重的书而一直往下沉，往下沉。重复最后一句。过了一段时间说停止。结果：一部分组员左手向下，右手向上。但有一部分组员双手基本在同一水平。比如，孔某军等人双手上下分开大。

然后带领者与组员围圈而坐。按顺时针方向顺序是：邵晓顺、俞某涛、向某家、毛某波、范某义、孔某军、赵某龙、王某津、李某民、张某飞、（张崇脉，在讨论了一段时间后坐进来）、卢某香、刘某广。

带领者请组员卢某香朗读以下故事：

三个徒弟都拜于同一个师父。三年后，三个徒弟学有所成，于是就告别师父下山去闯荡人生。

临行时，师父要他们说说自己要做什么。

年龄小的说我向师父学习兵法三年，我可以去参军，做一名将领。

个子矮的说我向师父学习礼让三年，但是我觉得自己个子矮我不想做什么。

身强力壮的说，我向师父学习武术三年，凭着我的身材和武功，我觉得我是最强的，我要打遍天下无敌手。

后来，年龄小的当上将领；个子矮的回到家一事无成，妻室都没有；身强力壮的在打打杀杀中被他的对手打败了。

读完后，带领者作了进一步解读，要求大家谈谈有什么感受。带领者首先作了分析、解读：A（年龄小，做将领）有志气；B（个子矮的）自卑，没自信；当带领者说到C（身体壮的）时，范某义插话说：C自负，带领者肯定范某义说的，说C自负、很骄傲。

因范某义说话了，带领者就请他先发言。

范某义：A 自信，完成了他的心愿。C 骄傲过头，被别人打败。B 自卑，什么事都不想干，不去闯一下。

然后带领者要求隔一个组员发言，这样接下来是赵某龙发言，同时带领者要求发言人除了谈感受，还要结合自己的情况发言。带领者安排这样一个发言顺序，是考虑到坐在范某义旁边的孔某军较为内向，他发言情况如果不理想的话，可能会影响后面组员的发言。

赵某龙：以前在外面，自己像 B 一样，自暴自弃，什么事也没用心去做。然后谈了从小爸爸妈妈不要他的一些情况。带领者建议关于父母的情况今后再讨论。

李某民：我觉得按自己个人所想，我也选那个武术，有技在身，防身也挺好的。以身体优势去找自己能做的事。但 C 要换一种态度。A 是成功的。自己想做 C，但要换一种生活态度。

卢某香：他们心态不一样，一个自信，会成功；一个自卑、一个自负。这个故事说明心态决定一切。梦想要一步一步走。

俞某涛：觉得自己是 C，因为我也是练过的。练过一年多。在学校喜欢打架、抽烟。并就多种打架（单挑、群架）谈了许多。

王某津参与了关于学校同学相互间打架的讨论。在谈到教练支持打架时，带领者表示不同意见，觉得这样的教练不对，范某义也表示教练不好。

带领者问俞某涛打架是主动还是被动的。回答说主动、被动的都有。并讨论了一年多后为什么不读书了，被开除的情况。这是因为打架并且自己也不想读书了，而其他几个一起打架的检讨后就能够继续读书。带领者由此联系组员在监狱服刑，也是需要去检讨自己的。来未管所表示大家多多少少犯了错，那么来了不能说就这样糊里糊涂地过，要检讨一下自己以前的行为，吸取教训。

毛某波：喜欢 C。跟 C 差不多，比较自负。

此时，带领者邀请原先坐在团体外旁观的张崇脉老师进入团体，并把各位组员向张老师作了简单介绍。然后请孔某军发言。

孔某军：自己像 B，做事情跟他一样，对自己做事没有信心。比较自卑，一直这样。

邵晓顺：那你最擅长的、最强大的是什么？

孔某军：没有。

邵晓顺：肯定有。大家说说孔某军的优点？

毛某波：文静。

邵晓顺：对，文静、斯文，比较有礼貌。这些都蛮好的。

王某津：比较呆萌，比较可爱。

邵晓顺：对，这个也挺好的。

王某津：自己比较像B，比较自负，但我在外面会考虑给自己准备一条后路。会想到最坏的结果，然后再稍好一点的，这两种中选一种。

邵晓顺：就是说，最坏处打算，往最好处努力。

张某飞：跟A和B差不多。有一个目标会去追求，但追求不到时，就像B一样。

邵晓顺：A向B转换时要注意些什么呢？

张某飞：就是要坚持，不要自暴自弃、对自己没有信心。

刘某广：在外（在社会上）像C，现在像B，过一天算一天。

邵晓顺：有没有想去做点什么？

刘某广：不想。

邵晓顺：刑期还剩多少时间？

刘某广：还有7个月。

张某飞：我也不想，就劳动时还努力点。

讲到了劳动后，组员和带领者、张老师一起讨论了各自在监狱的劳动情况和考核分情况。其中，孔某军说不要考核分，刘某广也一样的想法。

向某家：自己像A，向B转换，有自己的想法，没有去做好，就放弃了，坚持性不够。

向某家讨论分享后，组员和带领者、张老师一起再讨论了组员们每月的考核分和劳动状况。

因考虑到再去讨论一个新课题时间不够，因此，带领者和组员主要就围绕考核分以及与劳动的关系等问题作了交流讨论。带领者考虑再三，最后决定与大家讲解、分享"老鹰的故事"（王某津说他看到过这个故事）。带领者讲到老鹰的蜕变，在自我暴露后，向组员们提出也要去做自我蜕变，因为以前多多少少犯了一些错误，需要在未管所去蜕变。特别提出刘某广可以去想一想，如何改变自己，实现蜕变。王某津、毛某波参与讨论、分享较多。

团体最后20分钟，带领者对组员进行了催眠放松。

感受:

1. 本次讨论比前一次的讨论表现得较为活跃些,并且大家的讨论能够结合自己的情况来分享。而最后的催眠放松结束后大家感到心里舒服,组员张某飞把这个感受在催眠结束时直接说了出来。也有组员说都要睡着了,带领者解释说睡着是正常的现象。

2. 本次团体活动结束后,带领者邵晓顺与蒋小霞讨论催眠有什么用。邵晓顺认为,催眠过程中给组员以积极暗示,如本次催眠中在组员心中(潜意识层面)努力去建立一个"美丽花园",当他们有了消极情绪时,可以去跟这个美丽花园相联结而改善情绪状态,因为"失亲"未成年犯个体内部常常存在较多的消极、冲突情绪,这个"美丽花园"也许可以给他们以帮助。

同时,催眠过程中的暗示,其实可以多种多样,如本次活动讨论主题是自信、自卑与自负,在催眠过程中就可以给他们以自信的暗示。而对冲动性强的组员,催眠暗示时要求他们三思而后行,也可以起到一定的帮助作用。同时,催眠也是一个深度放松过程,通过催眠暗示,教会组员学会自我催眠,对他们今后的冲动性控制以及睡眠改善会有帮助。(前测结果表明,组员们都存在睡眠障碍,只是程度有所不同而已。)

3. 两位带领者还讨论了团体讨论阶段时组员发言的安排。今后是否可以让组员自由发言?带领者不再去指定谁先发言和发言顺序。

- **第七次团体辅导活动计划**

结构式团体辅导,主题:控制力、自制力与冲动性(愤怒控制)。时间90分钟。

准备材料为"对付愤怒的方法"和"关于愤怒的错误观念"(材料来自:《青少年小组游戏:治疗师手册》,[美]苏珊·卡罗尔著,刘梦等译,中国人民大学出版社2007年版,第128—132页)

对付愤怒的方法

1. 在我愤怒的时候,我通常……(解释你做什么)

2. 这种反应对我有用吗?为什么有用或为什么没有用?

3. 在我家里,他们是怎样表示愤怒的?

(1)妈妈:

(2)爸爸:

(3)兄弟姐妹:

(4)其他重要的人:

4. 我怎样才能改善自己处理愤怒情绪的方法？

关于愤怒的错误观念
1. 感到愤怒很不好。
2. 愤怒是一种对时间和精力的浪费。
3. 好人不会愤怒。
4. 我们愤怒是不应该的。
5. 如果我们愤怒就会失去控制，变得疯狂。
6. 如果我们对他人表达愤怒，他们就会离开你。
7. 他人从不应该对我们表示愤怒。
8. 如果他人对我们愤怒了，我们一定做错了什么。
9. 如果他人对我们愤怒了，我们惹怒了他们，我们就有责任使他们的情绪稳定下来。
10. 如果我们感到愤怒，别人惹怒了我们，他就有责任使我们的情绪稳定下来。
11. 如果我们对某人愤怒了，我们的关系结束了，那个人就得离开。
12. 如果我们对某人愤怒了，我们就应该惩罚他，因为他让我们感到愤怒。
13. 如果我们对某人愤怒了，那个人就得改变他的行为，使得我们不再愤怒。
14. 如果我们感到愤怒，我们就得打人或砸东西来泄愤。
15. 如果我们感到愤怒，我们就得大喊大叫。
16. 如果我们对某人感到愤怒，就意味着我们不再爱那个人。
17. 如果某人对我们感到愤怒，就意味着那人不再爱我们。
18. 愤怒是一种罪恶的情绪。
19. 当我们明白自己的情绪变化的缘由时，感到愤怒也没问题。

第七次团体辅导记录
时间：2016年6月8日，9：23—11：07。
带领者：邵晓顺，蒋小霞。
带领者与组员围圈而坐。按顺时针方向顺序是：邵晓顺、俞某涛、向某家、毛某波、范某义、孔某军、王某津、李某民、张某飞、蒋小霞、卢某香、刘某广。
赵某龙因晚上值班需要休息而不能参加。

带领者蒋小霞首先说明了上个星期团体辅导停做的原因,以及前两次她没有参加的原因。

带领者邵晓顺讲了本次团体活动的主题,然后下发讨论材料"对付愤怒的方法",要求组员们填写,时间15分钟。

王某津拿到填写材料后说,自己不会愤怒,所以不知怎么填。带领者与他交流,一方面是担心他的发言会影响其他组员的填写;另一方面,他说不会愤怒不太可能。在带领者与他多次来回交流中,王某津承认有时也会发怒,但很少有这样的情况。带领者要求他就很少的情况,也仍然可以填写一下这份讨论材料。

15分钟后,绝大多数组员完成了材料填写,个别组员仍然还在填写。带领者决定组织大家讨论。要求组员自己主动发言,不再指定谁先发言。带领者扫视团体组员,在带领者眼神鼓励下,毛某波说他先说。

每位组员基本上按讨论材料中题目的顺序依次回答问题。

毛某波:1. 我一般会骂人,或者动手打人。2. 没有用,因为自己知道打也打不过别人。(大家笑)3.(1)妈妈:经常用骂来表示她的愤怒,或者用打来表示她的愤怒。(2)父亲:在小时候,爸爸是一个很凶的人,每次只要我犯了错他都会以动手打我来表示愤怒。4. 方法:(1)冷静是我唯一的控制方法;(2)时常找个没人的地方,使自己平静下来。

毛某波发言完毕,带领者还是要求大家自己主动发言。后面或者在带领者鼓励之下有组员主动发言,或者是组员自己接着主动发言。毛某波发言后接下来发言的是王某津。

王某津:1. 平时不愤怒。愤怒只有在一些触碰到我底线的时候才会发火。用我自己的话说:我冷静时是人,发火时是魔鬼。曾经把骂自己家人的人,手弄废了。2. 没用。给自己造成伤害。3.(1)妈妈:不打,口头责备。(2)爸爸:以暴制暴。4. 没有办法。

向某家:1. 通常我觉得自己不去和他人争吵或打架,就不会出现愤怒。平时我不会愤怒,因为自己本来就是一个比较喜欢与人和睦相处的性格。2. 有用,自己能够控制好自己的情绪,平和地去对待。3.(1)妈妈:说我哪做错了,或者骂我一会儿就这样。(2)爸爸:骂人,情况严重一点会打我。4. 方法一,冷静是自己控制情绪的一种方法。方法二,不吵嘴是避免发生愤怒的一种方法。方法三,自己忍让别人或者自己安静一下。

卢某香：1. 现在不跟人吵，骂又不痛。以前愤怒，打一下，要打赢。[发言时说这些，在材料纸上写的是：（在未管所）一个人冷静地坐着，在社会上时上上网、听听音乐、看看电影]。2.（对于愤怒时打一下）现在看（这样做）不好，再这样又要进来了（进监狱）。3.（1）妈妈：不讲话，坐身边。（2）姐姐：骂人，不理人，找东西发泄，哭一下。4. 给别人一张笑脸，讲了就讲了。当别人讲自己时，要有则改之、无则加勉。而在大家一起讨论时，卢某香提到了运动，带领者说锻炼也是一种控制愤怒的好办法。

刘某广：1. 开口骂人，说脏话。2. 开口骂人我感到是没有用的。3.（1）妈妈：骂。（2）爸爸：一个人抽香烟。4. 到厕所洗把脸。（讨论材料上写：一个人冷静想想，别人对我是不是对的，让自己冷静下来不要愤怒。）

范某义：1. 在我愤怒的时候，有时候自己受到委屈会发火。在发火的时候，冲动就动手打人，扔东西等。如果火气不大还能控制住。2. 这种反应对我没用，因为每当我愤怒就开始动手打人，这是对自己没有帮助的。只会让事情越闹越大。3.（1）妈妈：愤怒时就是会扔东西，大声叫骂。（2）爸爸：动手打人。（3）兄弟姐妹：我弟弟是扔东西，妹妹是躲起来哭。4. 在自己愤怒的时候在心里想着只要不冲动，就会风平浪静。还有控制住自己的情绪和心态，笑笑就忍过去了。带领者邵晓顺说，我们今天的主题就是控制力、自制力与冲动性，所以范某义说到了控制自己，确实是这样。

张某飞：1. 我在心情一般或好的时候，会不说话。要是一而再、再而三的，长期下来我也忍不了，我会愤怒，别吵或别烦我。2. 这种反应对我有用。我提醒他别这样做，他不要这样就好了。3.（1）妈妈：在我犯错的时候，她会给我好好说。我要是还不听她就会发火骂我。（2）爸爸：他很凶，我不听话他就会打我。4. 在我心情一般或好的时候没问题。情绪低落的时候我一般不会说话，自己慢慢地想一下或试着理解。

李某民：1. 我会自己想，找个安静的环境用很多理由来安慰自己。我做的是对的。2. 有时候有用。有很多的理由还是对的，而有些不太好。3.（1）妈妈：口头教育。（2）爸爸：偶尔采用打。（3）兄弟姐妹：愤怒时想讨个说法。（4）其他重要的人：他们都有自己的底线。4. 我个人感觉以自我安慰的方式来渐渐让情绪好转。说的不多，自己想的有很多，用各种理由和借口来掩饰。

俞某涛：1. 我通常愤怒是一般在别人触碰到我的底线了才会发火，我心情不好的时候。2. 没用，因为愤怒对人本来就是不好。有一句话：冲动是魔鬼。3. 爸爸：在家里的时候，我爸在我做错事情的时候才会愤怒或打我。4. 我应该把自己的心情和自己的手控制牢,要学会控制自己。

孔某军: 1. 我通常不愤怒。我会好好跟别人说或者不说话,或者随便别人怎么说我。2. 我不懂什么是反应。(在带领者解释后,回答说:不反应) 3. 我没见过我父母愤怒。(在相互讨论时,孔某军说自己无错事,父母不管。) 4. 只要忍住气不让脾气爆发出来就行了。我一般都没有脾气的。(在大家一起讨论时,孔某军说,到网吧打游戏,听听歌。)

在讨论过程中,两位带领者与组员都有交流。

组员发言结束,带领者邵晓顺首先发言,认为大家说的控制愤怒的方法都挺好的,对组员的方法进行了初步总结。然后讲了愤怒控制的宣泄方法(多名组员表现出不那么认可该方法),以及认知行为疗法中的愤怒控制方法。然后主要针对有的组员说到父母在愤怒时的暴力行为,阐述暴力行为的家庭传递现象。每位组员今后都要当父亲的,所以对自己的小孩犯错时不要打。有学者研究表明,父亲的打与小孩的犯罪呈正相关。同时,带领者还就自己在教育小孩时的做法作了自我暴露。

带领者蒋小霞最后总结发言。她说,第一,大家的分享让我们脑洞大开。类似网络众筹,大家讲了很多方法,然后找到自己合适的控制愤怒的方法。第二,从本次讨论来看,大家感到团队是安全的、信任的,所以讨论的水平越来越高。第三,关于愤怒,要往前移,要减少愤怒的发生。多学习,学习任何知识,看网络书也行,吸取有用的东西,杂志报纸也行,日积月累,提高自己。然后,出去后(刑满释放后)交一些正能量的朋友,向善的朋友。另外,听音乐可以改变认知、情绪,如十天半月评估一下自己,如果比较愤怒,听平静心情的音乐。如果心情不好的,就听激动人心的音乐。另外,不到一些地方去,即容易引起冲突、愤怒的地方,不那么好的地方不要去。

因时间关系,材料2"关于愤怒的错误观念"没有讨论。

团体活动结束,带领者蒋小霞问组员近期有没有违规行为,组员们都回答说"没有"。蒋小霞对此作了肯定和鼓励。

感受:

1. 带领者对组员控制愤怒的方法最后没有做全面的总结,并且对组员提出"积极实践"的要求,需要在下次团体活动时再强调一下。

2. 团体活动结束,两位带领者认为本次团体活动,组员讨论投入,发言积极,效果不错。带领者邵晓顺认为,蒋小霞最后的总结很好,愤怒控制可以重点关注愤怒之前的生气状态及其控制，等到一个人真正愤怒了，控制起来有时会非常困难。

3. 带领者蒋小霞认为，本次团体活动讨论了愤怒，下次团体活动是否可以讨论一下焦虑？带领者邵晓顺认为，是否需要更关注组员的犯罪心理？

4. 两位带领者还讨论了有关服刑人员心理规律理论研究（犯罪心理理论研究）与服刑人员心理矫正实务工作价值性的关系，认为像这样的心理矫正实务工作完成后能够进行成果总结并出版，同样是非常有意义和价值的。

● 第八次团体辅导准备

带领者邵晓顺在网络上收集关于人际关系与人际沟通的辅导材料，在阅读较多材料后认为不那么符合未成年犯的团体活动，决定根据自己多年的研究成果与针对性思考，设计了以下题目作为本次团体活动的讨论材料。

我的朋友与哥们儿

1. 我在社会上时的朋友情况是……（有或者没有，有几个，是否有违法犯罪的朋友）
2. 我最看重的朋友的品质是……
3. 我与朋友一起时最常做的事情是……
4. 朋友与哥们儿有什么区别？
5. 你怎么理解哥们儿义气？

第八次团体辅导记录

时间：2016年6月15日，9：19—10：55。

讨论主题：人际关系与人际沟通——朋友与哥们。

带领者：邵晓顺。蒋小霞因外出培训没有参加，姚俊翔另有团体要带领不能参加。

今天因未管所心理健康指导中心团体辅导室有另外的团体辅导活动，咨询预约等候室也有团体活动，因此本次团体辅导在心理健康指导中心的沙盘游戏室进行。

团体成员围圈而坐，以带领者邵晓顺为起点，顺时针方向依次是：俞某涛、向某家、毛某波、范某义、孔某军、王某津、张某飞、卢某香、刘某广。

赵某龙、李某民晚上值班（夜护监），白天需要休息而不能参加。

带领者邵晓顺首先回顾了上次团体辅导愤怒控制讨论中大家提出的对策、方法，再次逐个说明，并要求大家今后有了愤怒情绪时要学会去运用。

然后，带领者下发讨论材料与笔，要求组员用 15 分钟时间回答讨论材料上的问题。

9∶30，带领者问组员字都看得懂吧？范某义回答：看得懂。

9∶36，在组员完成讨论材料填写后，带领者邵晓顺组织组员讨论。

与前次团体活动一样，带领者要求组员自己主动发言，不再指定谁先发言。稍等一会儿后，卢某香说，毛某波先说嘛。这样毛某波第一个发言。

毛某波：(1) 我在社会上的朋友有几个，都是流浪的。(2) 最看重朋友的品质是义气。(3) 与朋友在一起最常做的事是上网、喝酒。(4) 朋友与哥们儿差不多，没有什么区别。(5) 如果自己遇到困难，他来帮助，这就是义气，这就是哥们儿。

毛某波说完，就对卢某香说，那接下来你发言吧。

卢某香：(1) 我们一起上班、一起睡觉、一起做任何事。共 3 个人。我有什么事情，他们都会帮我。其中一个是同学，还有一个是同学的表弟，是在江苏认识的，但都是老家的人。(有组员问，一起睡觉怎么回事？回答说是睡在同一个房间) (2) 很有原则，无论什么时候都说话算话，都把我们的情义放在第一位。(3) 一起上网，一起打球，要么在一起。就这 3 个人。(4) 朋友时间长了就变"哥们儿"。不知有什么区别。(5) 无话不谈，彼此都能关心对方。

张某飞：(1) 我有很多社会上的朋友，几乎都是违法犯罪的。(2) 能说会道，还要处理好人际、外在的关系。(3) 一起去玩，去酒吧、KTV，像夏天去游泳。(4) 什么人都能称为朋友，哥们儿是玩得比较好的能互相理解的。什么人都可以叫朋友。(5) 有事的时候做力所能及的事，能相互帮助。

孔某军：我没有朋友，上完班下班就回家。(在讨论材料上写：在网吧认识一些朋友，我被他们骗了，后来就被抓了。) (对后面的问题，孔某军说没有朋友不知如何回答，带领者鼓励后他仍然说没话可说。带领者就说，那孔某军再思考一下，等会再回答。) (孔某军发言时声音洪亮。)

孔某军回答结束，向某家与范某义异口同声说下面我来说，向某家随后说那让范某义先回答吧。

(在讨论过程中，多人拿沙盘架上的玩具玩，带领者每次都给予了制止，要求大家专心参与讨论。)

范某义：(1) 有，比较多。这个有的是坐过牢，但是也不知道怎么讲，但只要对自己有帮助还是值得去交往的。(2) 有困难互相帮助，不要欺骗。(3) 一起吃饭。(4) 真心的朋友跟要好的"哥们儿"对我来说也没有多大的区别。(5) 我是这样理解：哥们儿义气，就是对自己不要有出卖之心，有困难或什么自己能够帮助到的事，都一起解决。

带领者问：怎么帮助？帮助什么？范某义回答不上来。

向某家：(1) 有，比较多，违法犯罪的也有几个。(2) 玩得来的就好。(3) 上网，赛车，到处瞎跑，吃饭喝酒。好玩就去。(4) 朋友只是认识或平时在一起做什么事情而已。"哥们儿"就是经常在一起玩，经常联系或有什么事都会向"哥们儿"说。朋友时间久了也就变成"哥们儿"。(5) 在外面时有什么需要帮忙的，就会去帮他，不管是什么都会去。能够互相帮助到对方。

王某津：(1) 有，比较多，犯罪的也有。(2) 态度。(3) 一起玩。(4) 没太大区别。(5) 有福同享、有难同当。

俞某涛：(1) 有很多，违法犯罪的也有，如打架的很多。(2) 不知道。(3) 网吧上网，湖里钓鱼，打球。(4)（发言时）没什么区别。（材料上填写）朋友是可以帮你，也可以出卖你的，"哥们儿"就是可以帮你的。(5) "哥们儿"是很了解你的心，就是自己的知音吧。最困难的时候来帮你。

刘某广：(1) 有几个，不是违法犯罪的。(2) 诚实、讲信用，义气，有难一起过，有苦一起吃。(3) 玩电脑，打篮球，打牌。(4) 朋友就是聊聊天的朋友，比朋友再深一点就是"哥们儿"。"哥们儿"是一起玩、一起快乐，有事第一时间出现在我的身边帮我解决。（讨论时则说没区别）(5) 有事一起上，有难一起过，还有没钱的时候借我钱。

组员发言结束，带领者问孔某军对后面的问题思考的怎样，孔某军笑着说，没什么想说的。

带领者邵晓顺在组员全部回答完毕后进行总结。

一是有的组员在社会上时，朋友中有犯罪的人，这个今后要注意避免。大家新生后，离开未管走向社会再交朋友时，不能再去交还在犯罪的朋友。因为有犯罪的朋友是引发一个人犯罪最主要的因素，国内外犯罪学研究都是这样的结论。当然，如果犯了罪的人改正了，所谓"浪子回头金不换"，那么可以交，而且有时这样的朋友还会提醒你注意什么事不能做。毛某波、向某家、范某义等人点头称是。

二是大家最看重的朋友品质，如讲义气、诚实、说话算数、讲信用等，是非常好的。这些品质确实很重要。但也有的不知道、不清楚，通过今天的讨论希望大家都清楚那些品质是好的，是作为一个朋友应当具备的。

三是与朋友一起做的事情，大家以前在社会上与朋友一起做的事情，比较多的是吃饭喝酒、上网吧、玩等，这个不那么好。与朋友可以一起看书啊，一起做些有意义的事，如一起旅游。

关于第四跟第五个问题，可以合起来讲，就是大家不知道"朋友"与"哥们儿"的区别，或者不能正确理解两者的区别，也不能够理解什么是"哥们儿义气"。从大家的发言来看，"哥们儿义气"被大家当成了褒义词。从学术研究上来说，我们通常来说，"哥们儿义气"是不好的。"朋友"与"哥们儿"最大的区别是什么呢？朋友就是真心帮你的，知道是非观念，不对的不能去做，对的鼓励你去做，这才是朋友。"哥们儿"就是不管三七二十一，不管发生什么事先帮了再说。不管对错地来帮助一个人，这其实是不对的。在帮助之前，一定要清楚事情的对错。所以，不能有"哥们儿义气"。

带领者在总结时重点讲了犯罪朋友问题和"哥们儿义气"的正确理解。

时间到了10:30，离结束还有20分钟，带领者决定发起本次团体活动的第二个主题，就是与卢某香作告别。这也是给卢某香作团体分离活动。要求大家对卢某香说句祝福的话。

范某义：希望卢某香出去以后踏踏实实地，走正道，有自己的事业，正业。

卢某香对范某义的祝愿表示了感谢。对随后的每个组员的祝福，都与卢某香有互动，互动内容卢某香除了感谢，有时相互调侃一下。

俞某涛：出去后安安分分的，找份工作安心上班，不要乱玩。

向某家：通过团体认识你很高兴，外面的世界不一样，找一份适合自己的工作，家人关系好一点。

毛某波：认识（你）感到荣幸，也是缘分。到社会安分工作。祝新生快乐。

孔某军：好好上班，好好孝顺父母。

张某飞：记住教训，工作也是事业，工作上做时间长了，也就变成了事业。

王某津：安稳点，好好工作，平平淡淡过日子，不要再进来。

刘某广：踏实工作，新生快乐。

大家祝福、发言结束，带领者也给卢某香送祝福。

首先问卢某香17日谁来接，卢某香回答说是姐姐来接。

其次，带领者与其他组员一样，祝贺卢某香新生，马上就要回到社会上去了，为他高兴。因此，也同样地，希望他今后做一个守法的人。

那么，如何面对今后的生活？首先，回去后休息几天来调整身心是可以的，如一个星期或者几天，但不要休息、调整身体时间太长，还是要去找工作做。要养活自己。这是最基本的。

张某飞发言，说出去后就怕忘记了这里曾经的经历，又去玩了，特别是跟一些朋友一起玩，那就又要进来了，又要重蹈覆辙了。

带领者说，所以出去后记得不要再跟有犯罪行为的人交朋友，一起玩。带领者结合在司法局调研的情况阐述，重新犯罪最主要的原因之一就是原来的朋友，或者称之为"狐朋狗友"的人找上门来，然后又一起去玩了，就又去犯罪了。

其次是找份工作后，挣钱了，如何花？一个月挣的钱不能花完，因为大家作为男人，还要娶老婆生小孩，这些都需要钱。结婚生孩子，可能家里会支持一些，但有的人家里支持不了，就需要从自己挣的钱中省下来。同时，大家今后年纪大了，如60岁、65岁以后，活干不了了，到退休年龄了，那么要年轻时把钱存起来，到年纪大时再花。这个也是一个人的理财能力，一个人要有理财的计划。比如，一个月挣2000元钱，可以分成四个部分，每个月吃比如500元，住500元，然后零花钱几百元，剩下的钱要存起来。向某家说朋友急用要来借钱，带领者说是的，这些钱可以作为急用的一部分，预算进去。还有比如朋友结婚随份子的钱，等等。总之，对每个月挣的钱要有一个规划，有个打算，不能都花完了。

带领者另外还提出，大家今后挣到的第一笔钱，其实应当给父母，就是留下吃的以及必须开支的，其余的钱要给父母，以报答他们的养育之恩。俞某涛说，自己挣的钱还不够自己花的。带领者说，这个有的，听到有的学员说过，这说明花的钱过度了。这个话题我们后面团体活动再讨论。挣到第一笔钱，如果钱不多，自己花费所剩不多，那么给父母买个礼物也可以，礼物不一定很贵。这是孝心，是感恩之心，是对父母养育的感恩。

团体活动结束，姚俊翔警官跟带领者邵晓顺说，管区反映孔某军抑郁挺严重，问在团体中表现怎么样。邵晓顺认为，孔某军在团体辅导中表现不错，没有表现出严重的抑郁症状。

感受：

1. 本次团体活动，组员们的表现仍然是较为活跃的，团体气氛较为轻松，组员们在团体里表现自在，表明团体安全感、信任感较好。

2. 在本次团体辅导活动中，让带领者感到意外的是，全体组员没有人认为"哥们儿义气"是不正确的，没有人认为它是贬义词，都对"哥们儿义气"持肯定态度。这表明这些未成年犯，以及可能有许多未成年犯，对"朋友"与"哥们儿"以及"哥们儿义气"的认识存在错误观点，需要给予有效的矫正。在本次团体活动中，带领者对此展开了认真地工作。而且下次团体活动时可以再强调一下。

3. 理财计划，在有的国家监狱矫正工作中是一个矫正项目，设计有32课时。由于考虑到组员卢某香即将刑满释放，不再参加今后的团体辅导，因此，带领者在本次团体活动中作了一些讲解。后面的团体活动中还将组织讨论分享。

- 第九次团体辅导活动计划

结构式团体辅导。

活动时间：90分钟。

根据总体团体辅导计划，第九次的主题是：我的角色担当（年龄心理，从出生到死亡）。

带领者邵晓顺一开始设计团体活动是请组员每人朗读一段艾里克森的"人格发展理论"。但考虑到未成年犯文化程度较低，朗读理论然后讨论可能难度太大，决定根据每个阶段的心理发展任务，设计问题请组员回答，然后再组织大家讨论。

八个年龄阶段设计了8份讨论材料。具体如下：

0—1岁半

（1）0到1岁半的小朋友，你想象一下或观察到的最常见的动作是什么？

（2）这个年龄段的小朋友哭了，作为父母要怎么做？

小朋友饿了，作为父母要怎么做？

（3）这个年龄段的小朋友还不会说话，作为父母或其他大人跟他说话有用吗？

1岁半—3岁

（1）1岁半到3岁的小朋友，你想象一下或观察到的最喜欢做的事情是什么？

（2）这个年龄段的最常见的一种不那么好的现象是什么？

（3）父母或抚养人应当怎么做来改进小孩的不良行为现象？

3—5 岁

(1) 3—5 岁的小朋友，你想象一下或观察到的最常见的一句话是什么？

(2) 这个年龄段最常见的活动有哪些？

(3) 父母或抚养人要如何与这个年龄段的小孩来互动？

6—12 岁

(1) 6—12 岁的年龄，你回想一下自己最常做的事情是什么？

(2) 6—12 岁，是小学学习阶段，你的学习成绩怎样？为什么？

(3) 在这个年龄阶段，父母或抚养人跟你说得最多的一句话是什么？

12—18 岁

(1) 12—18 岁的年龄，你在社会上时自己最常做的事情是什么？

(2) 在这个年龄阶段，父母或抚养人跟你说得最多的一句话是什么？

(3) 你的朋友中哪句话或哪些话对你影响最大？

(4) 你认为自己是怎样的一个人？

(5) 你希望自己今后成为怎样的一个人（你的人生规划是什么）？

18—25 岁

(1) 请你想象一下，18—25 岁，你会在做什么样的事情？

(2) 18—25 岁，你希望自己做什么样的事情？

(3) 你希望与怎样的女性组成一个家庭（或者说你希望找怎么样的女朋友）？比如有钱的、有貌的、有才的、有德的等。

25—65 岁

(1) 请你想象一下，25—65 岁，你希望自己做什么样的事情？

(2) 你希望有几个小孩？

(3) 你会对自己的孩子如何教与管？

65 岁以上

(1) 请你想象一下，过了 65 岁，你希望自己的生活是什么样的？

(2) 你怎么认识生病与死亡这些现象？

讨论材料装在信封里，由组员随机抽取一个作答。由于 12—18 岁这个年龄段不仅重要而且正好是组员们所在的年龄，所以这个年龄段就多准备了两个信封。如果本次团体活动时组员超过 8 人，那么其余年龄段一人回答一个信封里的问题，其他组员都来回答 12—18 岁这个年龄段的问题。

第九次团体辅导记录

时间：2016年6月21日，9：08—10：40。

讨论主题：我的角色担当（年龄心理，从出生到死亡）。

带领者：邵晓顺。蒋小霞因外出培训没有参加，姚俊翔因单位另有工作任务不能参加。

团体成员围圈而坐，以带领者邵晓顺为起点，顺时针方向依次是：俞某涛、向某家、毛某波、范某义、孔某军、王某津、（空椅子）、张某飞、刘某广。

赵某龙、李某民晚上值班（夜护监），白天需要休息而不能参加。

团体活动开始之前，带领者发现孔某军今天情绪有些低落，眼里似乎带泪，就询问孔某军感觉怎样。孔某军似乎不太愿意说话，摇摇头低声说没什么。带领者鼓励他与其他人多交往。孔某军说自己不想交往。带领者就跟团体里与孔某军同管区的向某家、毛某波、刘某广提出要求，请他们在管区时与孔某军多多交流。也对孔某军说，我们团体已经做了8次，今天第9次，大家应该比较熟悉了，可以多跟团体里的组员多交往，孔某军似乎也不太有这个意思。向某家说，他与孔某军是同组的，跟他是有交往的，就是他不太愿意交往。毛某波说，今天是第9次了？应该是第8次。带领者说，已经做了8次团体辅导，今天是第9次了。毛某波坚持认为是第8次。带领者说根据记录下来的情况看，已经做了8次了。

毛某波问，今天是星期二，原来团体辅导都是在星期三的，为什么？带领者对此作了解释，因明天星期三有事情。

带领者宣布团体活动正式开始。首先回顾了上次团体辅导活动中关于哥们儿义气的讨论，再次强调哥们儿义气是不对的，做人做事要分清对错，以前的错误观念要加以改变。

然后带领者拿出信封请组员随机抽取，要求对信封中的问题作答，时间10分钟，然后讨论。

由于今天参加团体活动的组员正好8位，因此带领者团体活动前设计的12—18岁年龄段的问题由几个组员来回答的设想不能实现。刚好是每名组员对应一个年龄段。经随机抽取信封，各个组员与年龄段匹配的具体情况是：俞某涛：0—1.5岁，毛某波：1.5—3岁，向某家：3—5岁，刘某广：6—12岁，范某义：12—18岁，孔某军：18—25岁，王某津：25—65岁，张某飞：65岁以上。

10分钟后，大多组员完成了填写。带领者按年龄发展阶段顺序组织组员讨论。第一个发言的是俞某涛。

0—1.5岁——俞某涛：（1）0—1岁半是比较喜欢哭、喝奶。（2）小朋友哭了，哄孩子，抱一抱。小朋友饿了，给他吃奶。（3）有用，教他学说话。

组员、带领者一起讨论了0—1岁半小孩的一些表现，带领者讲解了该阶段孩子的需求，当小孩哭或饿时，要及时给予照料，这是小孩对外界建立信任关系的基础。如果父母或抚养人在小孩有需求时及时照料，那么小孩就会建立起对外界、对世界的基本信任。这是一个重要的心理基础。

1.5—3岁——毛某波：（1）他们都只会哭，学走路。（2）只会哭，还不懂事。（3）应该对他们进行批评教育。

张某飞主动谈了他的观点。随后带领者讲解这个年龄段小孩的特征，一是1岁半到3岁的小孩，是自主性暴发的第一个阶段，什么事情都想自己做，因此这个年龄段的小朋友最喜欢说的是"我自己来"或"某某自己来"。所以父母或抚养人要尊重小孩的自主性，如吃饭时给他一个调羹，父母喂一些、自己吃一些，这样就尊重了小孩的自主性，而不是吃饭全由大人喂，因为有的父母或（外）祖父母，怕麻烦或担心小孩饭洒一桌子就不让小孩自己吃一些，一餐饭都是喂下去的，这就伤害了小孩子的自主性的发展。另外，这个年龄段小孩的一个不那么好的现象是随地大小便。这个需要父母或抚养人进行训练。

3—5岁——向某家：（1）我自己来做，不要别人帮忙。（2）到处跑，玩东西。（3）抱着他们出门走走或给他买点糖吃，哄着他。

张某飞说，这个年龄段最常见的活动是玩积木，滑滑梯。

带领者邵晓顺解释了这个年龄段的心理发展特征。最常见的一句话是"为什么呢"，他们会老是问个不停，为什么这样、为什么那样。作为父母或抚养人，要及时、认真地回答他们的"为什么"，而不能不耐烦、没耐心。带领者阐述了为什么要这样做的原因。

6—12岁——刘某广：（1）上学、读书和朋友在一起玩。（2）小学还好，不知道有什么可以玩，只好读书。（3）好好读书，这是为你读的，不是为我们读的。

由于到了小学年龄段后，组员们对此都会有记忆，所以带领者就这个年龄段的每个问题都问组员们具体是怎样一个情况。

第一个问题：

俞某涛：读书，三年级父母闹离婚就没读了。

毛某波：读书。**向某家**：读书、放牛、玩。

孔某军：读到三年级，没读完小学，9—10岁就回家跟爸爸一起种田、拔草。

王某津：同班同学一起玩。

范某义：读书，回家做家务。

第二个问题：

毛某波：成绩不好，不专心。

向某家：一二年级成绩好，三年级不好了，因为喜欢玩。

王某津：小学毕业；小学时期在手折断前学习是好的，是专心学习的；手折断后成绩下滑了，因为休学后落下的课没有补上。

张某飞：爸爸辅导，成绩尚好。

范某义：成绩与王某津差不多，前面是好的，后来不好了。

第三个问题：关于父母或抚养人说得最多的一句话。

张某飞："干活，不要怕累。"

王某津：成绩好的时候说"考得不错"，成绩差的时候说"又这么差"。

范某义："在学校听话点。"不过自己没当回事。

俞某涛："好好读书。"

孔某军：忘了。**毛某波**：就是骂人。

向某家：奶奶管的，没说什么。

带领者就6—12岁儿童的年龄发展阶段特征作了阐述。一般这个年龄是在读小学。对此，毛某波说，自己6岁还在读幼儿园，12岁他已经读初中了。带领者说，你说的也没错，不过这个年龄段主要是在小学阶段。小学学习，如果学习成绩好，学习任务完成得好，会体验到勤奋感，越来越勤奋和努力，从而很好地完成小学的学习任务，发展起好的心理品质。如果成绩不好或其他各种原因体验不到勤奋感，相应地会产生自卑感，对自己的评价会很低。这样就会对后面的心理发展带来不良影响。

12—18岁——范某义：（1）在这个年龄段，我经常泡网吧。有的时候和朋友出去爬山。这个时候我还在读书，就在没上课时出去上网、游泳等。（2）就是叫我好好读书，还有不要跟别人吵架、打架这些，不要在外面给他（父亲）找麻烦，不要经常在外面跑。（3）就是叫我和他一起，希望能闯出属于自己的一片天地，能一起开创一个属于自己的事业。（4）我觉得自己是一个成功的人，但有的时候做事情不细，容易粗心大意。(5) 我希望自己能成为一个有目标有方向的人,能做什么事情都要坚持,因为只有坚持才有成功;有目标,要行动,更重要的是坚持。

这个年龄段正是组员们自己目前所处的一个年龄阶段,也是人生发展中一个非常重要的阶段,同样也是带领者认为本次团体活动中所要开展工作的最重要的一个年龄阶段。所以,要求每个组员都认真地来回答这些问题。

第一个问题:

张某飞:流浪,在违法犯罪。

孔某军:在温州打工,在眼镜厂做工。

毛某波:读书。

向某家:跟朋友到处跑,上网吧,打游戏。

俞某涛:流浪。

刘某广:跟朋友一起玩。

王某津:读书,有时上网。

第二个问题:

张某飞:在外流浪,已经不跟家人联系了。

孔某军:好好上班。

毛某波:到社会上后,要钱就挨骂。

向某家:好好听话,不要在外跟人吵架。

俞某涛:在外面不要打架,不要犯法。(带领者对俞某涛说,这两条你全部都违反了。)

刘某广:别玩太疯。王某津:好像没有。

第三个问题:

张某飞:不要去干这个,不要干违法犯罪的事。朋友要我去工地干活,但自己嫌来钱太慢。

孔某军:没有。

毛某波:没有。

向某家:多做事、少说话。

俞某涛:没有。

刘某广:忘了。

王某津:没有。

第四个问题：

张某飞：蛮失败的，不知该怎么做，逃避。

孔某军：不知道。

毛某波：很失败，感觉什么都做不好，而做好又会很骄傲。

向某家：说好不好，说坏不坏。

俞某涛：开朗的人，别人说什么做什么（没主见）。

刘某广：不好不坏。

王某津：没定位好。

第五个问题：

张某飞：平淡一点，有稳定收入，开个台球室。

孔某军：只想多做一点，把工作做起来。想做什么？没想。

毛某波：找个班上，赚很多钱。

向某家：出去再说，先上一年班，再做点其他东西，开个店。

俞某涛：在外面开个什么店或者公司，做那种混很好的人。

刘某广：有钱的人。

王某津：先把这段生活（监狱服刑）过了再说。

在组员回答每个问题时，带领者及组员之间都有互动。在每个组员回答了所有问题之后，带领者就这个年龄段的心理发展任务和年龄特征给组员们讲解并展开了讨论。首先，带领者讲解为什么设计这样五个问题。第一个问题，是看看大家在社会上时主要在做些什么事情，在社会上的主要活动是什么。从回答情况来看，除了有在读书的以及工作的，还有就是流浪的或和朋友一起玩。流浪和玩的占了一半。其实这个年龄段更应当、更需要的是在学校读书。

第二和第三个问题，是想看一看外界特别是父母会跟大家提出怎样的要求；而朋友常常是这个年龄段影响最大的人，他们与各组员间是如何互动的。从大家回答问题的情况来看，父母或者没有提出要求，或者是提出的要求不具体、不具有针对性，或者是与父母间的互动不良。这种情况就会对孩子的成长带来不利影响。而朋友的情况，从大家的回答来看，基本没有影响，少数有所影响并且是正向的影响。这在一定程度上说明大家在接受家庭以及社会的要求上存在一定的问题。而从心理发展理论来看，这个年龄段的青少年，需要去理解、接受社会对他提出的成长要求，然后与自身发展的要求相适应、相协调，从而获得健康成长，发展出自我同一性。我们说，一个社会应该对青少年的成长提出适合社会发展的要求,如你应当成为怎样的人,与社会的关系如何摆正与处理,等等。这个通过家庭、学校及老师、社会传媒,如电视、电影、报刊以及书籍等向青少年直接提出或传递发展要求,那么青少年接受到这种要求,然后与自身的成长需要相协调,从而找到自己的人生发展方向与目标或者调整自己的人生发展方向与目标,与社会的要求一致起来。否则就会产生角色混乱,而大家走向违法犯罪之路,说明正是在这个方面出现了问题,就是社会的要求与自身的发展要求发生了冲突,产生角色混乱,走向违法犯罪。

第四和第五个问题,是这个年龄段的两大发展任务,就是要清楚"我是谁?""我将走向何方?"从大家回答的情况来看,"我是怎样的一个人",或者是低评价或者是不清晰,但也有少数人较为清晰。而"我将走向何方"的问题,也就是自己的人生规划,也是大都不清楚,或者出现了偏差,滑向"钱途"。当然也有的组员希望自己今后过平淡些的生活或者是实实在在的生活。这个是可取的。

所以,希望大家去认真理解社会对青少年提出的发展要求,对自己作分析,并思考自己今后想成为怎样的人,与社会发展的要求合拍,成为一个对社会有用的人。

由于在6—12岁和12—18岁两个年龄阶段的讨论较多,花费了比较多的时间,因此本次团体活动剩下的时间不多了,所以接下来各年龄段的讨论展开较少。

18—25岁——孔某军:(1)可能我还在打工,我只想把奶奶还有两个妹妹照顾好。(2)我希望到了25岁就能有房子,这就是我想做的事情。(3)没有想过,现在还小,不懂爱情。

带领者考虑到前一个年龄阶段刘某广在回答今后想成为怎样的人时,是说成为有钱的人,所以就问刘某广对这个年龄段三个问题的答案。刘某广的回答是:18—25岁应该是在上班;18—25岁希望自己是做老板;(笑着说)希望找一个有钱的、有貌的人结婚。

带领者说,这个年龄段,我们(指各位组员)都还没有到来,是今后将要面对的一个阶段,所以这些问题以及后面几个年龄段的问题,都是要大家去想象一下、去假设一下自己会怎样。一般在18—25岁这个年龄段,我们会去恋爱甚至结婚,这是这个年龄段的一个主要的内容。然后会去找一份工作来赚钱养活自己和家人。所以,首先我们要生存,要去做一份工作,从而赚钱养活自己,一般不能依靠父母,要自己养活自己。然后,会与一个女性去建立亲密的关系。这是正常而自然的现象。那么,找怎样的女性,是要正确对待的。心理学上有一个相似原则,就是我们会找一个与自己差不多的女性作为朋友或妻子。如果自己没怎么有钱，相貌也一般，那么常常也是找到一个差不多的女孩子作为女朋友或妻子。

由于团体活动的时间所剩不多，带领者没有过多去展开讨论。就请王某津谈下面一个年龄阶段。

25—65 岁——王某津：（1）尽量地去做自己喜欢的事。梦想要定得大，实践的时候要细化。（2）没想过，但是我个人认为如果要有小孩必须要有一定的经济支撑，因为我见到过很多的家庭因为父母没有经济支撑从而外出打工，小孩子在童年也没有受到很好的教育和关爱。（3）学习东西在于精、不在于多。

带领者肯定了王某津的发言，并指出这个年龄段我们都有一份工作，并拥有一个家庭。所以，如何维护好家庭并教育好孩子是一个重要的问题。

65 岁以上——张某飞：（1）自己的孩子能够孝顺，平淡过每一天，去公园玩玩。（2）人老了就容易生病，生病了就要慢慢地走进死亡，生老病死是正常的。

带领者同样肯定了张某飞的发言，并指出当我们年老，要正确面对死亡，接受"人老了总是要死的"的事实。当然，如果我们前面几个阶段过得好、过得充实，那么我们就能够更好地面对老年期，勇敢地面对死亡的事实。

感受：

首先，带领者在设计本次团体活动主题时，还是有些疑惑的。第一，艾里克森的人格发展理论本身的普适性问题。第二，如何设计团体活动内容来适合未成年犯这样一个群体，因为他们的文化程度低。国内许多团体活动设计是针对大学生这样的高文化、高智商的群体，针对未成年犯的资料可以参考的少。对于后面这一点，带领者们前面也已有多次讨论。第三，带领者努力使设计的团体活动适合未成年犯群体，但还是觉得本次活动内容设计跟他们的心理水平与思维能力相比，有点儿过高。设计更切合他们认知水平的团体活动内容是个挑战。

其次，从实际操作情况看，一个团体活动时间（90 分钟）内讨论完 8 个阶段，时间上非常紧张，因此后面几个年龄段的讨论就很匆忙，讨论分享不深入。所以，可以把前面年龄段的讨论组织得更紧凑些，以留下一定的时间给后面的年龄段来讨论分享。

最后，组员孔某军在团体活动前其情绪表现有些低落，带领者给予了关注。随着团体活动的推进，孔某军的情绪逐渐好转，趋向较为正常的表现。所以，团体活动本身对他是有帮助作用的。但回到管区后没有了一个主动的关怀或关注情景，他的情绪可能又会回到忧郁状态。希望接下来的团体辅导能够给他以正面影响，对他的情绪状态带来更多的积极影响作用。

- 第十次团体辅导活动计划

主题：恋爱、婚姻与家庭（包括合法性行为的解读）

结构式团体辅导，时间 90 分钟。

团体活动分两个部分：

活动一：恋爱是什么？

第一步：爱是什么？

操作：请静静思考一下"爱"是什么，并在纸上写出 5 条你认为爱的实质，如爱是：需要、关怀……（请更多关注那些直觉的、第一印象的内容，而非理性思考的内容和感受！）写完后每个组员在小组里向大家汇报自己的选择和感受。

讨论：1. 你在活动中有何感受？2. 对你而言，爱的实质是什么？3. 其他人的爱情观对你有何影响？4. 将前 5 位的爱的实质列出并点评。

第二步：她会喜欢怎样的我？

操作：先请组员仔细思考自己未来的伴侣会是什么样子？她有什么样的品质？再猜测对方会喜欢什么样子的异性，自己具有什么样的特点？写在一张白纸上。

活动二：婚姻与家庭

第一步：如何理解"婚姻以爱情为基础，以婚姻为基础的性行为受法律保护"这句话并讨论。

第二步：讨论"爱情的三角形理论"。［资料来源：《心理咨询师（基础知识）》第 183 页］

第三步：讨论家庭三因素：忠诚、信任与责任。

第十次团体辅导记录

时间：2016 年 6 月 29 日，9：10—10：40。

主题：恋爱、婚姻与家庭（合法性行为）。

带领者：邵晓顺。蒋小霞因参加培训活动不能参加。姚俊翔作为管教民警坐在团体之外。

姚俊翔警官在通知组员来参加团体活动时，出现了一个状况。可能考虑到天气因素，未成年犯前段时间"上午学习、下午劳动"的安排，从本周开始改为"上午劳动、下午学习"。这样团体辅导时间与监狱劳动发生了冲突。但由于带领者已经到了现场，所以坚持要求管区把组员送来参加团体辅导，管区也同意了。但组员俞某涛因劳动因素没有能够参加本次团体辅导。另外一个情况是，孔某军向管区提出不再参加团体辅导。这个情况姚俊翔警官告诉了带领者，在通知管区送组员过来时，管区民警问是否带孔某军前来。带领者认为孔某军还是要来参加团体辅导。也正因为如此，在团体活动开始之前，带领者与孔某军进行了一对一的沟通。

时间 8：55—9：02，带领者邵晓顺与孔某军在心理健康中心个体咨询室进行了团体辅导前的个别谈话，就他提出的不想参加团体辅导作个别交流。因考虑到时间关系，带领者在明确孔某军不想参加团体的想法之后，直接提出了带领者的希望和肯定了他对团体发展的作用，指出了他参加团体的变化，并对他提出了希望。

谈了这样四点：

（1）他是团体中的重要一员，我们愿意、也希望他继续来。

（2）对团体的作用挺重要的。

（3）看到了他的变化，从开始到现在的变化，以及一次团体活动中从开始到结束的变化；团体发言时声音也很洪亮。

（4）希望更多地去展现自己，谈自己的想法、体会。

9：10 分，团体活动开始，以带领者邵晓顺为起点，顺时针方向依次是：向某家、毛某波、范某义、孔某军、王某津、张某飞、刘某广、赵某龙。带领者问赵某龙今天为何能参加，是否不值班了。他说仍然是晚值班的，但上午劳动没有休息，要下午才休息。李某民、俞某涛没有参加。在团体活动结束时，带领者无意中问起俞某涛为什么没有参加，组员回答说他劳动时手脚快，完成劳动量多，离开的话对小组劳动任务的完成损失大，队长就不让他参加了。

带领者首先回顾前两次团体活动的主题。第九次是我的角色担当，主要回顾 12—18 岁组员们所在的这个年龄段，它的主要任务是什么？带领者问组员。有组员理解为这个年龄段是谁来回答的。刘某广说是他回答的，范某义则说是他来回答的。带领者肯定了是范某义来回答的，同时指出不是说谁回答了这个年龄段，而是说这个年龄段心理发展的主要任务是什么，这个年龄段的年龄特征是什么。有的组员能够回答一点点，大多数人已经忘记。带领者就再次阐述了这个年龄段的发展任务：同一性对角色混乱，就是社会、家长、老师对这个年龄段的人提出要成为怎样的人，而自己也有一个想成为怎样的人的内在需求,如果两者合拍的,就能够顺利发展,获得成长。如果两者是冲突的,那么就会造成内心的混乱,发展就会带来问题。大家现在的状况,就是都犯了罪,表明这个年龄段的发展任务没有能够完成,出现了自己的发展与社会的要求发生了冲突,不能成为一个合格的社会公民、守法公民,所以在深刻理解社会对人的发展要求的基础上,按这样的要求去成长自己。

第八次,我们的主题是朋友和哥们儿,谁愿意说说两者的区别?带领者看到向某家想说话的样子,就请他来谈谈。向某家认为,"哥们儿"有时候是好的,有时候是不好的。其他组员或者说不清楚,或者还是认为能够来帮忙的人就是"哥们儿"。但与第八次讨论时相比,组员不是一致认为哥们儿是好的。带领者再次阐述朋友与哥们儿的差别,并联系"哥们儿义气"一起阐述,就是不管对错是非、一来就帮忙的是哥们儿,而能够分析对错再帮忙的,才是真朋友。带领者结合以前监狱谈话的案例,深入浅出地分析两者的关系及差别。

带领者然后跟组员说,这次团体活动我们讨论一下恋爱和婚姻,大家认为如何?组员们都说好,毛某波反应最强烈。带领者下发给大家一张白纸,同时要求给大家一支笔。姚俊翔警官找了笔给各位组员。

带领者按照事先团体活动计划,先做"活动一"。第一步,爱是什么?并按活动计划中的操作步骤告诉组员。在组员们思考并写下他们的理解后,带领者组织大家讨论。

与前面几次活动中一样,带领者要求组员自己主动发言。毛某波首先发言。其他人发言也基本上是自己主动的。带领者主要是用眼神来鼓励组员发言。

毛某波:爱是一种美德,爱是无私的奉献,爱是彼此互相关心,爱是互相包容,爱是一种信任。

王某津:爱是力所能及的付出,是关怀、帮助、宽容。

范某义:爱是一种呵护,是一种依靠,爱是一种温暖,是一种信任,爱是一种关心。

孔某军:爱是一种幸福的东西,也是一种世界不可缺少的东西。

刘某广:爱是包容,爱是关心,爱是宽容,爱是温暖,爱是性需要。

张某飞:爱是什么?爱是一种需要,爱是一种宽容,爱是有温暖的,爱是关心,爱是一种感恩。

赵某龙:爱是为对方着想,爱是相互包容,爱是伤心难过时能有那么一个人陪着,爱是把最好的东西给对方,爱是一种相信。

向某家：我认为爱是：①两个人相互包容，②爱是一种善良，③爱是一种温暖，④爱是一种关怀，⑤爱是一种需要。

组员们发言时带领者与组员都有讨论。在组员都发言后，带领者与组员们一起总结，指出大家在发言时基本上说到了爱是关心，爱是包容，爱是信任。也有人谈到爱是一种需要，性的需要，两个人之间的爱恋，这个部分肯定会有的，也是要有的。等一下我们还要继续讨论。孔某军说到的爱是世界不可缺少的东西，也说得非常好。带领者这样肯定，一方面是孔某军对爱的理解本身值得肯定，另外一方面也是一种鼓励，希望他多发言。

完成了"活动一"的第一步之后，带领者做活动一的第二步，即她会喜欢怎样的我？带领者就此作进一步解释。但是看到组员大多没多少反应，不太能理解这样的话题或者这种换位思考，就把这个议题的后一部分拿出来叫大家讨论，即希望找怎样的女朋友，或者说希望女朋友的品质是怎样的？要求组员们在白纸上写下来然后再交流讨论。带领者考虑到王某津刑期比较长，就跟他说，这个问题你可以不用回答，但你作为观察员，把大家的回答进行总结、归纳，总结出大家对女友的品质要求主要是什么。

刘某广首先发言，他说：希望女友善良、有爱心、孝顺父母。

毛某波：我的女人我希望是一个善良、漂亮的女人，能包容、能理解。

范某义：能够互相包容，什么事情不要私自做主，不得隐瞒自己，也要相互信任，不要整天对我猜疑。

孔某军：我将来要找一个孝顺、心地善良的人。

向某家：我要找的另一半是：①对长辈孝顺、尊重，②为人要善良，能包容别人，但是要看事情的实际情况，③对自己要关心、关爱（对自己要好），④要信任对方，⑤不喜欢爱打扮的人，⑥有什么事情要与对方商量。

张某飞：对方要有一定文化水平，能对自己好，孝顺父母，长相一般，人要善良。

赵某龙没有回答。

王某津也回答了这个问题，带领者在让他回答后，对他说，主要是请他来总结一下大家的发言。王某津与带领者一起总结，大家对女友的品质要求主要是：孝顺、善良，包容，有爱心。带领者对组员的回答作了充分的肯定。

"活动一"用了大约50分钟。带领者接着做"活动二"：婚姻与家庭。

第一步：如何理解"婚姻以爱情为基础，以婚姻为基础的性行为受法律保护"这句话？带领者首先对这句话作了解读。"以爱情为基础的婚姻是道德的。"这是恩格斯说的。带领者问组员恩格斯是谁知道吗？没有组员知道"恩格斯"是谁。带领者作了些介绍，但看到组员没有反应就停止了介绍。重点阐明婚姻的基础是爱情，而不是物质或女方外貌漂亮等。

毛某波笑着说，他要找一个富婆，就是要找女方很富的。带领者觉得毛某波的认识有问题，但没有去直接批驳，而是问毛某波，如果女方40岁、50岁呢？毛某波说那不行，年龄不能太大，要在18岁以上、25岁以下。带领者继续问：那你这么小个，对方很高大很壮呢？毛某波说那也不行。毛某波说，如果找那样年纪的富婆，那纯粹就是"约炮"，并似乎表达出那也可以的态度。带领者觉得这个需要工作，就谈起当前网络上武汉大学"学霸"的"约炮"事件。指出这个学霸虽然没有违反法律，因为是双方自愿的，但是他有女朋友还去跟其他女性发生关系，这个是不道德的。带领者问组员是否这样认为？组员表示同意。团体就毛某波所说的，若干个组员参与进来共同作了讨论。带领者最后总结说，所以并不是很富的女人就可以结婚，还是有条件的。那么最重要的条件就是相互之间要有爱，要以爱情作为基础。带领者曾看过一个外国人写的书，上面说到结婚的理由可以千万条，符合某一条就可以结婚，但其实还是不对的，还是要以爱情作为基础。

第二点，性行为要以合法的婚姻作为条件。就是说，要与人发生性行为，两人之间要有婚姻关系。当然，现代社会，婚前性行为也被容忍或允许，但要双方自愿，而且是以彼此的爱作为基础。在这个问题上，多名组员发言，他们说从自己周围（在社会上时）的人来看，家里有老婆，但外面还有女人，这个情况很多的。毛某波、张某飞都如此强调。张某飞还反复讲他以前的老板与朋友的这种现象。带领者说，那是不对的，社会中确实会有这种情况。但是，如果已经结婚，还与其他女人住在一起并有孩子，这是事实婚姻，是犯了重婚罪。毛某波听到带领者说重婚罪感到有些惊讶，问这也是犯罪？带领者给予了肯定的回答。带领者说，你们以前在社会上时，在"混社会"时，看到、听到这些现象，也不知道是对的还是错的。那么今天我告诉大家，这种行为是不对的，是错误的。我们国家的婚姻是一夫一妻制，夫妻双方要忠诚于对方。这个后面我们还要进一步讨论。

带领者最后指出，在以前跟一些犯了性罪错的服刑学员交流时，常常会说这一点，就是发生性行为要以婚姻作为基础，那么某些婚前性行为，要双方自愿，不能有强迫。其实，在婚姻中的性行为，也要双方自愿，不能强迫对方。

第二步：爱情的三角形理论。带领者拿出事先打印好的"爱情的三角形理论"，要求大家传阅。从向某家开始，按顺时针方向传阅。带领者说，爱情有三个方面，一个是亲密，一个是激情，还有就是承诺。带领者稍展开讲了亲密和激情，然后问组员以前有没有交过女朋友。多名组员说曾有过女朋友。带领者问：那么在谈恋爱时会给对方怎样的承诺？组员一开始不知道什么是承诺，带领者就启发他们，如在与对方谈恋爱时会说：我会怎样怎样做，我会做到什么什么，等等。组员还是不能理解，带领者就要求谈过恋爱的组员说说自己是怎样跟女朋友交流的，然后在某个组员发言时结合他说的，引导、启发并分析指出他说的哪个部分叫承诺。比如，谈恋爱时跟女方说：我要跟你在一起，你放心，我会努力挣钱的，挣了钱就去买房子，买我们自己的房子。那么这个挣钱、买房子就是给对方的承诺。

组员们都认真地看了"爱情的三角理论"。赵某龙把这张纸拿在手上反复看。直到团体活动结束带领者向他要时才还给带领者。

最后带领者与组员讨论家庭可持续发展的三个条件，就是"忠诚、信任与责任"。带领者说，关于"忠诚"在前面的讨论已经有所涉及。在婚姻家庭中，男女双方要忠诚于对方，任何一方不忠诚，那么家庭的小船很容易就翻了。组员讲到了现实的一些情况，如"小三"。由于时间关系，没有进一步去展开分析与讨论。带领者接着讲了婚姻中双方要信任。如果老是猜疑，那么婚姻基础会被破坏，婚姻就容易破裂。前面范某义讲到了女方的品质之一是"不要整天对我猜疑"。这个是对的。整天都猜疑的婚姻生活是持续不下去的。带领者最后讲到责任，特别作为婚姻家庭中的男性，更要强调责任感。毛某波插话说了一些话，带领者让他说完，对他的话作了分析，肯定合理的地方，指出不那么正确的地方，然后总结说：作为婚姻家庭中的双方，都要对家庭负责、对对方负责、对孩子负责，而丈夫更应如此。总之，在婚姻家庭中，双方要彼此忠诚、彼此信任，还要有责任感。

在团体活动快要结束时，带领者跟组员说，到今天为止，我们已经做了十次团体辅导。那么接下来还有十次，我想在今后十次里面跟大家一起讨论三个方面的问题，一是家庭与父母；二是大家曾经的犯罪情况；三是自己，就是自己是怎样的、要成长为怎样的一个人。说到讨论犯罪经历，张某飞与王某津私下交流，张某飞跟王某津说，你说不说自己犯的罪？带领者看到这个情况后，因前些天知道王某津的犯罪情况比较特别，考虑到在组员中讨论可能会有压力，带领者就说我们的活动还是自愿的，如果你不想说自己的犯罪也是可以的，但是希望你能够来与大家一起讨论。

团体活动结束，与前面团体活动一样，把组员填写了内容的纸张收上来。与前几次一样,由向某家负责收集,而其他组员有的也积极地收集然后把纸张交给向某家或带领者。(带领者团体活动后的文字整理主要依据了组员们在纸张上写的内容。)

团体活动结束,带领者叫赵某龙做测量问卷。此时,毛某波站到带领者面前,跟带领者谈他的犯罪情况。看到带领者是坐着,坐在椅子上,毛某波就自动(主动)蹲下跟带领者说他的犯罪。带领者心中一震:为什么要蹲下说?是有礼貌吗,还是监狱管理造成的这样一种行为习惯?带领者没有让毛某波继续说下去,就对他说,到团体活动时再说吧,今天要么就先不说?毛某波停止了他的说话,站起来去排队准备离开心理健康中心。

感受:

1. 组员对恋爱与婚姻的主题讨论态度挺积极的。带领者对此感到有点在意料之外。从讨论过程和内容看,也能够讨论得起来,所以也不能低估组员的认识水平。

2. 团体总体较为活跃,表明团体的安全感已经建立起来。

3. 毛某波在本次团体活动中非常活跃,所有讨论议题都愿意发言而且都发言了。虽然发言的内容常常不那么正确,而且带领者认为许多发言是插科打诨,觉得给带领者带来一些挑战,但给团体的建设是否是有促进作用?因为团体活动结束,在团体外观察的姚俊翔老师与带领者交流时认为,有他这样一个组员也挺有意思的,也是挺好的。这让带领者意识到毛某波这些发言另一面的作用。

• 第十一次团体辅导活动计划

第十一次团体辅导的主题是:亲社会行为(合作、助人、分享等)。

为此设计两个问题请组员讨论:

1. 回忆到目前为止与他人合作或曾经做过的有助人行为的一件事,并与大家分享。

2. 你在未管所最近一次的扣分(处罚)情况:具体扣分情况与原因。

通过"讨论题2"的讨论,带领者希望引出从他人角度想一想的思维方式,以培养组员的"角色采择能力"。

第十一次团体辅导记录

时间:2016年7月5日,星期二,14:45—16:18

带领者:邵晓顺、蒋小霞。

第三部分 早年失亲未成年犯团体辅导操作实务

因卢某香刑满释放,带领者经商量,决定再选择(邀请)一名组员来参加接下来的团体辅导活动。后确定李某平参加。

以带领者邵晓顺为起点,顺时针方向依次是:俞某涛、向某家、李某平、毛某波、范某义、孔某军、王某津、蒋小霞、张某飞、刘某广。李某民、赵某龙没有参加本次团体辅导活动。

带领者邵晓顺在说明本次团体活动开始与结束时间后,请蒋小霞老师谈一谈三次未能参加的原因和感想。蒋小霞说,在前面的团体活动时也已经说了不能参加的原因,因为要外出参加一个培训,所以连续三次未能参加团体活动。虽然未能参加,但与邵老师一直有联系,对每次团体活动的情况以及大家在团体中的表现和进步都是知道的。大家在团体中表现优良,取得了进步,也为大家的进步感到高兴。

随后蒋小霞老师解释了李某平参加团体的原因,然后表示欢迎。组员们也表示了欢迎。蒋小霞老师向李某平解释团体工作原则、保密原则,不要用攻击性语言(可表达愤怒,但不可愤怒表达),还有是关于团体设置,一星期一次,最后是没有太多的规则,在团体里要放松。

李某平向大家介绍了他的情况。包括籍贯、出生年月,当说到出生年月时,向某家说跟他是同一天生日。有其他组员说,也是差不多时间的生日。李某平接着说了自己的罪名、刑期、逮捕及入所时间等。其中特别的有两点,一是说自己是 2015 年 4 月 26 日自首的,二是判刑 7 年 2 个月,觉得判得有点长、有点重了。张某飞对判刑重表达了他的意见。

李某平介绍完自己,带领者邵晓顺要求大家用一句话向李某平介绍自己。所有组员及带领者都作了介绍。

毛某波: 我与李某平关系是不一般的。

蒋小霞: 这个不一般是指什么?

毛某波: 非常好,而且是好朋友。

带领者邵晓顺在展开本次团体活动主题之前,先回顾上次团体主题。目的是希望组员更好地掌握、习得有关观点、思想。

邵晓顺: 上次我们讨论了"爱",有谁能说一下?

毛某波: "爱"是关心、包容,相互信任。

带领者对毛某波准确记得上次团体辅导活动关于"爱"的讨论后所得出的结论给予了充分的肯定。

俞某涛：上次我没来，管区出工了。如果我来（参加团体），就会影响整条（生产）线。

范某义：他的岗位很重要的。

俞某涛：（自豪地）在管区里也是排得上的。（指完成劳动任务。）

邵晓顺：这很好，是价值的体现，是一种获得的肯定。

俞某涛：也为管区作了一些贡献。

邵晓顺：那也不仅仅是为管区作出贡献，更重要的是体现了自己存在的价值和意义。

（稍停）我们上次说"爱"，还包括"恋爱"。

此时，王某津与刘某广笑了起来，王某津用手捂住脸低着头笑。带领者邵晓顺问为什么笑？王某津说爱是需要。

邵晓顺：对，恋爱也包括性的需要。我们有两位组员讲到了这个需要。

蒋小霞：这很好啊，说明大家都很健康与正常啊！

李某平：可能是因为蒋老师坐在这里的原因，毕竟她也是一个女生，与女生谈这个问题是有点不好意思哦。恋爱，也是精神的需要。

邵晓顺：我们上次谈论时，蒋老师不在。

蒋小霞：看来每一次的选择都是有意义的。

邵晓顺：我们上次还谈到找女朋友的标准、婚姻与家庭等问题。

毛某波、张某飞、范某义都作了回忆，并且准确地回忆出上次讨论后总结的内容。带领者邵晓顺都给予了积极的肯定。

李某平：我现在了解到，还有婚内强奸的说法，是从普法栏目中知道的。像贵州等地，他们十六七岁就在一起了，但没有结婚证。后来两人不好了，男方就以强奸罪被判刑了。

邵晓顺：婚姻中的性行为也是需要双方自愿的。上次我们还讨论了"爱情的三角理论"。（因俞某涛没有参加，带领者邵晓顺就把"爱情的三角理论"给他看，同时要他给李某平也看看。）我们讨论了亲密、激情和承诺。还讨论了婚姻中的忠诚、信任与责任。好啦，今天我们主要做一个"亲社会行为"的讨论。先请大家想一想，你到目前为止，与他人合作做得好的一件事情，有利于他人、有利于社会的事情，或者是帮助他人的一件事也可以。比如，我们读书的时候，在书中会有这样的例子，老爷爷推着一辆车，装得满满的，拉着上坡，然后小朋友、小学生跑过去帮助老爷爷把车子推过坡。这就是助人行为。

李某平：小时候（这样的行为）还是比较多的。我有一位于利娜（音）阿姨，她是一位爱心人士，乐于帮助他人，如找工作等，她都会尽最大的力帮助他人。这是我亲身经历认识的一个人。从2009年开始我就不靠家人，独自来到另一个城市。当时，家里比较严，如考试不到90分，我就要挨打。我受不了了，就离家出走了。警察看到了，就会把我送回去，可是送回去，就会挨打，所以我对家就有恐惧感了。但不管在外面有多苦多累，我还是宁愿待在外面。后来以乞讨为生，他们就给我编了个身份故事，与一个爷爷为生。乞讨，我后来遇到了夏叔叔，他了解到我的情况，就帮我找到于利娜阿姨。她就运用报纸等一切方法帮我找父母。

邵晓顺：那现在这个谎言揭穿了吗？

李某平：没有，我上次找蒋老师的时候，就是想把这个谎言自己解开，因为心里很内疚。

邵晓顺：非常高兴听到你这么说，首先是你碰到这么多善良的人。

李某平：正是因为还有这些善良的人在身边，包括蒋老师、邵老师，才让我没有被这个社会的丑恶吞没，是他们在我内心种下了一颗（善良的）幼苗。我可以说是在犯罪中长大的，小偷小摸的。

张某飞：我也是在犯罪中长大的。

邵晓顺：不好意思啊，李某平这个话题我们以后再来慢慢谈，今天，我们……

李某平：不好意思，扯远了。后来在于阿姨的带动下，我也去做了猜灯谜的义工。

邵晓顺：这很好，把爱心传递了。那么接下来谁来说说？

毛某波：我帮助过一个残疾人。他（小孩）父亲双腿都断了，我当时看了很可怜、很心疼他，就把手上仅有的5元钱给他。但我的同犯却说我被骗了，说我把上网的钱都给他了，5块钱可以上网一个小时呢。但那小孩太可爱了。

范某义：在老家，我会帮他们干活，天气很热，我会帮他们一起干地里的活。我当时没事干，在河里玩，就是太阳太大了，看他们种地太辛苦了。

毛某波：你能这么好？老实交代，里面是不是有女孩子？（开玩笑地说）

张某飞：唉，那时这么小，你想得太多了，最起码十四五岁（才懂男女之事）。

俞某涛：我都到15岁才发育。

李某平：现在互联网太发达了，我们以前就玩手动玩具。当时，我们只知道看"奥特曼"，哪知道这些事？

邵晓顺：现在性发育的时间，男孩子十二三岁，13岁左右，女孩子十一二岁。
带领者问孔某军到目前为止助人或合作的事情。

孔某军：我没有，以前在家里，父母都不准我出去，所以没机会帮助人。

邵晓顺：那和家里人一起做过什么呢？

孔某军：一起种稻谷、种菜等，回来就是洗洗锄头之类的。

张某飞：你从小到大就干这点事？（笑着说）

王某津：没其他事了吗？

范某义：他妈妈已经回去做饭了。

孔某军：我和爸爸要很晚才回家。

范某义：父母也不放心让我们单独在家的，也没说让我们干多少活。在外面也很无聊，所以也会胡乱找点活干。

毛某波：阳光总在风雨后。

邵晓顺：那怎么理解这句话呢？

毛某波：我感觉先苦后甜。

李某平：我觉得就像孕妇一样，怀胎十月很辛苦，孩子生下来就很幸福。

邵晓顺：孔某军刚才这么讲，就是小时候交往少，现在要把这个交往补上。在管区里跟人多多交往，团体里同管区的可以跟孔某军多交往。

向某家：他不愿意跟我们聊。

毛某波：只要我们愿意，他也会说的，只是聊得很少。

邵晓顺：孔某军今后可以与大家多说一点。孔某军先到这儿。那么王某津呢？

王某津：帮助与合作，没有。

向某家：其实大家一起劳动就是合作。

王某津：我先想一下。

邵晓顺：好，让王某津先想一想。那么张某飞呢？

张某飞：好像没有。我从十一二岁开始，就干小偷小摸的事，都是坏的合作。

李某平：跟我的经历很相似。

张某飞：以前是个坏人。

邵晓顺：其实十次（团体活动）下来，我们并没有发现你坏的一面，而是发现了好的一面、善的一面。好，张某飞这儿停一下。那么刘某广呢？

刘某广：（笑一笑）好像说不出。

李某平：我都知道你合作过什么。

刘某广：我知道你想说什么（笑），真没什么。

邵晓顺：那李某平给他提示一下？

李某平：春节装饰时，他与大家一起折小纸条。

邵晓顺：（朝向刘某广）一个小组里一起合作的有几个人？

大家抢着说。

邵晓顺：让他自己说了。

刘某广：春节时大家一起折纸，他们折好并挂起来。

邵晓顺：这很好啊。这就是一个合作的过程。

俞某涛：我平时笨手笨脚的，帮助不了他们。春节文艺活动时就跳舞。

邵晓顺：被帮助的故事有吗？

向某家：是不是刚才有个字讲错了？

邵晓顺：（俞某涛说话因紧张有点结巴）好像被关注时会紧张。我以前刚去上课时也这样，平时多说说就会好一些。

向某家：以前与父亲一起打工，我先下班，就会把饭菜先做好，等爸爸回来吃。

邵晓顺：对，这个也不错。好了，那么回过头来，王某津想得怎样？

王某津：合作过，就是与我姐合作完成家务事，姐姐洗衣服，我洗碗。

蒋小霞：其实，合作、助人就在我们的身边。比如，刚才（团体活动之前）王某津、张某飞两人先来了（先到了团体辅导室），就合作把我们的场地布置好了，我们其他人就可以直接进场了。还有刚才拿水，俞某涛也一起做了。其实，合作、帮助就在我们身边。

张某飞：刚才一讲，紧张，忘记了。

蒋小霞：对，其实就在我们身边，只是需要我们用心去体会、去做。

邵晓顺：对，其实就是这些小事。很好，每个人都是有经历的。接下来，我们再来说说，最近一次扣分是什么时候？谁愿意先说说？

俞某涛：6月份考试，没及格扣1分。

张某飞：有些文盲，只要努力了，也不会扣分。

俞某涛：我考了30分，以前都是考个位数的。现在能考两位数了。

蒋小霞：警官组织复习了吗？

俞某涛：组织了。

蒋小霞：有讲解吗？

俞某涛：很少。

蒋小霞：那可以讨论吗？

俞某涛：可以的。

邵晓顺：其实不认识字是可以互相请教的。有谁考得好的，能介绍一下经验吗？

范某义：我都考90多分的，考95分以上的。就是要花心思去背，把字都认识。然后审题要仔细、认真，不能大意。

邵晓顺：都是很好的办法，（俞某涛）可以参考一下。关键是字要认识。孔某军怎么样？

孔某军：很差。

张某飞：其实考得好差自己是有数的，哪个对、哪个错了。

王某津：对一下提纲就知道了。

向某家：他是没去看分数。

邵晓顺：还有谁最近扣分过？

范某义：我6月扣了。查卫生、规范，衣服破了，被扣了0.5分。

蒋小霞：那你有什么想法吗？

范某义：当时有点生气，想不通，现在也接受了。

邵晓顺：蒋老师这么说，很重要。站在他人的角度想一想，从他人的角度考虑问题。在这个活动中，也是个锻炼，一个训练，想得广一些、多一些。最后请蒋老师总结一下。

蒋小霞：前面分析很多了。我们这儿许多人是想减刑的。想减刑就要行动起来，如何做也可以问问其他人。另外一个，衣服扣分这件事，换个角度想也是需要的。另外，细节很重要……衣服睡的时候要看一看，破的就去换一换，不必要的处分不要有。从点点滴滴的行为来养成好的习惯，而好的习惯能受益终生。

感受：

团体活动结束后带领者邵晓顺和蒋小霞就本次团体辅导作了讨论。

首先，在团体活动中，组员的讨论是较为深入的，是活跃的。对未成年犯在本次团体活动中的表现感到满意。

其次，本次团体活动设计了两个活动，第二个活动的进行就有些匆忙，讨论不够深入。所以,一次团体活动可能设计一个活动就可以了,以便把讨论引向深入。

最后,本次团体活动中发现多人是六七月出生,带领者蒋小霞决定给团体过个集体生日,并马上做了布置(联系监狱相关部门订制蛋糕)。带领者邵晓顺也认为这样的安排是挺好的。

● 第十二次团体辅导记录

时间:2016年7月13日,星期三,15:23—16:26

带领者:蒋小霞,邵晓顺。

因多种原因,今天团体辅导开始的时间比较迟,因此两位带领者商量后决定今天团体活动时间控制在一小时左右。

由于考虑到今天给组员集体过生日,所以团体活动安排在心理健康指导中心的咨询等候室进行。中间摆放了三张三角形桌子,组员和带领者围着桌子而坐。

以带领者邵晓顺为起点,顺时针方向依次是:俞某涛、向某家、李某平、毛某波、孔某军、刘某广、张某飞、蒋小霞、赵某龙、范某义。李某民因晚值班需要休息不能参加,王某津因身体原因(中暑)不能参加。

带领者把生日蛋糕放在桌子上。

团体辅导开始后,蒋小霞老师解释了今天团体活动迟开始的原因。一是九管区今天下午组织服刑人员劳动;二是带领者因服装问题,在进监狱大门时耽误了一些时间。

由蒋小霞老师解释今天团体活动的安排。一是在入组访谈时发现大多数组员的生日是在6月和7月,同时范某义7月16日回归社会,因此带领者商量后决定大家一起过一个集体生日。

由范某义来切生日蛋糕,并由孔某军协助范某义一起切。切好蛋糕后由范某义分给大家。由范某义来切蛋糕和分蛋糕,主要是因为他即将刑满释放,在本周六就要回归社会,本次团体活动是他参加的最后一次。而请孔某军协助范某义来切蛋糕,是因为带领者邵晓顺考虑到孔某军性格很内向,管教民警和组员都反映他在管区里与其他服刑学员相对隔离、不那么去跟人交往,而且在团体活动中也不太能融合得进来,也相对地较为缺乏主动性。

在分蛋糕时,组员们已经开始相互打闹,主要是往脸上涂奶油。而在各人吃蛋糕时更加热闹,组员们互相在脸上、脖子上或者手臂上涂奶油,也有在他人要涂、自己不让涂的互动过程中不小心涂到了衣服上的。其间,不断有组员建议唱歌,带领者建议先一起唱生日歌,在唱完生日歌后,组员建议再唱其他歌。李某平唱了《父亲》,毛某波等人也唱了歌。

吃完蛋糕,带领者组织组员讨论分享。俞某涛在切、分蛋糕时就说自己是7月9日生日,刚刚吃了蛋糕。所以由他先来分享。

俞某涛:9日与老乡一起过生日,老乡10日释放,主要是吃泡面和东坡肉。跟警官报告要求与老乡一起过生日,警官同意了。当时与朋友一起过生日是有说有笑的,但没有今天这么"嗨"。生日蛋糕是10日才来的,一个人吃的。今天吃蛋糕,感觉比较开心。

俞某涛在分享感受时,多名组员还蠢蠢欲动、相互间有所动作。带领者蒋小霞看到后,就对组员们说,再给大家5分钟时间,好好玩一下。

李某平、毛某波、刘某广一起"混战",后俞某涛也加入混战。主要是把蛋糕、奶油涂到他人脸上,主要针对范某义,最后范某义被涂了一脸的奶油,双眼也基本被盖住了。带领者把纸巾递给他擦脸。

大家玩了5分钟后再次坐下讨论分享。

范某义:他(指俞某涛)生日时也请我吃方便面了。

蒋小霞:那今天呢?吃蛋糕了。

带领者发现张某飞、赵某龙不太说话,情绪不高。

俞某涛:今天很开心,有分享。

李某平:我还记得在10组的时候,有人过生日,他请我们吃蛋糕。结果吃好以后,他问我们要礼物。

邵晓顺:礼物?

李某平:泡面之类的。

带领者见赵某龙不说话,情绪表现挺不好的,与团体整体情绪状态表现出较为明显的反差,最终还是决定对赵某龙进行工作。因为,对赵某龙开展工作,也许会破坏团体喜悦、兴奋的总体情绪状态。

邵晓顺:赵某龙,是昨天没睡好,还是遇到什么事了呢?

赵某龙(所有回答都是低着头,声音低沉):是这段时间心情不好。

邵晓顺、蒋小霞几乎同时说:能多说说吗?

赵某龙:这段时间总是想起妈妈,无缘无故地就会想起她。在6个月大时,父母就外出了,我是由姑姑带大的。(按监狱要求留亲人及电话)亲人留的也是姑姑、表哥。

蒋小霞：会想起妈妈的什么呢？

赵某龙：小时候爸爸妈妈打架，后来就离开家了。

邵晓顺：毛某波想说点什么呢？

毛某波：我也是被爸妈丢掉的。

李某平在看书。

邵晓顺：李某平，我们团体中是有规则的，不能看书。要参加到团体中来哦。

李某平：我和他也有一样的经历。我只是不想被他带到他的情绪里，所以想看书转移一下注意力。但我会遵守这个规则（把书放到了书架上）。

邵晓顺：其实，我们今天本身是一个很happy、轻松的话题，也许正是这个场面的反差，才激发出一些不一样的东西。

蒋小霞：对。但这话题是我们成长中必然要讨论的一个话题。还有张某飞也比较安静、比较低调。

邵晓顺：对，我也观察到了。

蒋小霞：只有我们真正面对了，并把它理清了，内心才能真正强大起来，才会让我们真正成长起来。下次再遇到才会快乐起来，要超越它。

李某平：我的情况差不多。我在外面的时候，也经常会想家里，怎么这么不公平，为什么爸妈带着姐姐在身边而不是我？！我想起就会愤怒。

张某飞：我也和他差不多，也会经常想起爸妈。有时心里比较难受的。我很小的时候，也是跟姑姑长大的，妈妈带着妹妹。我就想为什么不带我而带妹妹？十二三岁时经常会想。家里人一起过个生日的机会都没有，基本上是和朋友在一起（过）。我现在最想的是什么时候一起吃个团圆饭。现在我打电话，她（母亲，已离婚另嫁）两三个月就会换电话号码，我都会想为什么老换，她也不主动告诉我。我打电话给爸爸，问了才知道。其实这些都已经不是问题，改变不了的。想开点就行了。

李某平：像我们，虽然父母离异了，但还在。但赵某龙是找不到了。心中永远都有块……我们还有声爸妈可以叫，但他没有了，可能随着时间的推移，还会加深这种思念。

邵晓顺：李某平说得很好。赵某龙这样从6个月父母就不见了，会在心中产生一种空空的感觉，心里没有着落的感觉。

李某平：可以把姑姑看成最亲的人，把对妈妈的爱放到姑姑身上。

蒋小霞：刚才李某平给了很好的建议。李某平、张某飞都说得很好，也可以说给了赵某龙一些能量，大家给了一些力量。虽然情况有类似但又不一样，所以我们暂时还无法真正理解赵某龙的情绪。思念母亲的时候，既有思念，也有渴望，愤怒，等等。但最后还是要赵某龙自己去想通，去理顺。找到自己怎么去面对这种情况的理由。真心希望下次团体再来，让我们连起来，就像今天一样，有蛋糕、有联结，一点点温暖的感觉。最后，因时间关系，集体生日我们就到这儿。因范某义马上就要回归、就要新生了，每人给他一些祝福。

俞某涛：不要做坏的事。祝新生快乐！

向某家：认识你是非常快乐的事。到外面平平安安的，注意一点。新生快乐！

李某平：我跟你接触不多，反正怎么说，希望去外面后多珍惜生命，不要冲动，凡事总有解决方法。新生快乐！

毛某波：爱你，祝新生快乐。

孔某军：新生快乐！

刘某广：好好上班。新生快乐！

张某飞：有时间多陪陪父母。新生快乐！

蒋小霞：我们说，到监狱这样来一下，并不算坏事。但需要吸取教训并记下来，记在心里，不再重犯错误，从而让青春更精彩。在团体中，我们看到一个温暖、善良的范某义。这些好品质要保持下去。回归社会后面临的问题多、环境复杂，考验你的意志力了。现在社会机会很多，就看能否吃苦。希望真正走好以后的路。

赵某龙：出去以后，曾经走错了路不要回头（再去走）。家里人等着，好好跟家人在一起。人生就这么几十年，不要浪费生命。

邵晓顺：范某义参加团体，我们印象很深。第一个有看法，有自己的一些想法。第二能说道理。第三表达得也很清楚，说明思维很好，分析问题、思考问题能力是有的，这是个很好的基础。今后出去后也要用好它。到社会上之后，蒋老师刚才也说了这么多，前面说了很多，实际上要面临很多问题，对此我们需要自控力、自信、怎样与人交往、怎么爱、合作、助人、做人底线、是非、朋友与"哥们儿义气"等，我们前面也都讨论了，记得去用它。然后，（出去后）首先要养活自己，还不能违法。（有组员马上说不要再进来）然后是处理好家人关系。然后是自己的家庭。怎么找女朋友三点：人品好，彼此要关心爱护、彼此好，要信任（继续有组员插话讨论）。然后孩子怎么去管。有问题也可以回来向蒋老师、邵老师请教。最后祝福范某义今后的路走好。

蒋小霞：有什么好消息也告诉我们一声哦。

范某义在每个组员和带领者说了之后都有回应表示感谢。最后带领者请范某义发言。

范某义：今天这样过生日，家里人也没有这样跟我过过生日。然后团队这样来像家人一样，很幸福的。外面以前都是一些酒肉朋友。今天这样亲切感很重的。所以，我也谢谢各位朋友，谢谢蒋老师、邵老师。（大家鼓掌）

带领者宣布今天团体活动结束，各位组员一起积极地收拾过生日后的垃圾，以及把所有椅子归位。

感受：

1. 过生日这样的活动非常好地带动了大家，使团体的亲切感很强。带领者也感受到组员的活力，年轻人的气息，在监狱这样一个封闭的环境里，作为服刑人员可以与他们在社会上时基本上差不多的热烈甚至是激烈的互动。带领者邵晓顺感到稍微有点儿意外。

2. 团体发展到现在，表现出很强的凝聚力，活动过程行云流水。组员不掩饰自己，高兴就是高兴，难受就是难受。这一方面是一个"好"的团体所应有的结果，另一方面也跟未成年犯群体的情绪、年龄特征有关。

3. 在团体活动前，发生了这样一件事：带领者蒋小霞、姚俊翔因参加单位岗位练兵中午换洗了衣服，下午进监狱做团体过监狱大门时因没有穿佩戴警衔标志的衣服而被大门监管民警阻止进去。因为上级监狱管理机关规定进监狱必须穿佩戴警衔标志的衣服才行。带领者反复跟监管民警解释但他仍然不同意。带领者姚俊翔因没有可替换衣服没能进去（最后只得请其他男民警来带另外两位带领者进去），带领者蒋小霞等待他人送有警衔标志的衣服才得以进监。说明以及等待的时间花费了20多分钟，在监狱大门40多度高温中，带领者站一分钟就感觉浑身是汗。但带领者没有任何怨言，始终保持良好情绪。因为这是上级的规定，管理大门的民警是按规定办事。大家（不管是带领者还是监管民警）都来遵守规则、遵从规则，这是一个好现象。

4. 因单位下班时间为16：50，也就是单位班车发车时间为16：50。团体结束再走出监舍离下班时间剩下不到10分钟，所以带领者走出监狱大门后就只得跑步回办公室完成下班准备工作，否则就赶不上回家的班车。因为家离监狱差不多有一小时的车程。带领者在其中体现出了积极的敬业精神。

- 第十三次团体辅导记录

时间：2016年7月20日是，星期三，13：58—15：28。

带领者：邵晓顺。姚俊翔坐在团体外。蒋小霞因为要组织全监心理童话情景剧彩排不能参加，但14：08分来团体看望了组员随后离开。

以带领者邵晓顺为起点，顺时针方向依次是：俞某涛、赵某龙、向某家、孔某军、王某津、张某飞、刘某广。李某民夜值班需要休息不能参加，李某平生病住院，毛某波参加心理童话情景剧彩排不能参加。

团体活动开始，带领者对上次王某津中暑不能参加表示遗憾，同时问王某津后来情况怎样，现在身体情况怎样。王某津的脸上显示出有点迷惑的感觉。他回答说没有中暑啊。上次不能参加是因为自己在劳动，片区大组长叫他没有听见。因为要赶货，管区组织他们劳动了。他说，小组里确实有一人中暑，但不是他，是另外的人，你们搞错了。

带领者说，在前面的团体活动时曾说过团体今后主要围绕家庭、犯罪经历来展开。有谁愿意来谈谈？随后带领者邀请俞某涛先谈。

俞某涛：父母离婚，自己跟父亲，父亲也不管，跟爷爷奶奶长大。在学校读书时，体校来选人，就去了体校读书。离家读书，我就跟人一起玩。在网吧认了一个哥。哥是飙车的。有一天我就拿了车钥匙，车开出去，撞了人，判缓刑。然后，我不想读书了，在外面玩，酒吧、KTV，10天里有8天在KTV或网吧，住宾馆，过得很开心。现在想起来还觉得很嗨。

俞某涛在讲这些时，组员与其有互动。其中，带领者也质疑，酒吧、KTV这样玩，钱哪里来？钱谁出？俞某涛不是那么能说得清楚。说钱是朋友出的，或者朋友过生日，或是发工资了。带领者问：那10天里有8天在玩，怎么还有工资？俞某涛回答说是晚上去的，白天上班，但又说晚上玩了后，白天要睡觉。自己这样说了后，就说：现在想起来吗，讲不出，讲不清了。反正贪玩。

在俞某涛说他以前在社会上的日子时，多名组员参与了讨论，包括张某飞、向某家等。就俞某涛的犯罪与判刑，有组员有疑问也相互作了交流澄清。同时，多名组员也说，自己以前在社会上时这些地方也是常去的。

带领者问孔某军，他回答说，这些地方太乱，不会去的。

带领者转向组员刑满释放后的打算来开展团体工作，并逐一问询。

俞某涛：开店或朋友一起来开厂，什么厂不知道。或者开网吧，开饭店、酒店。

带领者问：怎么拿到开店的资金？俞某涛说，开个成本便宜的烧烤店，然后再去开网吧。

赵某龙：在工地干活，有钱再想别的。这个以前做过，就是把工地的活几个人包下来，然后每个人分工做，一天可以赚500块。（带领者和组员一致认为，一天能赚这么多钱是不少的）当时，就是因为贪玩，挣到了一万多块钱，朋友叫过来玩（到杭州玩，做工不是在杭州），一玩就不想回去再做了。一万多块钱一个晚上就玩掉了。

向某家：刑满出去后，先去上上班，稳定一年，再想做其他的。

团体随后就减刑与假释问题讨论了一会儿。

孔某军：刑满后先到温州，到原先做过的眼镜厂去做工。有把握进去。带领者问一个月工资能拿多少？孔某军说，刚进去2000元左右，老手即经验丰富的，可以达到6000至7000元每月。

带领者与组员都说，这个收入还是不错的。

王某津因离刑满释放的时间尚远，没有要求他来谈这个问题。

张某飞离刑满还有3年多一点。带领者建议他也可以考虑起来。

张某飞：以爸爸存的钱（给我），然后开个厂加工扣件比如铜扣件、螺帽等，加工什么都可以；或者做鞋子；或者就做缝纫，做那个长靴子，销路很好的。

带领者问，如果爸爸不给钱呢？张某飞回答说，那就自己先打工。

刘某广：出去后开个厂子。

带领者问，家里人（老爸）能帮助一点吗？刘某广回答说不清楚。

带领者肯定了组员们对刑满释放后的打算是合适的，要去认真考虑，做合法工作、获得合法收入。

带领者问刘某广，出去后做人做事要有底线，那么知道底线是什么吗？刘某广说：法律底线。带领者肯定了刘某广的回答，并强调法律是条红线，是硬的底线，不能违反。除此，还有一个是道德底线，并具体阐明法律底线与道德底线的关系。组员们同意并认为，法律底线不能违犯，要遵守它。

带领者随后通过提问组员"今后出去了挣了钱怎么花"的问题，在组员回答的基础上具体阐述欲望与能力的关系，欲望满足及理财安排。带领者以月收入3000元为例，问组员能把一个月的收入全花光吗？在组员回答"不能"后，带领者问：那么具体应当如何来计划呢？然后，带领者与组员一起具体、详细地计算怎样用钱、怎样过日子，如吃饭（带领者说吃饭算每月500元，组员有说不够的，有说差不多的，也有说多了,就此具体地讨论是多了还是少了或差不多)、租房、日常开销以及孝敬父母长辈等每月费用情况,然后怎样把省下来的钱作长远打算,如结婚买房子、抚养孩子,今后养老费用等。在讨论日常花费时,组员认真、积极地参与,在讨论结婚、买房、养孩子时也都有具体的讨论。带领者也发现,关于收入与花费(欲望与能力)的一些具体打算,是大多数组员以前没有想过或深入具体地思考过的。

感受:

1. 带领者因前一天晚上身体原因没有休息好,团体辅导活动前的午休又因为特殊原因没有休息好,所以在团体辅导时精力有些不济,造成有的可以深入的"点"没有能够抓住,从而也没有能够组织好进一步的讨论。

2. 本次团体活动带领者想围绕组员的家庭与曾经的犯罪来展开,但在具体操作时对组员的家庭这方面没有去展开讨论,今后的团体可以继续进行这个方面的工作。

3. 因带领者精力的原因,在本次团体活动的后半程主要是带领者按照自身熟悉的内容进行了讲解,围绕做人底线、欲望与能力这两个内容(这两个内容带领者在以往的个体心理矫治、团体心理辅导以及各种各类讲课时都有讲过),带领者具体地并结合案例与事例向组员作了详细讲解。讲解过程中也注意了与组员的互动。

● 第十四次团体辅导记录

时间:2016年7月26日,星期二,14:30—16:00

带领者:邵晓顺。姚俊翔坐在团体外。蒋小霞因出差未能带领本次团体辅导。

以带领者邵晓顺为起点,顺时针方向依次是:俞某涛、向某家、毛某波、孔某军、王某津、张某飞、刘某广、赵某龙。李某民值夜班需要休息不能参加,李某平生病住院。

带领者在宣布团体活动开始之后,因上次团体辅导时毛某波参加心理情景剧彩排未能参加,因此问毛某波上周四参加心理情景剧的情况。毛某波回答说他拿了一个二等奖,并进一步补充说他们管区拿了二等奖。然后带领者向毛某波介绍上次团体辅导情况,也是再次回顾上次团体辅导的一些主要情况与观点。围绕组员刑满释放后将要做什么(刑满释放后的打算)来展开讨论,以及做人底线、欲望与能力的关系等内容,具体如一月收入3000元应当如何来花。带领者请组员再次回答收入与支出如何规划,如吃饭、住宿(租房)的费用,日常开支等,然后节余下来的钱要作怎样的打算。

在回顾到这些时，带领者突然想到是否请组员谈一谈对今后做工收入是怎样的预期，因为在另外监狱做团体辅导时，有组员说监狱教育时让他们对刑满释放后的收入预期很高（其实可能是服刑人员自己对刑满后的收入预期很高，而非监狱教育，因为监狱教育一般不太会去谈论刑满后的收入问题），而且那个团体中有一名快要刑满释放的组员确实对收入的预期是不那么低的。

这次带领者仍然从俞某涛开始，请他谈谈对今后收入的想法。俞某涛今后是要开店的，因此他说开店，月收入有几万元。带领者觉得这个收入预期有点高，但没有去直接发表意见，而是请组员们来谈谈他们的看法。王某津说，开个小店一月赚几万，那是黑店。其他有组员认为这个收入预期太高。带领者说，开个不那么大的店，如小百货店、小超市等。俞某涛说不开小百货店，带领者马上记起俞某涛上次团体活动时是说开个烤肉店的。带领者就说开烤肉店也好，一开始收入可能没那么高，可以放低点，当然这个收入指利润，不是毛收入。一天的毛收入（没有扣除成本）几万可能会有的。

向某家：出去后是要去上班的，对收入的预期是2500至3000元每月。

毛某波：2000—3000元/月。

孔某军：2000元/月。

王某津因离刑满释放时间还长，不要求他对此发言。

张某飞：4000—5000元/月，而且是工作8小时，做缝纫。因为在未管所也是做衣服缝纫，做得很熟练了，他认为出去后如果打工是比较好找工作的。

刘某广：出去开厂，月收入在3000—4000元。

赵某龙：几个人一起到工地上去承包工程，每月收入要有5000—6000元。少的话两三千，多的话七八千是有的。每月干十几天到二十多天。如果整个月都在干，那月收入要在一万以上，但这样的时候少。

带领者对为什么请大家谈今后的收入预期作了解释。一个是另外监狱团体辅导时的情况（前面已述），再一个是带领者今年在十里丰监狱个别化矫正时，也遇到一名服刑学员对刑满释放后的收入预期挺高。最后，带领者自我开放，也谈了自己目前的收入情况，而这样一个收入（月收入8千元左右）是工作了26周年，职称是教授的月收入。

谈完对今后收入的预期，带领者还是想回到组员的家庭成长与犯罪经历上来。因带领者记得以前有一次团体辅导结束时毛某波主动前来谈他的犯罪，因此就请他先谈谈。同时，带领者跟组员说，如果大家对自己为什么会走上这样的路感到迷惑不解，或者说对为什么犯罪不清楚的，或者是对自己到目前为止的人生发展感到不能理解的，可以提出来，跟邵老师以及蒋老师一起来讨论，我们会给你一个明确而清晰的解答。

毛某波说他的犯罪以前谈过了，其实也没犯什么罪，就那么一下就进来了。带领者问毛某波文化程度怎样。毛某波回答说初中毕业，高一读了一年然后就没读书了。带领者的意思是刑满释放后，等赚到了钱能养活自己以后，希望还能够去再读点书。毛某波说，刑满释放后，先回家待一两个月，然后在离家近一点的地方找个厂，好好上班。然后有钱了再去创业。他们家离一个风景区很近，可以开个农家乐。

带领者跟孔某军、向某家等组员问了文化程度以及读书情况，并对全体组员讲解，在现代社会，一个人的收入水平是跟文化程度成正比的，文化程度越高他的收入也越高。对此，组员似乎并非那么赞同。张某飞举了反例，说他曾经遇到的一个人没什么文化但赚钱多。带领者当时没有意识到，他说的这样的人，可能是个犯罪的人甚至是一个贩毒的人，而不是做正经工作的人。

毛某波继续发言，讲到了自己的家庭经历，由于语焉不详，在带领者和组员对他所说的多次追问中，毛某波自我暴露自己在老家是吸毒的。母亲就是为了避免他再吸毒，所以叫他在家里待着，经常是吃了睡，然后玩游戏什么的。团体由此开始讨论吸毒问题。

带领者问组员以前在社会上时是否有吸毒情况？张某飞承认自己既贩毒也吸毒，其他组员除孔某军外（俞某涛、向某家、王某津、刘某广、赵某龙等）都看到过朋友吸毒（主要是"溜冰"）但自己没有吸。毛某波一开始是吸海洛因，是治疗感冒、头痛，效果很好的，但自己后来不适应（吸了不舒服），因此后来是吸冰毒。他觉得吸冰毒没有瘾，只是有心瘾。带领者说吸毒成瘾，主要就是指心瘾。因为吸毒成瘾，生理上的成瘾经过两个星期的治疗就能戒除，但是心理上的瘾是较难以戒除的。对带领者的回答，毛某波脸上表现出一些意外。这跟他对毒瘾的理解不一样。张某飞说他就是吸冰毒。

带领者跟组员分析了吸毒的危害，脑子完全变了，损害了，而且不可逆，就是说毒品损害脑子后不吸不能慢慢变回好的，不像有的疾病，经过治疗会变好。带领者也讲解了某些毒品在医疗上的正常使用，如杜冷丁抑制疼痛；还讲解了北美地区禁毒的历史，以及冰毒给人的精神带来提神作用。但毒品对人的损害特别是对脑子的损害逐渐被科学研究所发现，以及因吸毒而引发的犯罪行为，所以世界各国都开始逐渐采取禁毒措施。张某飞说,他看到一个吸毒的人最后被送进了精神病院。带领者说,我们说在社会上要抵制诱惑,主要指的是抵制毒品。我们团体里没有吸毒的(组员),不要去吸第一口。张某飞说,有的就是好奇,自己为什么会去吸毒,就是因为好奇心。带领者随后问组员是否会去吸毒,组员们都表示不会去吸毒的。毛某波和张某飞也说不会吸了。毛某波说,如果原来吸毒的老朋友再来叫的话,很难抵抗诱惑。王某津等人说,这就是人的自控力问题,要有自控力、意志力。带领者给予了充分肯定,并鼓励毛某波以及其他组员要提高自己的意志力、控制力。

感受:

1. 带领者想对赵某龙开展工作,但有些担心他的情绪,担心在对他工作时他不能控制自己的情绪。带领者也在找寻对他开展团体工作的时机。同时,希望与带领者蒋小霞一起来开展对他的工作,因为团体中的男女带领者正如组员原生家庭的父母,有"父母"在也许更好、更有利于帮助到他。

2. 本次团体活动开始阶段有的组员似乎是没有睡醒的感觉,精神不是很足,是否跟天气太热有关?

3. 带领者请组员来谈自己的犯罪或家庭与成长情况,但内心似乎在担心有的组员犯罪情况比较特殊,是否愿意谈或适合在团体中谈?有的组员家庭情况比较特殊,一旦去谈的话会使团体呈现为怎样的一个状况?所以,带领者对团体的发展有所担心,希望团体平和而不出现很剧烈的团体冲突。这是否表明带领者自身出现了一些自我障碍?

- 第十五次团体辅导

时间:2016年8月3日,星期三,14:00—15:30。

因带领者邵晓顺出差,本次团体活动由蒋小霞组织并带领。

- 第十六次团体辅导记录

时间:2016年8月10日,星期三,14:21—15:55。

带领者:邵晓顺、蒋小霞、姚俊翔。

以带领者邵晓顺为起点,顺时针方向依次是:李某平、毛某波、孔某军、蒋小霞、王某津、李某民、张某飞、刘某广、姚俊翔、赵某龙、向某家。团体活动开始时姚俊翔因事没有进入团体,当监狱管理局组织的监管安全检查团来心理健康中心检查工作时,蒋小霞作为心理健康中心主任前往接待,就安排姚俊翔进入团体并坐在原蒋小霞的位置。而蒋小霞在接待工作结束后再次进入团体,并坐在了孔某军与王某津之间。

俞某涛因年龄满18周岁,调到成年犯管区,不再参加后面的团体辅导活动。

团体活动开始后,蒋小霞首先发言。她说,上次团体活动邵老师因出差而没有参加,而再前面的几次团辅因自己有事没有参加。接下来的团体活动,会比较正常,两位老师都能一起来参加团辅了。

从团体辅导开始以来,参加团辅的成员中已经有三位刑满释放。而在接下来的团体辅导过程中,还会有组员陆续离开,蒋小霞老师与组员一起排列了接下来因刑满离开团体的成员的先后顺序,第一位将是李某民,然后是孔某军,再接着是毛某波。李某民将在本月28日刑满释放。因整个团体辅导活动计划做20次,这次是第16次,连上这次还有5次,所以毛某波刑满时团辅将结束。

接着,蒋小霞对上次团体活动作了回顾。上次团体辅导的主题是选择,主要谈了今后(刑满释放走向社会后)的就业、择业,选择职业的过程,并对组员在上次团体中的表现作了肯定。同时,根据组员在团体中的表现,认为随着团体慢慢接近尾声,组员们对自己、对身边的事逐渐地建立自信,对此应当肯定,同时也可以就此作讨论。

在停顿一会儿后,带领者邵晓顺随后发言。他说,近几次团体活动主要围绕组员的犯罪与家庭来展开,那么是否请大家来谈谈你的犯罪,或者你的家庭及其成长情况?并邀请向某家先谈。

向某家表示家庭什么的,似乎没什么好谈的。

蒋小霞随即接过话头说,上次团辅后一个星期过去了,各位可以先谈谈自己很想分享的事,有没有接见?接见情况怎样?父母都来了吗?或者是目前管区G20开展情况,自己参加G20安保活动的情况,等等。

向某家:忙G20,离召开不到一个月了,形势越来越紧张,管得越来越紧。

邵晓顺:对这个情况的判断和结论,是认为管区管得越来越紧,还是自己的感觉?

向某家:是管区,各方面都比较紧。

李某平抢过话头发言。在简单说了管区G20下的管理后,转到话题"飞机常从头上飞过",并在刚来未管所时为此感到奇怪,然后又谈到其他情况,不能聚焦于一个话题。带领者邵晓顺在李某平发言间隙转向李某民发问。

因为李某民夜里值班,前几次团体活动都没有来,因此带领者首先确定李某民是否仍然在值夜班。在得到明确回答后，问李某民休息情况怎样，李某民回答说上午不劳动已经休息过了，现在精神是好的。然后带领者问李某民，目前主要在想些什么？李某民说，当然是在想刑满释放后的事。带领者问，刑满释放后有什么打算或者说打算做什么？李某民回答说这个还没有具体去想，出去以后再说。带领者知道，其实是有所考虑的，可能团体中有压力，所以这样回答。因此带领者问李某民以前做过什么工作？李某民回答说，曾做过修车工、理发师。带领者觉得这两个工作还是比较好就业的，并就两个工作作了讨论。带领者还回顾了以前团体活动中组员们对此问题的考虑与回答，具体说了孔某军的打算，以及张某飞、赵某龙、刘某广、向某家等人的打算（在带领者回顾组员们今后的打算时，交流是相互的，并且组员以及带领者之间有进一步的讨论）以启发李某民，建议他还是要去想一想，如每个月希望能挣多少钱。李某民回答说，每月三千左右。带领者对此作了肯定，认为这样一个收入预期是合适的，是可以实现的。

带领者与组员们一起对理发、修车工作进行了广泛深入的讨论。李某民、张某飞、李某平、向某家等参与讨论较多。

在团辅开始不久，带领者蒋小霞老师因接待检查团离开团体。接待完毕回到团体后，带领者邵晓顺向蒋小霞介绍了她离开期间团体活动的情况。邵晓顺在向蒋小霞介绍团体情况时再次强调对刑满后收入的预期每月3000元左右是合理的。蒋小霞也表示了同样的态度。

两位带领者在互动时，蒋小霞谈到了张某飞上次在团体中说以前每天花费要两三千元。为此，带领者邵晓顺再次就每月花费与理财作了回顾。在回顾时，组员与带领者相互间又展开了些讨论，张某飞说明了自己每天花费两三千元的原因，因为贩毒要开房间，有时就用10分钟，再去开另外宾馆的房间，等等。在团体讨论每月花费与理财的过程中，李某平、张某飞、王某津等参与较多。

带领者邵晓顺由此讲解了能力与欲望的关系。比如，能力就像是一个人一个月所挣的钱，欲望就是一个人一个月的花费等。在带领者讲解时，张某飞插话打断了带领者的阐述，张某飞说，自己的花费要根据自己挣的情况去花。带领者邵晓顺从团体组员的表现感觉到，团体似乎表现出对纯理论阐述不那么感兴趣。带领者蒋小霞就此对张某飞开展工作，要他设想一下他出去一个月能够挣多少钱。张某飞回答说一个月挣4千元或5千元。之后团体对张某飞的工作起初就是在重复前面团体活动情景，但随后就有了深化，与张某飞就每月花费具体作了讨论与指导。然后，带领者蒋小霞就今后如何开厂、如何运作提出问题与思考，从而引导团体讨论走向深入。张某飞、王某津、李某平等一起参与了讨论。在讨论过程中，蒋小霞进一步引导张某飞去思考如何与人打交道，如何营销等。但由于未成年犯的年龄以及认识水平（人生经验）的原因，他们还是不太能理解带领者的问题或设想，所以，讨论有些浮于表面，不能深入，或者就是表现为讨论不起来。为此，带领者只能直接作指导，指出一些具体的操作流程或具体的做法。

在团体讨论的阶段，毛某波与孔某军两人一直在说悄悄话。带领者邵晓顺在上述讨论进行到一定程度后，邀请毛某波与孔某军进入团体来说说他们讨论的事。毛某波说，他们在说"向某家又调皮了"。带领者请孔某军发言，这个"调皮"是怎么回事。但孔某军犹豫着说了一点点，在大家的期待中，孔某军似乎更紧张，话不成句。带领者鼓励孔某军发言，孔某军还是没有多说什么。向某家随后简单说了说自己的情况。

李某平插话，说在团体结束后想跟蒋小霞老师单独交流一下。蒋小霞回应表示同意。

蒋小霞随后从张某飞说起，再次强调如何去完整地做一件事。为了完成一个工作，该做的事一定要做完，并结合王某津前次团体活动中说的事为例作了进一步说明。随后，阐述在与人交往时，要尊重别人。做事情，谈工作，需要尊重别人，也需要被人尊重。这点非常重要，希望大家好好体会。另外，经历不一样，你们的世界与我们（带领者）不一样，但世界有个大的规则，在这个大的规则下，应该做些什么，这个需要去理解，去进行一次次讨论。但我们团体出现了一个现象，就是谈着谈着会散掉（王某津：跑题了）。这个原因可能是我们这个团体都是由未成年人组成的，不像以前的团体有未成年的，也有成年的，大家经历不多。另外一个是今天来参加团辅的路上，与邵老师谈起，你们的一些想法确实不是我们所想的……

邵晓顺接过话来说：是的，在来团体辅导室的路上，我跟蒋老师说，俞某涛现在不在团体了，如果在仍然还会说，像他在第14次团体活动时说的，开着一个跑车，旁边坐着一个美女，不要太爽了。这个也不是说不可以的（蒋小霞也说，对，这个没什么错的），但怎么说呢？这个其实是在追求刺激，从我们这样一个年龄角度来说的话，总觉得不是那么好的事，特别是如果开车超速的话，那就是违法了。此时，李某平参与进来，就开车超速与违法等进行了讨论。

带领者邵晓顺说，刚才蒋老师说了做事怎么与人去交往，要尊重他人。这是一点。其实这个之前还有一点，就是如何活下去，出去以后如何让自己生存下去，而且是合法地活下去。

蒋小霞随后问李某民刑满释放时谁来接，李某民回答说爸爸妈妈来接。邵晓顺问李某民，出去后是否先休息一两个月？李某民回答说，身份证办好就可以去工作了。带领者对此作了肯定。

毛某波笑着说，他还有一个月也刑满释放了。李某平对毛某波说，你这不是刺激我吗?！你还有一个月，我还有那么长时间！

带领者邵晓顺在李某平等人交流一阵后，邀请刘某广进入团体，问他有什么感受想说的。刘某广回应说没什么想说的。带领者问他离刑满释放还有多长时间，刘某广回答说到12月29日，还有四个多月。

接着，王某津、张某飞、李某平就他们各自的刑期作了些讨论。

带领者邵晓顺说，在监狱里，不管时间长短，还是要去认真思考一下自己为什么会走上这条路。如果自己思考不清楚，就要向我们提出来，把这个问题思考清楚了。另外，张某飞前面也谈起过，自己今后不会再进来了，但就怕老朋友找过来，这个就不能保证不再犯罪。蒋小霞说，前面你（张某飞）不是说了吗，出去后手机也换了，地址也换了，人也换了，他们不会找上门来的。张某飞回应说，因为大家差不多就在那个群体中，就怕到时再找过来。蒋小霞说，所以，这里就有一点很关键，就是你的脚往哪边迈的问题。李某平说，怕就怕你找不到启动资金，然后就会想，干一票就好了，我就是这样进来的。带领者邵晓顺说，对，就是不能重蹈覆辙，不能再踏进那一步。因此，建议张某飞可以换个地方去干活或开厂，不要再回宁波去，可以到其他地方去。带领者和组员提议可以到永康、路桥等地。

邵晓顺最后说，还有一个就是要抵制诱惑，不要再去吸毒。团体中毛某波、张某飞以前吸过毒。李某平说，他也吸过。随后，团体就吸毒、戒毒展开了些讨论。带领者再次强调，以前没有吸过毒的，不要去碰。已经吸毒过的，生理上已经戒了，生理戒毒已经完成了，主要是心瘾，要注意克服。团体然后谈到贩毒，带领者邵晓顺指出，贩毒是重罪，是要严惩的。团体就八大重罪作了讨论。

团体活动快要结束时，蒋小霞问组员最近半个月有没有违规被扣分？毛某波回答说被扣了6分，蒋小霞对此感到怀疑，怎么会扣这么多？毛某波说，不是扣月考核分，是扣平时的行为分。月考核分没有扣的。带领者逐一问组员月考核分扣分情况，最后问的结果是没有一个组员被扣分的。对此，带领者对组员的现实表现感到满意。

赵某龙最后说道，劳动中上一道工序没有完成任务或劳动产品报废了，会影响到下一道工序的生产。这种情况会影响到自己。蒋小霞回应说，今天因为团体辅导结束的时间到了，下次团体活动时，请赵某龙先来谈谈这个问题，因为这个问题组员们都会遇到，具有一定的普遍性。因此，下次团体活动时，请大家谈一谈，当上一道工序完不成或动作慢影响到你，你又没办法去干预，那要怎么办？

　　蒋小霞最后请带领者邵晓顺总结。邵晓顺说，这些讨论很好，另外还是前面说到的那个问题，很重要，就是你要去思考一下你走到现在这个状况的原因，对此是否感到困惑。当然，你如果已经思考清楚，这个挺好的。但是，如果思考不清楚，希望你到团体中来讨论。同时，今后怎么做，如果也有些思考不清楚的，也要到这里来讨论。

感受：

1. 本次团体辅导活动结束，两位带领者认为活动过程比较散。这是由于组员年龄小，对世事的理解也差，团体一讨论就散掉，讨论不能集中于一点，或者是各说各话。而且在讨论时，包括带领者发言时，总有组员（这次是孔某军和李某平）不顾他人自说自话，表现出不尊重他人的情况。

2. 由于两位带领者近几次团体活动不能同时参加，对团体发展情况把握不同步，在本次团体活动的一开始就表现出不协调的情况。带领者邵晓顺想请组员讨论犯罪与家庭及自身成长情况，带领者蒋小霞在看到组员一时不想谈论时提出了另外的讨论内容（或主题），带领者之间出现不协调一致情况（带领者的分裂）。这不利于团体发展。同时，在团体活动过程中，带领者在引导组员讨论内容时也有重复讨论的情况，表现出带领者相互沟通有些问题。

3. 在本次团体活动中，也许由于组员讨论不到位，或者带领者急于推进的心理作用，带领者（邵晓顺）的发言有些不够克制，与组员抢话的情况多次出现。

● 第十七次团体辅导记录

时间：2016年8月17日，星期三，13：56—15：28。

带领者：邵晓顺、蒋小霞。

以带领者邵晓顺为起点，顺时针方向依次是：毛某波、孔某军、王某津、张某飞、蒋小霞、刘某广、赵某龙、向某家。李某民因值夜班白天需要休息没有参加，李某平再次住院。

带领者邵晓顺在宣布团体活动开始后指出，本次团体活动是第17次，到20次结束还有 4 次，今天是倒数第 4 次。

随后两位带领者对王某津、张某飞身上长湿疹予以了关心。

因前次团体活动结束时，就赵某龙说到的事要在本次团体活动时作讨论，所以带领者邵晓顺邀请赵某龙先发言。

赵某龙在再次描述劳动中的这种情况后分析了原因。指出：碰到新犯，特别是刑期短的人，他又不想减刑，对劳动无所谓，所以总是让我们后面的劳动（产量）做不上去，心情也会越来越急躁。

邵晓顺：这样的情况，想减刑的人就比较着急。

赵某龙：本来自己想减刑，想拿分数，多劳动，这样任务完不成，心里就特别急。

组员与带领者就劳动展开了一些讨论。

张某飞：……有时一个比另一个浪费时间……不过，片区组长很灵光的，他看到哪里跟不上，就会去协调，一个老的（犯人）带一个新的（犯人），保证整个生产线能协调生产。

邵晓顺：像赵某龙遇到的那样："我就这么快，要不你来做好了"。这种情况有吗？

王某津：我以前碰到过。他们会说：有本事你自己来顶。

邵晓顺：那怎么处理呢？

王某津：懒得理他。

孔某军：（声音洪亮地）这么热的天气，谁都有火气，说多了，谁都不舒服。

邵晓顺：非常高兴孔某军主动来分享。你是自己碰到过这个情况吗？

孔某军：我是偶尔欠产。每个人想法不一样。

毛某波：也要看做什么工序，像"吊伞"就要求很高。

张某飞：有个适应期，做每件事都有个适应期。

刘某广：我就保保产量。

邵晓顺：那（你）有没有被人催的情况？

刘某广：天天被人催，我是（工序）第一个。

邵晓顺：那你是一个怎么样的心态呢？

刘某广：无所谓，每天保保产量就好了。

邵晓顺：这也挺好的，不急不怒。那社会上有被催的情况吗？

刘某广：也没有。

张某飞：我们的分工是不一样的。

邵晓顺：我在其他监狱做咨询以及调查时发现，监狱服刑人员40%的心理问题与劳动有关，是因为劳动而产生的。劳动完不成等情况是会给我们的情绪带来消极影响的。

王某津：劳动对我的情绪影响是不大的。一般在劳动现场时会有，回到监房就没有了。有时前面在催我，后面又跟不上，心里会着急。

向某家：我的情况是，劳动能保产，偶尔超产。超多超少看自己当时的情况。

团体里每个组员在对自己的劳动情况都发言后，团体发言与讨论似乎暂时停止了下来。带领者就试图去引发团体讨论另外有意义的话题。

邵晓顺：赵某龙，你左手上的文身是什么时候弄的呢？

赵某龙：在看守所时弄的。

邵晓顺：因为什么原因去文身呢？

赵某龙：第一次文身是看着好玩。看他们在弄，我也就去做了。

赵某龙说向某家也有文身。

向某家：我也是觉得好玩才弄的。

之后组员就他们在看守所时的情况展开了交流讨论，组员、带领者都参与了。多名组员主动谈在看守所的经历与看到的情况。比如，一个房间会住非常多的人（与监狱比），有的一间房住20至30人；有的组员说自己在看守所时也是劳动的，而有的组员（毛某波、孔某军）说因为未成年他们在看守所时没有参加劳动。

随后团体再次回到未管所平时的劳动上来。

邵晓顺回顾了上次团体活动结束前蒋小霞问组员们考核分扣分情况，结果没有一个组员被扣考核分的，为此再次对每个组员表示肯定。

蒋小霞：这个分数看重吗？

毛某波与孔某军同时回答：看重。

孔某军：加一分，就可以提前回家一天半。

邵晓顺：那（考核分）是直接可以体现出来的。

蒋小霞：就像前面赵某龙说的劳动，想早点回去的就着急。

赵某龙：是的。

蒋小霞：着急是正常的，不着急是不正常的。刘某广是能完成的，如果完不成，那也着急。赵某龙想多拿点分早点回去。

张某飞：劳动分占60%。

蒋小霞：这种情况，能否与警官沟通，换个工种，或者像张某飞说的，一带一（"老"带"新"）？

赵某龙：现在都完不成（劳动任务）。

蒋小霞：他们（有的服刑人员）对分数无所谓，这种情况怎么办？

向某家：换到另外一条快的流水线上去。

蒋小霞：这么可以向警官反映。

赵某龙：现在是大流水（线作业），没欠产的。上个月欠产的，现在超产了。核定（劳动任务）700把（雨伞），能做900把。

向某家：我做的按个数，超（产）可以对半超。

蒋小霞：这样看来，警官安排劳动量时是不高的。

向某家：已报减刑的，劳动会保保产量。

蒋小霞：那快刑满的，会怎样？

毛某波：我劳动很快的。

邵晓顺：劳动态度怎样？

孔某军：还好的，偶尔欠产的。心在这儿，就能保产；心不在这儿，就不能完成。

蒋小霞：这句话说得实在。那你（离刑满释放）剩十几天，状态是怎样的？

孔某军：大多时间心是在的。最近一个月就是保保产（量）。

蒋小霞：那（你）还有十几天，你是什么想法呢？

孔某军：（虽然只有十几天了）心会在（这里）。

蒋小霞：为什么呢？

孔某军：想给组长、组里留下好印象。

向某家：孔某军的那道工序是比较难的。看着比较小，似乎也很简单，但其实是比较难的，所以很难超产。

蒋小霞：没发现孔某军生产这么好！

孔某军：只要用心去做。

蒋小霞：正如毛主席说的，世界上就怕认真两字。孔某军虽然刑期只剩十几天了，快刑满释放了，但用心对待劳动，是非常好的。

稍停一会儿后，带领者蒋小霞说，上星期团体辅导后第二天，孔某军、向某家还参加了团省委的一个关爱活动。孔某军参加完关爱活动后心情不好，蒋小霞就问孔某军是什么原因。孔某军回应说，主要是担心出去后工作上的事，原眼镜厂会不会再招人。同时，父亲已过世、母亲改嫁，而表哥又表示没时间，(出狱时)不来接，心里很失落。蒋小霞跟他说，监狱民警会送他安全回家的。然后问孔某军平时花费情况。孔某军说平时基本不开账，只买点必须的生活用品，因为没有汇款，卡里没有钱，只有监狱发的劳动津贴。向某家作了补充说明，并说有时他开账买东西，跟孔某军一起吃。

在清楚孔某军的情况与想法后，带领者蒋小霞说，前面有一次团体活动，主题是"选择"，建议孔某军要为自己做多种准备，这样就会有多种选择。同时，无论做什么工作，都要认真、用心去做。从家庭情况看，以后只能是靠自己的，表哥那边必然也有自己的生活，不能依靠太多。

团体就刑满释放后回家入户口、办身份证以及寻找工作等开展了讨论。说到刑满释放，向某家、赵某龙都说在今年申报减刑后，都能够在今年年底刑满释放回家。

带领者邵晓顺说，2012年到浙江省四五个司法局去做调研，司法局的同志说，刑满释放人员到司法所（局）报到后，如果找不到工作他们可以安排工作，每个司法局一般与五六家企业签了协议，同意接收刑释人员。当然，司法局工作人员也说了，他们只安排本地的刑释人员，对外省、外地的不安排。因此，也建议孔某军或其他组员刑满释放后如果找不到工作，可以跟司法局提出来（安排一个工作）。当然，工资待遇不能要求太高（邵晓顺具体谈了调研时司法局说企业能给的工资情况）。同时说明，这个是从浙江省司法局调研到的情况，不知其他省的司法局是否也这样。

带领者蒋小霞说，在上次团省委的关爱活动中，某企业家发言了，也给了联系方式。问孔某军、向某家是否记下了电话。在得到他们的肯定回答后说，如果孔某军、向某家出去后一时找不到工作，可以联系他。

接下来的团体活动，带领者邵晓顺对每位组员根据团体中的表现就他们身上的优势、优点进行了点评。只是指出优点与优势，是希望起到鼓励作用。同时，也向组员们说明，因为只是根据入组访谈及团体活动中的表现而谈的，所以所说的优点、优势不一定准确，也肯定不全面。在点评组员优点、优势时，两位带领者与组员之间以及组员相互间都有互动。

带领者在肯定孔某军今天团体表现突出的同时，问他原因是什么。孔某军回答说大家对他好。带领者问：是管区小组成员对他好还是团体里大家对他好。孔某军回答说是在团体里感受到了大家对他的好。对此，带领者感到欣慰。

感受：

1. 带领者蒋小霞认为，本次团体辅导比较好，因为讨论的几个主题都不错。带领者邵晓顺有相同的感受，也认为至少比前一次团体活动好。

2. 在本次团体活动中，孔某军的表现突出。不仅主动发言了，而且声音洪亮，更令人意外的是他的几次发言都说得非常有哲理，发言质量很高。为此，两位带领者都感到很欣慰、感到高兴。孔某军曾经在团体辅导第九次后提出不想再参加团体活动，在团体辅导第十次开始前带领者邵晓顺与他作了个别交流，肯定了他对团体建设与发展的作用，建议他继续参加团辅。因此，孔某军一直坚持参加团辅到现在。直到团辅第17次，孔某军才有了这样令人意外的表现，是否表明团体的影响作用有个累积的过程，也表明了持续参加团辅的重要性。

3. 两位带领者在团体活动结束后，根据孔某军在团体中反映出来的情况，商讨下次团体辅导时是否继续帮助他，因为也感受到了他的无力，没有父母的支持，表哥也不那么有帮助的意思，他刑满后如何更好地去面对与自我生存，也许需要团体的帮助。

● 第十八次团体辅导记录

时间：2016年8月24日，星期三，14：30—16：00。

带领者：邵晓顺，蒋小霞。

以带领者邵晓顺为起点，顺时针方向依次是：张某飞、毛某波、孔某军、王某津、蒋小霞、刘某广、赵某龙、向某家。李某民因值夜班需要休息未能参加，李某平住院。

姚俊翔在团体辅导室，但坐在团体外，因为按监狱管理的规定，有服刑人员的地方需要有男民警在场。

带领者邵晓顺宣布团体活动开始，说明这是第18次，倒数第三次。

本次团体活动从看电影开始说起，因为张某飞、王某津、赵某龙三人是从看电影的现场过来参加团辅的。这也是他们第3次被从看电影现场带来参加团体。他们都表示不喜欢看电影，喜欢参加团体辅导。

然后团体成员说起天气的变化，说到处暑。带领者邵晓顺跟组员讲解处暑以及相关的地理知识，如太阳与北回归线等。但是组员们都说不知道这样一些知识，带领者邵晓顺觉得有点意外，也感到有点没劲，停止了更多的解释。团体然后说到读书与看书。有组员说，这些知识应当在中学地理课中有，但有的组员（张某飞）表示没有上过中学。带领者邵晓顺说，这些知识除了地理课，其实在《十万个为什么》或百科全书中都有。

带领者邵晓顺了解了组员近期都有看过电影，就想知道组员们看了电影后有什么收获，因此问组员看了什么电影，让他们印象最深的是什么。带领者先问毛某波的情况。

毛云波：最近看电影是看了那个《荒野猎人》，记住的是那个人藏到马肚子里。

邵晓顺：这个场景让你感受到了什么？

毛云波：场面太恶心了。

在带领者进一步的追问中，组员并不能说出看了电影的感受是什么。管区在安排服刑人员看了电影后，也没有安排讨论等。带领者邵晓顺内心想，这样就失去了教育的意义。

向某家：看不懂，不好看。

张某飞：我不喜欢看。外国片，也看不懂。

孔某军：看不懂，不喜欢。

刘某广：不喜欢看。

赵某龙：看不懂。

王某津：看不懂，不喜欢看。

张某飞：但去看电影，在礼堂那里是比较宽松的，比监房里好。电影看看，不想看可以睡觉，没人管。

王某津：看过就忘掉了，没什么意义。

张某飞：搞笑的，过年时看《万万没想到》，还有点印象。

刘某广：上次在管区静坐时看了一场。他们在看，我也扭头看。（大家笑）

向某家：以前他经常静坐的，现在很少的。

蒋小霞：是因为什么静坐呢？

刘某广：劳动和行为养成。

蒋小霞：是从什么时候开始没有静坐了呢？

刘某广：暑假里，6月底、7月初。

蒋小霞、邵晓顺（几乎同时说）：是什么让你有这个转变的呢？

刘某广：劳动是因为熟练了。行为养成，是因为现在知道得多起来了，明白了一些道理，愿意（去）做好了。

张某飞：经历过了，所以改变了。

邵晓顺：试错也是一种学习的方法。先尝试错误，再逐步改正。这是一种学习方法。但慢慢长大，我们要有更高级的学习方法，如思考、判断，然后去掌握事物的规律。王某津，身体好吗？（看到他不太有精神，几乎睡着。）

王某津：昨晚没睡好。睡到半夜，着凉了，拉肚子，起来了好几次。

邵晓顺：那去医院看过了吗？

王某津：早上起来就好了。早上出工了。

邵晓顺：报告警官了吗？

王某津：拉肚子不用报告。早上好了，也就没说了。

张某飞：一般身体不好，报告警官，警官都会带我们去（医院）看的。

邵晓顺：嗯，不舒服的时候是要及时看的。那王某津中午休息了吗？

王某津：静坐了一下。

张某飞：我昨晚也很晚睡，11点我才睡。

邵晓顺：是因为什么呢？

张某飞：想到外面（的事），越想越兴奋，就睡不着了。

邵晓顺：那是想到外面什么呢？

张某飞：想到外面玩的事情。在这里坐太久了，偶尔会想外面，就越想越兴奋。

毛某波：最近我也是要到十一二点才能睡，因为快回去了，高兴，想外面的事，一些打算。

邵晓顺：孔某军是怎样想的呢？

孔某军：没有特殊的，也没什么区别。这里和外面没什么区别。

张某飞：区别大了，出去后可以做很多的。

孔某军：每个人想法不一样。

张某飞：这里太枯燥了。

孔某军：白天上班劳动，晚上睡觉，晚上再看看电视。

邵晓顺：张某飞觉得在这儿有限制啊！

张某飞：不自由，在这里没有想干的事。

邵晓顺：在这里失去了自由。

赵某龙：还好，没特别想什么。到这里，反正也是自找的，也没什么。

张某飞：压力其实没什么的，就是无聊、枯燥。

王某津：每天都重复。

张某飞：重复、枯燥，没有新鲜感。

邵晓顺：赵某龙这样的认识，会不会给自己压力比较大呢？

赵某龙：不会，责备自己也没用。出去后好好做。

张某飞：也没什么好责备的。要责备当初就要想好。我们在这里没什么压力，倒是家人压力更大，特别是爷爷奶奶之类年纪大的，担心看不到。

蒋小霞：在这方面的担忧，又会想到什么呢？会吗？

向某家、毛某波都点头。

蒋小霞：想到这些会担心吗？

向某家：有。

蒋小霞：今天上午，我在另一个成人犯监狱做团体辅导，在谈到生命中的重要他人时，有个年龄40岁的男人，从小由爷爷奶奶带大的，爷爷101岁，奶奶96岁，想到犯罪判了三年，非常后悔。作为儿孙辈的，对男孩子很看重，瞒着爷爷奶奶要两年多，到时不知能否看到他们，所以团辅时哭得很厉害。是的，就像张某飞所说的，你们在这里服刑，压力其实是没有家里人大的。没想到你们这个年龄，也会想到这点令人意外。赵某龙说的，做事要负责。张某飞，家人更担心。是的，你们在这里的生活是单调、枯燥的，但家人承担的压力会比你们大得多。所以，你们现在能考虑家人的感受，是真的长大了，很好！

邵晓顺：我非常赞同蒋老师的说法，能考虑他人的感受，是一个人长大的标志。

随后团体谈到了义务教育并展开了讨论。

毛某波：我觉得除了语文、数学，最好能教点法（律）。正是因为不懂法，所以犯罪的才会那么多。最好在学校里能教点法律常识。我看新闻联播，看到安徽有一个老人，他把自己所有的钱，都买了法律书，送给学校里的孩子。这很好。

张某飞：家里人不教你吗？就是自己抱着侥幸心理。

邵晓顺：那张某飞，你家里教过吗？

张某飞：我12岁时，大伯就教我了，哪些事情不能做。告诉我说12岁时讲话就要负责任了。

毛某波：那你知道了为什么还犯罪？

张某飞：当时认为没什么事，就是抱着侥幸心理。知道早晚会被抓，但没想到判这么久。一个同案犯从零几年开始，（毒品）卖了那么久，没被抓。

毛某波：我如果知道要判刑，我肯定不会去做了。

蒋小霞：孔某军说了什么？

孔某军：年轻人任性、爱玩。

邵晓顺：孔某军你这么说，是不是对自己的一个反思呢？还是对周围人的一个看法呢？

孔某军：都一样。

带领者邵晓顺关注团体成员在团体中各种各样的表现，发现赵某龙低头，脸上表情有些沉重。

邵晓顺：赵某龙好像心情有些难受啊？

赵江龙：没有。

蒋小霞：赵某龙本来是去报假释的？

赵某龙：是的。但（调查）函没回来，就（只能）报减刑。能减9个月，（今年）年底可以出去了。

蒋小霞：假释的话，什么时候能出去？9月份？

赵某龙：（能假释的话）6月份就能出去。

张某飞：假释和减刑出狱，刑期短（两者）相差不大的。像他（赵某龙）的话也就相差四五个月。

蒋小霞：心理有没有什么影响？

赵某龙：没什么。

张某飞：我和王某津没有假释的机会。

蒋小霞：王某津，好好表现，（从无期徒刑）改18年。（在了解了王某津来未管所的时间后）刚刚好可以拿所里的"改积"。那张某飞呢？

张某飞：我年初被扣2分，（改积）没有了。

蒋小霞：那（年终时）连表扬都没了。

团体随后对王某津减刑展开了讨论，以及他实际可能的服刑时间。

蒋小霞：（王某津）自己的情况要清楚，"改积"条件要清楚，做到心中有数，然后去争取。目标要靠自己去努力的，如学习，要75分以上；劳动，考核，都要看牢。

因为上次团体辅导时孔某军说刑满释放时没人来接。团体结束后，两位带领者讨论本次团体辅导时可以继续帮助一下孔某军。

邵晓顺：孔某军上次团体辅导时说，出去（刑满释放）时没有人来接，是吧？

孔某军：有，有人来接。

蒋小霞： 有了啊？

孔某军： 警官帮我联系表哥了，他答应来接我。

邵晓顺： 这很好，表哥能来接你，那很好的。嗯，刘某广在看什么呢？

刘某广难为情地笑笑。

蒋小霞： 刘某广是想看看我写了什么。

刘某广又笑了笑。

邵晓顺： 我也看到你们，在座的每个人呢并不是特别有压力，特别是刘某广，对周围的事有些无所谓的感觉，总是很淡定。

刘某广： 还好啦。

邵晓顺： 好，我们这次团体辅导结束的时候又快到了，请蒋老师做个总结吧。

蒋小霞： 这次团体活动，前面讨论时，大家能考虑他人，就表明长大了。另外，王某津等做事要有目标。当确定目标以后，要向这个目标努力。

王某津： 目标、条件一条一条都写在本子上的。（管区）警官也要求，实现了一条就打个钩，心中就有数了。

蒋小霞： 这个好。回归社会后也一样，要有大目标，然后是小目标。小目标设定几个，如做厨师，考个证，找市场等。做任何事情要设定目标，一步一步去实现。每一个点都要去争取、去把握。比如说，想拿"改积"，就要先了解"改积"有哪些条件要求，自己该如何去做。

邵晓顺： 最后，我想说的是，我们的团体辅导快要结束了，因此，希望大家能够总结一下参加团体的感受和收获。或者我们最后一次团体活动是请大家来做这个事，但现在大家可以去想一想，作个回顾。

感受：

1. 从团体活动中组员的反映来看，监狱是经常组织他们观看电影的，但是他们并没有多少感受，民警也没有组织进一步的观影讨论，这个其实可以改进。看电影就是看电影，没有组织随后的讨论与分享，看电影可能就失去了其教育意义。

2. 本次团体辅导活动有亮点。一是孔某军继续能够较好地发言，而且在团体活动过程中与旁边的毛某波经常微笑着交流，虽然这是不那么遵守团体规则的行为，但是对看起来有些抑郁的人来说，是个好现象。二是张某飞的发言，能够说出自己坐牢会让家人压力更大的感受，是不容易的。其他亮点还有如对犯罪原因中的侥幸心理的讨论。

3. 带领者在讨论到家人压力以及犯罪原因中的侥幸心理时，没有抓住机会展开深入些的讨论。比如，在讨论家人压力时是否可以引向犯罪的危害？即可以展开对犯罪后果的讨论。在讨论犯罪的侥幸心理时，是否可以引向更多犯罪原因的讨论？

● 第十九次团体辅导记录

时间：2016年8月31日，星期三，14∶30—16∶02

带领者：邵晓顺，蒋小霞，姚俊翔。

以带领者邵晓顺为起点，顺时针方向依次是：毛某波、孔某军、王某津、张某飞、刘某广、蒋小霞、向某家、赵某龙。姚俊翔坐在团体外。李某民已经于8月28日刑满释放，不再参加接下来的团体辅导。李某平住院。

团体辅导开始前，带领者安排组员进行了后测。

带领者邵晓顺宣布本次团体辅导开始，是第十九次，也是倒数第二次；团辅开始时间与结束时间。然后对本次团体辅导的具体活动提出讨论，就是先团体活动，然后因孔某军是最后一次参加团体活动，大家要跟他作个告别。最后，在本次团体活动结束前请大家撰写对整个团体辅导活动下来的体会。

在本次团体辅导前，带领赵某龙前来参加团体辅导的管区警官跟带领者邵晓顺说，在前些天的"清监"活动中，赵某龙被搜出一个写满反改造言论和夹有黄色图片的笔记本。管区经讨论决定要给他扣分，然后他本次呈报减刑就不可能了。

带领者邵晓顺觉得可以把这个事拿到团体里来讨论。

邵晓顺：赵某龙，今天带你来参加团辅的警官跟我说，你的一个本子在这次"清监"活动中被搜出来了。是怎么一个情况呢？

赵某龙：上次"清监"时，被查出一本歌词本，没收了。已经有两个管区领导找我谈话，要扣分。这样会直接影响到9月份减刑上报。要下一批才能报，这样迟两个月刑满，今年12月就回不去了。

蒋小霞：那你现在是怎么想的呢？

赵某龙：不知道。这不是我的，是一个以前刑满出去的（同犯）留下的，以前看到过，他出去以后，放在我抽屉里的。后来我就忘掉了。

蒋小霞：我可不可以理解成你有委屈、有不满、有难过呢？

赵某龙：嗯。

蒋小霞：管区领导找你谈了什么？

赵某龙：没谈什么，就是……

蒋小霞：本子大致讲了什么？

赵某龙：静坐时的想法。

毛某波：如果（是）反改造言论要扣分的。

赵某龙：是根据《伤不起》改编的，比如"偏偏是我静坐"，"减刑这么难"等，具体忘掉了。

蒋小霞：（环顾四周）你们怎么看呢？

王某津：反正已经发生了，就顺其自然啦。

毛某波：警官看他表现是好的，又当事务犯，应该没什么事。

孔某军：经常有这样的，他们也会把笔、本子之类的东西放到我柜子里。

蒋小霞：张某飞，你也会放起来吗？

张某飞：我也会放起来，如果没反改造言论。

蒋小霞：对，前提是无反改造言论。

张某飞：如果有反改造言论，放在那里干吗?!

蒋小霞：刘某广呢？

刘某广：顺其自然了。

蒋小霞因事离开团体。

向某家：里面有反改造的内容，肯定是不行的。赵某龙的这个事，上星期我们聊过。我当时也问他，他说不记得本子里面具体记些什么了。

邵晓顺：哦，这个事情不是上星期发生的，是上上个星期发生的？

赵某龙：是的。差不多半个月以前。

带领者邵晓顺与向某家、赵某龙讨论这个事情，向某家向团体讲了他与赵某龙之间关于这个事情的交流情况，主要是安慰赵某龙。

蒋小霞老师回到团体，带领者邵晓顺向她简要介绍刚才团体讨论情况。

之后是对"规则"的一个讨论，如何把握"界线"。

蒋小霞："一切都是最好的安排。"讨论到一个规则，要意识到终究是自己处理不妥当造成的。那张纸、那个本子，对自己意义不大，如果界线确实很重要，不知道歌词内容是什么，但是不同的语气表达的话，意义完全不同，所以容易产生误解，就容易触犯监规纪律。这就是一个界线。以后到社会上也一样，如手机上网，不合适的话、微信、网络传播不健康的信息，如果转发500条以上，也是要负法律责任的。赵某龙这件事也可以说是一件好事，让我们更好地理解"规则"。

王某津：昨晚我们也刚刚讨论了"规则"。

蒋小霞：怎么讨论的？

王某津：世界变化太快了。这里面规则与外面的不一样，外面有的事可以做的，到里面就不能做。

张某飞：那是必然的。

邵晓顺：权利的争取是在监狱规定之下的。这个大家应当明确。就是说，一个服刑的学员在监狱里是有各种各样的权利的，这个可以去争取。但是在去争取的时候，要仔细学习监狱的各项规定，在明白了这些规定之后，在规定之内去争取自己的权利。（稍停顿）嗯，记得上周团体辅导时，赵某龙的情绪比较低落，看来是与这件事情有关系的。

向某家：我跟他讲，去和警官讲一下。

孔某军：讲了也没用。如果是别人的，那你就是在包庇别人。如果是自己的，那本来就错了。

张某飞：说不清楚的。

毛某波：这样的后果太严重了。一扣分就影响到减刑，影响到推迟好几个月回家。（稍停顿。）

毛某波：这个话题太沉重了，换个话题。

邵晓顺：你想说什么呢？

毛某波：一切都是最好的安排！

邵晓顺：9月12日就要回去了，可以畅想一下未来。

毛某波：未来太遥远了。一切都是最好的安排。

邵晓顺：那到时谁来接你？

毛某波：妈妈，姐姐。有一个姐姐在宁波。一切事情命运都是安排好的。

张某飞：自我中心。

蒋小霞：你们都看看手上的线条，是怎么样的？有命运线、生命线、健康线、事业线、智慧线，等等。

组员每人都看自己手上的线条，说各自线条的长短、多少。

蒋小霞：如果握起拳头来，这些就都在自己的掌握之中。

毛某波：我觉得从出生那天起，都是安排好的。

蒋小霞：其实，从你进入妈妈肚子那天起，就是你自己努力的结果。我们科普一下啊。从那么多精子中脱颖而出，成为游泳冠军，然后其中只有一个精子能够去受精。虽然怀胎十月，但具体哪天出来，也是你自己决定的。所以，人生是自我把握的。心理学上有一个自我实现预言，我们心里想着某件事，潜意识里就会朝着这个方向努力，最终会让目标真正实现。生命线再长，如果不好好生活，也活不到一百岁。

毛某波：出去以后不知道做什么？

张某飞：你不是说命运都是安排好的吗？

毛某波：（难为情地笑了）个子这么小，工作很难找。

邵晓顺：个子小，给你带来一些担忧吗？

毛某波：应聘时，人家会嫌我小。个子小，找个女朋友，人家也会嫌我小，以为是姐弟。这个身高肯定有担忧的。

邵晓顺：出去后可以去医院查一下骨密度。另外呢注意休息，早点睡，晚上10点钟左右要睡觉，然后注意营养。

向某家：晚上早点睡觉不要熬夜。

毛某波：我觉得我们村里的孩子，都像我一样长得不高。

团体就毛某波身高问题展开了些讨论。

邵晓顺：时间过得很快，我们现在要跟孔某军作个告别，因为他9月5日新生，下次团体不能参加了。

孔某军：我希望大家在这里好好改造，早日新生。

王某津：出去后找到工作，好好干。

张某飞：今后的路还长着呢，好好做，要靠自己。

刘某广：新生快乐。

向某家：找一份稳稳当当的工作，把新生后的路走好。

赵某龙：希望能和表哥他们好好相处。既然能来接，肯定是在意的，好好珍惜。

毛某波：以后出去了如有机会联系一下，一起找个班上一下。在一起互相有个照应。

蒋小霞：我发现孔某军这几周的表现进步是很大的。虽然话不多，但说出的话都是经过思考的，有领悟的。这真的很好。希望回去后，不要着急，先去把需要办的比如户口等办好，再选择合适的机会出来。慢慢来，别着急。

邵晓顺： 孔某军我感觉做人挺实在的。这个挺好。大家都愿意交这样的朋友。那么怎么去交朋友呢？要交实在的，不要交花哨的人。那么，怎么判断一个人是否实在、是否花哨？就看他言行是否一致，比如……（举例说明）然后，我们团体中谈的一些事，一些道理要去做起来，如收入怎样花费、理财，做人底线，等等。

好，团体还有15分钟，我们接下来请大家把参加团辅的感受写一写。有怎样的感受就写怎样的感受，不要去夸大其词，把你们参加团辅的真实感受写下来就可以了。

感受

1. 带领者认为，在给未成年犯做团体辅导时，运用他们熟悉的语言来开展团辅工作，能够使他们更好地参与，并取得更好的效果。

2. 本次团体活动结束时带领者再次感到，在给未成年犯做团体辅导时，团体成员中还是安排若干名已成年的服刑人员参与更好。

3. 带领者邵晓顺认为，对早年失亲未成年犯的团体辅导，在团体活动开始前的设计仍嫌不足。对这样的一些犯罪人，究竟应当安排怎样的团体辅导内容来促进他们的成长？这个需要好好思考。

4. 带领者邵晓顺在进一步思考中感受到，在要求组员思考家庭对他的影响时，没有请组员具体想一想父母在他们早年生活中的缺失对他们心理的影响是怎样的？然后去理解父母的生活及其不容易。

● 第二十次团体辅导记录

时间：2016年9月7日，星期三，14：45—16：18。

带领者：邵晓顺，蒋小霞，姚俊翔。

以带领者邵晓顺为起点，顺时针方向依次是：（空位子）、毛某波、王某津、张某飞、刘某广、蒋小霞、赵某龙、向某家。姚俊翔坐在团体外。

带领者蒋小霞说，孔某军虽已刑满释放，为他留个位子吧。这样带领者邵晓顺左手边留了一个空位子。

邵晓顺： 这是我们第20次团体活动，也是最后一次活动了。大家有什么想说的呢？（停顿）上周大家都当场写了体会，写了参加团辅的感受，都写得很好。大家在感受中写了团体活动下来印象深刻的内容，如收入与支出的话题，团辅刚开始的活动，共同过生日等，都印象很深。（停顿）那么我先来回顾一下我们团体活动探讨的主题，如人际关系、恋爱与婚姻、朋友与哥们儿的区别等（作了稍详细的回顾）。好，大家有什么想说的呢？要么毛某波先说说，因为你下星期就新生了。我记得你上次说是母亲来接。

毛某波：是的。母亲和一个姐姐一起来接。（稍停）现在的心情是，既感到高兴又有担忧，回老家后有担忧。

邵晓顺：这个怎么说呢？

毛某波：高兴么是下星期一就可以回家了，想到这个就高兴。（一边说一边笑）担忧么，就是回去后怎么面对那些亲戚。我想过躲在家里不出去，但不可能都在家里。而且，在家他们也会来看的。

邵晓顺：就是说回老家后亲戚会来看你？

毛某波：肯定会的。一两年没有见了，他们都会来看一下，特别是那些表哥们。他们现在都比我好，而我没他们那么好。

邵晓顺：他们知道你进未管所这个情况吗？

毛某波：知道的。他们来了，问起来不知怎么说。

邵晓顺：我的建议是"可以不说"，他们问这个情况，你又说不清楚的话，那就不说。但是自己心中要有一个想法，就是把这个经历当作一次丰富自己的经历，把坏事变成好事：我不会再犯同样的错误。

毛某波：这样人家不相信。你心中变好了，人家也不会相信。

邵晓顺：人家不相信，但自己内心有份坚守，坚定自己不会再犯错。然后，可以出来找份工作，自食其力，做好自己。

蒋小霞：这个呢我有不一样的观点。怎么看自己的这段经历？自己有这样一个经历这是一个事实。与其这样自欺欺人，不如荡坦地接受这个现实。邵老师后面说得挺对的，就是内心坚定信念，自己要成为什么样的人，会去做哪些努力，相信自己的改变。这才是重要的。

邵晓顺：可能我刚才没有表达清楚。我的意思不是说去隐瞒曾经服刑这个事实，去否定它。我指的是一种谈话的技巧。当你在未管所的经历说不清楚的时候，可以不去谈。如果你在未管所收获很多，又能说得清楚，如我们前面团体活动中说的欲望与能力的关系，理财能力的培养等，你能说得头头是道，那么可以（跟表哥们）谈这样一些收获。如果说不了，那么（谈话时）可以不去谈，可以谈些别的什么。但是不要去否定曾经进未管所这样一个事实。

（停顿）

蒋小霞：我想了解一下，大家参加团辅以来，（被）扣分的情况。参加团辅后，有没有被扣分呢？嗯，赵某龙8月份扣了0.5分。其他人呢？

张某飞：今年1月8日，因不服从楼层管理，打了值班人员，扣了2分。当时自己要求不高，对自己的要求很低。

毛某波、向某家表示自己一直没有扣过分。

蒋小霞：张某飞后来有没有再扣过分？

张某飞：没有。扣2分，还被严管3个月。后来被陈警官教育"好"了。

蒋小霞：我们的团辅是4月开始的，那你是严管刚结束就来参加我们的团体辅导了。后来的团辅有没有提高你的要求？

张某飞：提高要求不是外部的，而是自己的，自然而然就会的。当时扣分后觉得这么小的事，去打架，不明智，得不偿失。如果知道一次性扣2分，也不会去打的。扣分后思想上成熟一点了，不像以前一样。能自我约束，自己能控制自己了。

蒋小霞：其他人呢？

王某津：从来没有扣分过。

刘某广：从未扣过分。

张某飞：只要思想成熟起来了，就不会做那些事了。

邵晓顺：扣一次分，管3年。

张某飞、王某津同时回答：这不一定。

王某津：有的事自己不能控制，但别的地方不能保证，扣分很容易的。可以扣分的地方太多了，像卫生什么的，什么时候扣分都不知道。

张某飞：打架我估计不会了。

蒋小霞：有一个领导在跟犯人谈话时说：法律对我是没用的。为什么？

王某津：看什么层面的人。如果他身份很高，那（法律）是（对他）没用的。

张某飞：周某某（腐败"大老虎"）都进来了，没人举报而已。法律还是公平的。

蒋小霞：领导的潜台词就是"我都遵守了。"法律是禁止性的，我都做好了，法律怎么管?! 它们管不到我了，而是保护我的。法律都有明文规定哪些行为是允许的，哪些是不允许的。《服刑人员行为规范》也是这样，哪些是不允许做的，都明确规定了的。关键是你自己如何去做。

王某津：那有时算不到的。（笑）

蒋小霞：这就是像张某飞说的，思想还不够成熟。

王某津：（笑）

团体再次关注了赵某龙的扣分事件。（"清监"时清出一本不健康的歌词本）

蒋小霞：哪些事能做、哪些事不能做，一定要清楚。除非你认为那东西是可以做，认同的。

赵某龙：也不是认同。刚看到是感到好奇。然后一放（就）忘掉了。

蒋小霞：为什么好奇？

赵某龙：看到（歌词）改得挺顺的。

邵晓顺：赵某龙，你这样一扣分，9月报减刑推迟到11月去报。不过，这里有一个问题还是想跟你说一下，就是11月报减刑，也是可以呈报，而不是应当或必须呈报。就是说，到11月管区可以把你的减刑报上去，也可以不报。如果理解为应当报或必须报，那万一没有报，你的情绪就会因此而变坏，就会难受。

从赵某龙表情看，听到这些话似乎有点意外。

王某津：即使管区报上去了，也有可能被退回来的。

（稍停顿）

蒋小霞：管区警官挺重视你的？

赵某龙：管区警官是挺关心我的，可以加分的地方都会安排我，所以（这次事件）挺对不起警官的，心中过意不去。刚开始来（刚进未管所），当时身体感觉不好，去医院看病，我为了挣分不想去，怕影响（劳动）挣分，但警官说要去检查的。然后，我现在违规扣分，警官还帮我弄清事实真相，只扣0.5分处理。

蒋小霞：警官说应当是比较关心你的。

赵某龙：本来是扣1分起步的，警官后来商量后只扣0.5分。

蒋小霞：对此你怎么想呢？

赵某龙：今后表现好，让最好的一面留下来。

蒋小霞：这样想是对的。11月报减刑，不管结果怎样，要仍然表现好。可能在你心里，内疚多一点吧？

赵某龙：现在我都很害怕见到警官，觉得辜负了他们的信任。有时避着走，觉得无脸见人。

蒋小霞：毛某波、赵某龙两种心理可以一起来讨论。赵某龙扣0.5分，按行为规范来说是扣1分，所以是很照顾了。这不是一个警官可以决定的，说明人家（警官）

认可你。

毛某波：（叹气。）

蒋小霞：如何处理内疚？

毛某波：只要内心能够安心就可以了。

带领者蒋小霞因事离开团体。

带领者邵晓顺继续团体工作，就第19次团体辅导前做的后测结果跟组员们反馈。对后测进步大的孔某军、刘某广作了具体说明介绍，然后重点讨论了张某飞的后测情况。因为张某飞后测结果不理想，带领者想确认是什么原因造成的。在与之探讨各种外在因素之后，带领者邵晓顺想清楚了解是否是团体工作的因素，引发张某飞内心审视自己，从而对其自尊带来影响。张某飞对此作了否定。

团体随后讨论了刑释回家等话题。

带领者蒋小霞做完事情回到团体。

蒋小霞：赵某龙那次事件后的未来谈了，毛某波回去后的担心说了，张某飞也说了那次事件的经历与感受。（停顿）我们团辅前后6个月，也做了前后测。其中最大变化的是孔某军，他的进步大家也看到了。

邵晓顺：刚才（你离开团体）我们也讨论了后测的情况，也说到了孔某军的变化，刘某广的变化，对张某飞的情况作了讨论。

蒋小霞：哦，经过6个月的团体辅导，每个人都有变化、有进步。毛某波说话注意了，什么内容该说、什么内容不该说，知道了。这个也很重要。王某津，语不惊人誓不休；然后长高了。

王某津：长高了不知道，但有了变化。现在遇到问题会去思考了，会想想一件事该不该做。

蒋小霞：会思考，很好，要保持下去。张某飞，团体里属于比较聪明的人之一，今天说了关键是自己思想怎么成熟起来。聪明加思考，他的成功路就能走好。刘某广，淡定得很，可以再大胆一点、开放一点。这要有基础：多学习、多思考，如看新闻、看杂志、看各种各样的书，等等。

张某飞：现在互联网发展这么快，出去要脱节了啊！最担心什么能赚钱。

蒋小霞：做电商啊。

邵晓顺：我们学校最近与省戒毒局在联合编写一套教材，是给戒毒人员学习用的。其中有一本就是《电子商务》，以便戒毒人员强制隔离戒毒出去以后能够去做电商。

蒋小霞：再说说赵某龙，自己也很清楚，愧对警官。这个是懂得感恩。早年姑姑好，现在知道这么多警官也对你好。知道感恩，还要知道怎么去做。另外还要开朗一点。向某家，性格很稳重的一个人。出去后去做事，稳定、懂事，人际关系处理好，看看自己适合做什么，一定能做好的。（稍停顿）最后分享一个小事件，我说了后你们自己去体会，看都能体会到什么。（随后讲了自己家"阳台上的文竹"，出现枯萎，修剪枝叶没有用，懂种植的师傅告诉说要把枯萎的枝条整个剪去，留下好的根基，然后发出了新芽。现在生长得很茂盛。）

邵晓顺：这是我们最后一次团体活动，刚才蒋老师说的，我觉得说得很好，我都同意。那么我想说点什么呢？我们说，人活在世上，是要快乐幸福地生活的。希望你们出去后，追求快乐幸福的生活，也希望都能快乐幸福地生活。当然，这个是有条件的，那就是要做个守法公民。否则，一切都无从谈起。

好，我们团辅结束的时间到了。我们的整个团体活动就到这儿结束。

感受：

1. 团体辅导结束，带领者邵晓顺与蒋小霞一起讨论，感受到了组员的改变与进步：更善于思考，以及更善于去反思。比如王某津，他自己也说道，以前思考太多，后来不想思考了，现在遇事又能去思考了。作为年轻人，遇到事情能够想一想，正是他们不再犯罪的重要条件。带领者也认识到，在团体中带领者努力去教会他们去反思自己，教会他们反思的方法，并逐步形成思考的习惯。

2. 从赵某龙等组员身上，我们也看到了内疚情绪的出现与存在。这也是阻止未成年犯再犯罪的内在原因之一。

3. 带领者看到了组员们"脸上的改变"。这种改变让我们觉得他们更成熟，更有责任心了。

三、组员团体辅导感受

在第18次团体辅导活动结束时带领者对组员提出要求，希望大家对参加团体辅导的感受能够作认真的思考，然后把它写出来。写的感受不要去夸大其词，是怎样的感受就写怎样的感受。孔某军与向某家回去后就写了感受。在第19次团体活动安排撰写团辅感受时，孔某军在团体辅导现场再写了一个感受；而向某家则把已经写好的感受抄写到带领者发的稿纸上。其他组员的感受都是在团体辅导现场撰写的。

尊敬的蒋老师、邵老师：

你们好！

在这几个月里可以说我自己度过了一个炎热的夏天，也可以说在你们的带领下我学会了一些道理和一些知识。但我自己不是完全领悟了的。我书也读得不多，在两位老师的带领下，让我学会了许多，也懂得许多，就像邵老师说的，在外面打工钱不能乱花，要为自己以后做打算，要为自己以后老了做打算。谢谢你邵老师！非常感谢两位老师的带领，也非常感谢两位老师能让我参加这个团体。我也不知道怎么表达，自己也不知道怎么跟你们说，我只能通过这张纸向你们表达自己想说的。两位老师每次来团体，都让我学会了一些道理，还有一些知识，只可惜我快释放了。来未管所最高兴的事，就是能参加这个团体，还有交到这么多的朋友，我觉得好开心。我也不知道再说些什么了。

孔某军（这个感受是已写好交上来的）

尊敬的蒋老师、邵老师：

在这几个月里非常感谢两位老师能让我参加这个团体，还有机会认识这么多朋友。在这几个月里也让我学会了许多，也让我领悟了许多。只可惜快新生了，不能参加第二十次团体（活动）。我现在一点都不后悔当初犯的罪，虽然浪费了10个月的美好时光，但是比起在这里让我学会的一些道理，我感觉都值得。还有机会认识这么多朋友，还有两位老师的教育，还有带领我们学一些道理。非常感谢！

孔某军（这个感受是现场撰写的）

尊敬的邵老师、蒋老师：

您们好！

我觉得在自己成长阶段，感到自己很荣幸，同时也非常高兴能够遇到和认识您们两位老师，也很高兴认识其他几位朋友。在这几个月中，我感到老师您们也是很不容易的，每次都是抽时间来给我们做辅导课程。

在这短短的几个月中，自己感到有您们陪伴着，使我度过了一个轻松而快乐的夏天。在您们的辅导下，自己也算是学会了一些以前没学过的知识、道理，还有社会经历等。但是，在探讨的时候，自己没有完全领悟老师您们所说的那些知识、道理、经历等，原因是因为自己没有用心去听，偶尔会和旁边的人说话，导致自己没有专心投入辅导的内容。有的原因是我和老师您们出生在不同的年代，所以思想也是不同的，对一些事情的看法也不同，所以自己就没有学好。

我们现在已经做了十八次辅导课了。在我的回忆中最深刻的几次课程有：第一次也就是最初和其他几位朋友认识、接触都比较陌生，那里大家都不怎么说话，后来在老师的带领下玩了几个小游戏，让大家互相与对方交流。这次我印象最深刻了。

过生日的那一次，我最深刻就是每个人都想起了以前和自己的小时候。在那次赵某龙想起了自己的父母，也给我们分享了他的事情。当时我自己也想起了父母，因为父母都在外打工，很少回家，自己也没有和父母在一起过过生日。真后悔自己没有把最好的时间珍惜好。现在想起来，父母都已经过世了，也没有机会挽回。

在第十几次的时候，老师给我们讲的一些怎样来用钱和存钱的方法。这也是我印象深刻的一点，但是我自己也会节约的。

在最后的几次课程中，我不怎么想说起自己的家庭和犯罪的经过。这些自己是不想分享给大家，因为现在我自己的家庭已经没有了，也就只有自己和一个老奶奶。在这里服刑期间，打电话回家听说父亲生了重病。父亲当时也非常想见我最后一面吧。当时自己内心已经有一种说不出的怕，直到最后也没有想到父亲就这样过世了，家人也没有告诉自己父亲已经过世，自己认为作为儿子也没有让父亲过上一个幸福的生活，就连最后一面也没见到，也没有给父亲养老送终。这一点已经成为自己内心的愤慨和自责，还有愧疚，所以不想重新把这道伤口再打开。最后就这样了。

向某家

我的感想

时光如风一样的飘过，在经过这些团辅中，我学会了许许多多的道理。其中我学会这些道理也少不了蒋老师和邵老师的教育，我非常感谢你们两位老师。还有在这团队中我也认识了许许多多的朋友。通过他们我也知道了很多很多的道理。在这个团体里，我学会了自我表达。这也是让我走到社会中能和别人沟通的方法。还教会了我怎样做一个合法的公民。我非常感谢两位老师的教导。再过一个星期，我也新生了，我出去之后也会记住你们对我的教导。再次谢谢两位老师。

毛某波

在这个团体里看着他们一个一个的新生，新生是一件值得快乐的事。但是快乐总是伴随着痛苦，就像蒋老师说的命运掌握在自己的手里。但是外面的事情还是有很多东西是超出自己的掌握，并不是所有的事情都可以做到胸有成竹。就像我说的环境的因素有很大的关系。因为我个人认为，我无论在外面还是在里面，我所掌握的只有一块巴掌大的地方，巴掌之外的是不被我掌握的外在因素。

我今天在团体中也说到了外面能干的里面不能做。我想说的是，我的梦想。我有一个我曾经追求过的梦想，一直到我进来之前我还在努力。但是进来之后我才发现，这个梦想在这里面只能放弃。但是我又不想放弃我追求了多年的梦想。

王某津

尊敬的邵老师、蒋老师：

您们好！

在您们第一次找到我的时候，我想是不是自己有什么地方没做好。当时心里比较紧张。后来开始团辅的时候，因管区的安排，有好几次没有来。后面来自己有些放不开。但在一次次谈话下来，学会了一些可能在外面从未学过的东西。在这个小组里说的话，可能是懂事以来说得最多的。在最后这两次因为自己心情的原因，也不怎么想谈，在此向两位老师说声对不起。

赵某龙

在这个团体里，一个一个地新生，我们这个团体也有些改变。有的一开始不怎么说话，后来慢慢地也有了共同的话题。我在这么多次的活动下来，也学会了感受身边的事，也学会与他人一起分享。

我觉得作为一个人，最重要的是学会感恩。感恩父母，感恩老师，感恩身边的人，曾经帮助过我们的人。所以团体的力量是很强大的。我很感谢你们伴我一起成长！谢谢。

张某飞

在这6个月的时间里我学到很多，也很感谢蒋老师和邵老师在百忙之中抽出时间来给我们上课，谢谢你们。

我第一次到这团体中的时候非常迷茫，和其他几个学员也很陌生。蒋老师就让我们玩了一个游戏,就是把位子打乱然后又拉回到之前的位子。刚开始我们都拉错了,后来慢慢知道游戏规则后就没有拉错了。在这多次团体活动中,我们还聊了很多,如一个月赚多少、花多少;还说了家和爸妈,还说了婚姻、爱情。我们还一起吃了个手抓蛋糕,玩得很高兴、快乐。

刘某广

参考文献

[1]［美］Ruth E. Masters 著：《罪犯心理咨询》（第二版），杨波等译，中国轻工业出版社 2005 年版。

[2]［美］Irvin D. Yalom、［加］Molyn Leszcz 著：《团体心理治疗——理论与实践》（第五版），李敏、李鸣译，中国轻工业出版 2010 年版。

[3] 吴宗宪主编：《中国服刑人员心理矫治技术》，北京师范大学出版社 2010 年版。

[4] 吴宗宪著：《罪犯改造论——罪犯改造的犯因性差异理论初探》，中国人民公安大学出版社 2007 年版。

[5] 马立骥、董长青等著：《监狱心理咨询的探索与展望》，武汉大学出版社 2014 年版。

[6] 邵晓顺主编：《服刑人员心理矫治：理论与实务》，群众出版社 2012 年版。

[7] 邵晓顺、蒋小霞著：《亚隆团体咨询技术矫治顽危服刑人员实务》，群众出版社 2016 年版。

[8]［美］Ed E. Jacobs、Robert L. Masson、Riley L. Harvill 著：《团体咨询的策略与方法》，洪炜等译，中国轻工业出版社 2000 年版。

[9]［美］Marianne Schneider Corey、Gerald Corey 著：《团体：过程与实践》（第七版），邓利、宗敏译，高等教育出版社 2010 年版。

[10]［美］苏珊·卡罗尔著：《青少年小组游戏：治疗师手册》，刘梦等译，中国人民大学出版社 2007 年版。